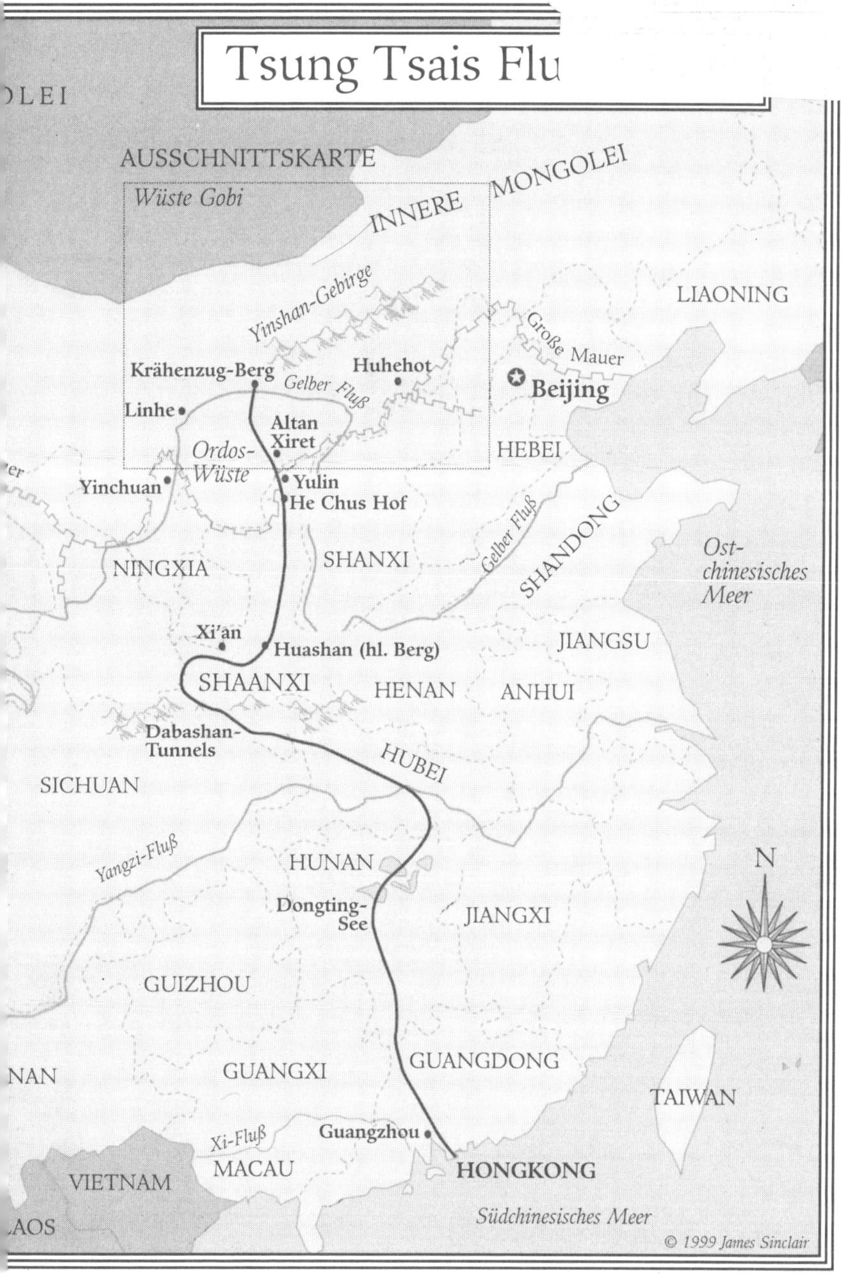

Tsung Tsais Flu

OLEI

AUSSCHNITTSKARTE

Wüste Gobi

INNERE MONGOLEI

Yinshan-Gebirge

LIAONING

Krähenzug-Berg

Huhehot

Große Mauer

Gelber Fluß

Beijing

Linhe

Altan
Xiret

Ordos-
Wüste

HEBEI

Yinchuan

Yulin
He Chus Hof

Gelber Fluß

SHANDONG

NINGXIA

SHANXI

Ost-
chinesisches
Meer

Xi'an

Huashan (hl. Berg)

JIANGSU

SHAANXI

HENAN

ANHUI

Dabashan-
Tunnels

HUBEI

SICHUAN

Yangzi-Fluß

HUNAN

N

Dongting-
See

JIANGXI

GUIZHOU

GUANGXI

GUANGDONG

TAIWAN

NAN

Xi-Fluß

Guangzhou

MACAU

HONGKONG

VIETNAM

LAOS

Südchinesisches Meer

© 1999 James Sinclair

Die Höhle des Meisters

Tsung Tsai und George Crane

Die Höhle
des Meisters

Ein Zen-Mönch und ein Schriftsteller
suchen das verlorene Herz Chinas

Aus dem Amerikanischen
von Stephan Schuhmacher

Ansata Verlag

Die amerikanische Originalausgabe erschien 2000 unter dem Titel
»Bones of the Master« im Verlag Bantam Books,
a Division of Random House, Inc.

Der Ansata Verlag ist ein Unternehmen der
Econ Ullstein List Verlag GmbH & Co. KG, München

ISBN 3-7787-7174-4

© 1998 by George Crane
Soweit nicht anders angegeben, wurden die Fotografien im Bildteil
von George Crane zur Verfügung gestellt.
Deutsche Ausgabe:
© 2001 by Econ Ullstein List Verlag GmbH & Co. KG, München
Alle Rechte sind vorbehalten. Printed in Germany
Umschlaggestaltung: Ateet FranklDesign, München, nach einem Motiv von
Maura Fadden Rosenthal und einem Foto von George Crane
Vorsatz-Karte: James Sinclair
Gesetzt aus der Guardi bei Franzis' print & media GmbH, München
Druck und Bindung: Clausen & Bosse, Leck

Für Sigrid und Siri
&
für meinen teuren Freund und treuen Führer
Tsung Tsai

Inhalt

I. Hungrige Geister

»*Du kannst nicht kontrollieren, nur fangen.*«
TSUNG TSAI in einem Gespräch

1.

Die letzten Tage des Pu Ji

Neunter Tag des zehnten Monats. Die gelbe Jahreszeit. Tsung Tsai wachte um drei Uhr auf, zwei Stunden vor dem ersten Licht. Im dürren Gras jenseits der Klostermauern aus Steinen und Lehmziegeln zirpten die letzten der langsam dahinsterbenden Zikaden.

Der Mönch zündete einen Kerzenstummel an, um sich die Hände über dessen Flamme zu wärmen. Der Docht zischte, tropfte, flammte dann hell auf. Das Licht flackerte über das Gesicht des Mönchs und über die kahlen Steine der zwei mal drei Meter großen Zelle, die er seit achtzehn Jahren bewohnte. Sie barg seine wenigen Habseligkeiten: eine Schlafmatte, die zusammenrollbare Steppdecke, seine grobe braune Mönchsrobe, ein niedriges Schreibtischchen, Tuschereibstein und Pinsel, ein Gedichtband. Er trat ans Fenster zu den Bergen nach Norden und Westen, Richtung Morhgujing und Seidenstraße – der Karawanenstraße durch die Schwarze Gobi und die Taklamakan. Unter seinem Fenster konnte er gerade noch die Winterpflaume erkennen mit ihren kahlen Ästen und der vom treibenden Sand graugeschmirgelten Rinde. In ein paar Stunden würden die Mönche den Baum während der Gehmeditation umwandeln.

Tsung Tsai zerschlug die dünne Eisschicht auf seiner

11

Waschschüssel und besprenkelte sich das Gesicht mit Wasser. Er trocknete sich die Hände ab und nahm die Gebetskette aus der Innentasche seiner Robe, die an der Wand hing. Dann zündete er ein zwei Handbreit langes Räucherstäbchen an und setzte sich zur Meditation nieder. Die Asche schwelte noch, als er nach beendetem Sitzen seine Robe anlegte und in die Küche hinabging. Er nahm gerade den letzten Schluck Tee, als er hörte, wie seine Mönchsbrüder beim dumpfen Pochen des hölzernen Weckgongs aufstanden. Die Geräusche ihrer Morgentoilette und ihr Husten klangen herüber. Auch während dieser letzten Tage lief die Routine ab wie üblich. Nur daß er sich heute nicht zu ihnen gesellen würde. Er hörte ihre Roben rascheln, während sie den Korridor zum Tempel hinabschlurften. Dann machte er sich auf den Weg.

Noch schirmte das Tor in der südlichen Mauer den Tempel gegen die Welt ab. Noch einen weiteren Tag sollte der Pu Ji ein chan-buddhistisches Heiligtum bleiben, in dem die Mönche sich auf der Suche nach Erleuchtung im Dharma der Übertragung des Geistes schulten:[1]

Schneide ab den Weg der Sprache,
Vernichte den Ort des Denkens.
Erwecke den Geist zum Nichtgeist.
Finde Stille und ...
Plötzliches Begreifen.

Noch kein Anzeichen von Morgendämmerung war zu sehen, als Tsung Tsai den Torflügel hinter sich zuschob. Es drängte ihn so sehr, seinen Meister zu sehen, daß er den gewundenen Pfad vorbei am Garten und am Vorratsspeicher praktisch hinaufrannte. Er kannte den Weg. Er war des Ge-

---

[1] Der in China entstandene Chan-Buddhismus ist im Westen vor allem in seiner japanischen Form und Lesart als »Zen-Buddhismus« bekannt. Da dieses Buch aber vom chinesischen Chan berichtet, wurde die chinesische Schreibweise beibehalten. (Anm. d. Übers.)

räuschs seiner Füße auf dem Geröll des Trampelpfads gewahr und des Rauschens des Bachs, der sich nach Osten verlor.

Für den Aufstieg hatte er sich seine Mönchsrobe um die Hüften hochgebunden. Hier auf vierzig Grad nördlicher Breite würde die Sonne in steilem Winkel herabbrennen, und so trug er einen Strohhut, um seinen kahlgeschorenen Schädel zu schützen. In dem Korb, den er sich auf den Rücken gebunden hatte, trug er die restliche Hirse. Im Kloster gab es nur noch für wenige Tage Lampenöl. Gestern hatten die Mönche den letzten Kohl und die letzten Kartoffeln geerntet. Gelbe Bohnen, Weizen und Hirse waren alle. China hungerte. Mehr als dreißig Millionen sollten in den kommenden zwei Jahren sterben. Nur die Parteibonzen und die Ratten würden zu essen haben.

Ein Jahrzehnt des Chaos hatte begonnen. Selbst in der entlegenen Mongolei würden Klöster verwüstet, Bücher verbrannt und Mönche ermordet werden.

Wann würde der Tod im Pu Ji ankommen? Geschichten machten die Runde, Gerüchte, die wie der Hunger von Dorf zu Dorf krochen. Und dann, in der vergangenen Woche, hatte ein junger Lama aus dem Kloster Mei Leh Gen Jau auf dem Ulansuhai-Plateau sie mit lautem Klopfen und Rufen am Tor aus den Betten hochgeschreckt. Sein Gesicht war aschfahl, durchscheinend wie Papier. Die Augen brannten wild. Er berichtete, der Neunte Patriarch, der große Chan-Meister Xu Yun, Leere Wolke, sei im Alter von 120 Jahren von den Kommunisten niedergemetzelt worden.

Um fünf Uhr begann der Himmel eine leichtere Färbung anzunehmen. Dann verblaßten die Sterne, und die schwarze Masse des Wulashan (»Krähenzug-Berg«) sowie die Bäume auf dem Gebirgsgrat nahmen Gestalt an. Er schaute nach Süden, wo sein Geburtsort lag, das Dorf, in dem er gelebt hatte, bis er mit sechzehn Jahren in das Kloster eingetreten war.

Tsung Tsai wurde in der Stunde des Shen am achtzehnten Tag des dritten Monats der Regierungslosung Guihai (18. März 1925) in Lanhu nördlich des Gelben Flusses geboren. Als jüngstes von vier Kindern erhielt er den Namen Baosheng, wurde aber Sansan gerufen, »der dritte Sohn des dritten Sohnes«. Jedem, der es hören wollte, pflegte sein Vater zu erzählen, er sei eine mystische Inkarnation.

Er erinnerte sich noch, wie er in den Armen seiner Mutter aufwachte und die hölzerne Gebetsklapper seines künftigen Lehrers hörte. Die Dorfleute sagten, sie könnten es hören, wenn Xu Deng allein in seiner Höhle rezitierte – er flüstere ihnen in die Ohren. Wegen seiner Angewohnheit, selbst im schneidendsten mongolischen Winter barfuß zu gehen, nannten sie ihn Rotfuß Wahrheit. Sie glaubten, er könne fliegen.

Als Tsung Tsai acht Jahre alt war, erschien ein Wandermönch in Lanhu und schlug dort seinen Stand unter einer Zeltplane auf. Er heilte die Kranken mit seiner Glocke und seinem knorrigen Stab; mit Medizinen gemischt aus Baumrinde, Zweigen, Wurzeln und Blüten, aus zerriebenen Hörnern, Knochen und Drüsen; und mit einem heiligen Trank, den er herstellte, indem er heilige Silben dreimal in kochendes Wasser blies. Als er das Dorf wieder verließ, lief Tsung Tsai ihm hinterher. Nach wenigen Stunden war der alte Bhikshu der Gesellschaft des Jungen überdrüssig und scheuchte ihn mit einem Hagel von Steinen und drohend erhobenem Stock davon, so daß er tränenüberströmt nach Hause rannte.

Tsung Tsai war zehn, als sein Vater ganz plötzlich starb. Der Knabe lief allein fort zum »Sandgebirge«, um zu trauern. Neun Tage lang irrte er zwischen diesen Wanderdünen umher, mit dem Wind, der »fliegender Sand und laufende Steine« genannt wird. Dabei wurde ihm klar, daß er mit den Wildpferden sprechen konnte. Sie sagten ihm, eines Tages würde er einen Lohan, einen großen Heiligen, finden und sein Schüler werden. Dann, am neunten Tag, sah er am westlichen Himmel eine Sternschnuppe fallen und hatte die Gewißheit, sein Vater sei damit ins Reine Land eingegangen.

Der Pfad folgte dem Lauf des Flusses, wand sich in westlicher Richtung um den Berg und stieg auf 1.500 Meter zum Paß an. Es waren zwanzig Kilometer vom Kloster zur Vorderseite des Wulashan und ein weiterer Aufstieg von fünfundzwanzig Kilometern bis zur Höhle seines Meisters an der geschützten Westflanke des Berges. Tsung Tsai kam zügig voran, aufwärts durch einen lichten Wald von Weiden, Zypressen und Rhododendron. Die Bäume waren zerzaust und nach Osten gekrümmt von dem ständigen gelben Wind, der aus den beiden schrecklichsten Wüsten der Welt blies – der Gobi, in der die Knochen von Dinosauriern, den Drachen des Himmels, im Sand verstreut liegen, und der Taklamakan, was frei übersetzt soviel heißt wie »du gelangst hinein, aber kommst nie wieder heraus«. Auf der Paßhöhe öffnete sich der Blick in ein weites Tal und schweifte unbehindert bis zum östlichen Horizont, Kilometer um Kilometer nichts als Grassteppe, der Ozean der Nomaden.

Die Sonne hatte die Mittagshöhe überschritten und den Gipfel passiert. Aus einer nach Süden gerichteten Felsspalte pflückte Tsung Tsai für den Buddha eine wilde Bergorchidee, einen Frauenschuh. Als er seine Nase in die dünne, trockene Bergluft hob, fing sie den durchdringenden Geruch des Holzrauchs vom Kochfeuer seines Meisters auf.

Tsung Tsai kletterte die letzte steile Geröllhalde zwischen den Felsen hinauf und erreichte den Grat. Dort fand er seinen Meister, wie er in einer Blechbüchse Hirse für zwei kochte und in die Glut des Feuers starrte. Seit mehr als dreißig Jahren hatte Xu Deng nur dünne Hirsesuppe und Haferschleim gegessen. Er schien gewichtslos. Die Wangen waren hohl, Beine und Arme nach den harten Jahren bis auf die Knochen abgemagert.

Wie immer wartete sein Lehrer schon auf ihn. Kein Ausruf des Willkommens oder der Überraschung, denn wie viele der tibetischen und chinesischen Schamanen praktizierte Xu Deng nicht nur die Innere Hitze, sondern war auch hellsichtig. Xu Deng wußte immer im voraus, wann Tsung Tsai ankommen würde.

Die Höhle, in der Xu Deng nun seit dreißig Jahren lebte, lag auf der Rückseite eines schmalen Felsvorsprungs, unterhalb einer Ansammlung von Felsbrocken in den Hang geschnitten. Ihr Boden war gefegt und glattgestampft. Im Winter häufte Tsung Tsai gewöhnlich gebündeltes trockenes Gras in ihrem Eingang auf und entzog sich dort zusammen mit seinem Lehrer der Welt für mehrere Tage, manchmal Wochen, wobei sie auf flachen, von einem kleinen Feuer gewärmten Steinen saßen. Vor Xu Deng hatte ein anderer die Höhle bewohnt, Xu Guan, der Lama, der auf dem Wasser wandeln konnte; er war gegen Ende des 19. Jahrhunderts von Tibet in die Mongolei herübergewandert. Seine Asche und ein Splitter seines Schienbeinknochens lagen an der hinteren Höhlenwand in einer groben Felsnische.

Sie aßen schweigend, wobei sie Zweige als Eßstäbchen benutzten. Es war ein lieblicher Nachmittag: Die Sonne lag warm auf ihrem Gesicht, und sie saßen, wie Siddhārtha einst gesessen hatte, heimgesucht von Sorgen und Dämonen in jener Nacht, in der er zum »Erwachten« wurde.

Kein Auge, keine Nase, keine Zunge,
Kein Körper noch Geist;
Keine Form,
Kein Klang, kein Geruch, keine Berührung.
Kein Geist
Noch Auge,
Bis wir kommen zu …
Kein Reich des Bewußtseins.

Aus der Stille heraus fragte sein Lehrer plötzlich: »Wann?«
»Morgen, nach der Abendmeditation.«

Nur das Zwitschern eines Vogels in der langen Pause, die folgte. Schließlich sagte der Meister: »Ich bin zu alt.«

Kein weiteres Wort. Nichts mußte mehr gesagt werden. Nichts fehlte. Alles war, wie es sein mußte. Wie es immer war. Wie es immer sein würde. Auch dieses Sterben. Dieses Abschiednehmen.

Ein Stück des Mondes brach durch die einzige Wolke am Himmel, während Tsung Tsai den Bergpfad wieder hinabwanderte. Es war bereits nach Mitternacht, als er wieder am Tor des Pu Ji anlangte. Wenn es doch nur eine andere Möglichkeit gäbe – aber die gab es nicht. Daß die Mönche versuchen würden zu entkommen, stand nie in Frage. Es hatte keine Versammlung gegeben. Keine Abstimmung. Keine Entscheidung. Keine Wahl. Es war ihre Pflicht zu überleben. Den wahren Geist Buddhas am Leben zu erhalten. Es war ihre Verpflichtung ihrem Meister gegenüber, so wie es Xu Dengs Pflicht seinem eigenen Meister gegenüber gewesen wäre.

Weil wir Mönche sind. Weil wir Freiheit brauchen. Weil wir Buddha werden wollen.

In dieser letzten Nacht, während Tsung Tsai schlief, wurde es bitterkalt. *Wie es mich schüttelt vor Kälte. Wie die Nacht sich hinzieht.* Er wachte eine Stunde vor seinen Mönchsbrüdern auf und meditierte allein im Innenhof, durch den der gelbe Winterwind wirbelte.

Um fünf, als im Tempel *Caoke* (die Frühmorgenlektion) gelesen wurde, fror sein Atem.

Um sechs, während des *Nianfo* (Rezitation von Buddhas Namen), wehte ein schnell ziehendes Tief aus Sibirien herein. Die Holzkohle im Räuchergefäß zischte; und zum letzten Mal erhoben sich die Stimmen der Morgenrezitation über den Tempel Pu Ji:

Namo Amitofo (Gepriesen sei Amitābha-Buddha).

Um sieben, nach der Morgenmahlzeit von gekochtem Kohl, fiel Schnee im schrägen Sonnenlicht. Tsung Tsai erinnerte

17

sich an den süßen Geschmack der Milch seiner Mutter; den Geruch ihres Atems, als sie sich herabbeugte, um seine Wange zu küssen; und an das Gedicht »Die Pflaume im Frost«, das sein Vater immer beim ersten Schneefall des Winters vorsang.

Ich zählte
Auf zwei oder drei
Ästen
Eisblumen

Vom Wind
Neu eingekleidet
Wird sie
immer lieblicher.

Transparent
Leuchtendes Zwielicht
Weiche Schatten
gleiten heran

Und ich
Kopiere einen Satz
Aus Lin Paos
Gedichten.

Um neun begannen die Mönche eine dreistündige Meditation mit abwechselnden Runden – jede zwei Handbreit Räucherwerk lang – der Meditation im Gehen, dann des Sitzens in der Nacktheit des Geistes.

Keine Unwissenheit
Und auch kein Enden der Unwissenheit,
Bis wir kommen zu kein Alter
Und kein Tod
Und kein Enden von Alter
Und Tod.

Das Mittagessen bestand wieder aus gekochtem Kohl, und Tee.

»Ich habe auch Leere gegessen«, würde Tsung Tsai später sagen.

Die erste Abweichung von der täglichen Routine kam am Nachmittag. Die Mönche legten ihre Roben ab und zogen sich die ausgebeulten und geflickten Hosen und Jacken aus dick wattiertem Stoff in ausgebleichtem Blau über, die alle chinesischen Bauern trugen. Die Kleidung schlackerte lose um ihre knochigen Gestalten; Mao-Mützen mit Ohrenklappen verbargen die geschorenen Köpfe.

Tsung Tsai faltete seine Robe zusammen. Dann ging er in die Bibliothek und verbrachte den Rest des Tages mit Lesen.

Laozi, der »Alte Meister«, über Stärke und Ausrichtung:

Das Allerweichste in der Welt
Besiegt das Allerhärteste.

Li Bo, der legendäre Dichter der Tang-Zeit, der in einem monddurchfluteten Teich ertrank, als er im Rausch ein Spiegelbild umarmen wollte, sein eigenes:

Voll des Weines
Kommt die Nacht
Nicht gewahr
Wie fallende Blüten
In mein Gewand rieseln
Betrunken noch
Stehe ich auf
Und wate
Dem Mond hinterher
Die Vögel sind davon
Und kaum ein Mensch

Du Fu, der andere Gigant der Tang-Zeit, über den Schmerz der Dichtkunst und des Exils:

Krieg!
Zum Wandern gezwungen
Kehre ich lebend heim
Doch nur aus Zufall
Und gräme mich so Tag für Tag
Daß ich vielleicht bald wieder
Fliehen muß
Mich fragen, wie ich es wagen kann
Auch nur an Heimkehr
Zu denken.

Am Abend, beim Hereinbrechen der Dunkelheit – ein Öllämpchen das einzige Licht im Raum –, kamen die Mönche des Pu-Ji-Tempels zur letzten gemeinsamen Mahlzeit zusammen. Zwei Reihen einander gegenübersitzender Buddha-Häupter, gesenkt in Kontemplation: Zong Jie, »Urahn Wachsamkeit«; Xi, »Freude«; Fa, »Dharma«; Shi, »Wirklichkeit«; Zhi, »Streben«; Wei, »Würde«; Heng, »Größe«; Zheng, »Zeuge«; Hang, »Arbeit«; Xiu, »Übung«; Shen, »Wunder«; und schließlich Tsung Tsai, »Urahn Weisheit«.

Kartoffeln, Kohl und dünner Tee, sonst nichts. Nichts blieb mehr übrig als die Abendmeditation und dann die Flucht. Es gab mehrere Fluchtwege, alle gefährlich. Der Älteste, Zong Jie, würde die übrigen Mönchsbrüder auf verschiedenen Pfaden westwärts und dann nach Süden führen, Richtung Nepal und Indien. Tsung Tsai, der Jüngste, würde allein wandern, geradewegs nach Süden ins Herz des Chaos, Richtung Hongkong.

Es war gegen zehn, nach der Abendmeditation, als Tsung Tsai beschloß, »Eintausend Stücke Schnee« mit sich zu tragen, die Sammlung mit zweihundert Gedichten über die Winterpflaume. Er wußte um das Risiko. Würden die Milizen das Buch entdecken, dann wäre das sein Todesurteil. Aber das Buch hatte schon seinem Großvater gehört, und dann seinem Vater. Es war sein Erbe, vielleicht alles, was von seiner Familie, seiner Kultur überleben würde. Sorgsam riß er von seiner Robe lange Streifen Baumwollstoff ab und band sich den Gedichtband unter seiner Kleidung um die Hüften.

Als nächstes kam die Reispapierrolle, die auf seinem Schreibtischchen lag. Es war seine Mönchsurkunde, das einzige, was er sonst noch mitnehmen wollte. Sie war ihm vor fünf Jahren verliehen worden, 1954, im zweiunddreißigsten Jahr der Republik, nachdem er sich dreizehn Jahre unter Xu Deng geschult und dieser beschlossen hatte, daß er nun dafür reif sei. In wunderbarer Kalligraphie ausgeführt und besiegelt, wurde dieses Dokument den Mönchen zum ersten Mal in der Tang-Dynastie verliehen, um ihnen sicheres Geleit durch das Reich der Mitte zu garantieren; der Ming-Kaiser Hongwu hatte es im vierzehnten Jahrhundert zum letzten Mal modifiziert.

> Allen Mönchen in allen Tempeln im ganzen Königreich kund und zu wissen: daß man allen wandernden Knaben [Bhikshus], die an verschiedene Orte reisen wollen, um dort die Gebote zu lernen, die Sūtras zu studieren, verschiedene religiöse Lehrer anzuhören und von ihnen zu lernen sowie den Dharma zu üben, gestatten soll, dies zu tun, sei es in einem Tempel, einem Hain oder auf einem Berg.

Für Tsung Tsai, den inkognito reisenden Mönch, sollte es eine Art privater Geleitschutz sein, eine persönliche Bestätigung der Kontinuität, eine Erinnerung daran, daß dieser Wahnsinn nur ein Tintenklecks im Buch fünftausendjähriger Geschichte sein würde. Er glättete das Dokument mit dem Handrücken und faltete es dann dreimal in der Mitte zusammen. Dann zog er seine wattierte Jacke aus, machte mit mönchischer Präzision einen kleinen Schnitt in das Innenfutter und schob die Urkunde zwischen zwei Lagen des Baumwollfutters. Mit engen Stichen nähte er die offene Naht schließlich wieder zusammen. Nachdem er sich überzeugt hatte, daß seine Handarbeit niemandem auffallen würde, zog er sich die Jacke wieder an, ging in die Küche und stopfte sich die Taschen mit Kartoffeln voll.

Die Abendrezitation der Mönche hallte durch das Kloster. Dann war es vorbei. Einer nach dem anderen defilierten die Mönche an der Buddha-Statue vorbei, entzündeten ein Räucherstäbchen, warfen sich nieder und verließen dann das Kloster. Keiner schaute noch einmal zurück. Der Pu Ji war erledigt. Aus dem bootförmigen bronzenen Räuchergefäß wallten duftende Wolken auf und hüllten die rauchgeschwärzten Balken ein.

Als die Mönchen den Hof zum vorderen Tor hin überquerten, stießen sie auf Xu Deng, der bei der Winterpflaume auf sie wartete. Er trat aus dem Schatten, seine Robe flatterte um seinen Körper, schwaches Kerzenlicht aus dem Tempel huschte über sein Gesicht.

Die Mönche verbeugten sich vor ihrem Meister, verwundert, daß er im Dunkeln vom Berg herabgestiegen war. Doch die Zeit des Zeremoniells war vorbei. Er packte jeden von ihnen bei den Schultern und drückte ihn für einen Augenblick an sich. Zu Tsung Tsai sagte er: »Die Hungrigen Geister sind überall. Wandere zügig. Bewahre dir einen starken Geist.«

Tsung Tsai sagte nichts. Es gab nichts mehr zu sagen, keine Geste des Abschlusses. Bald würde sein Meister, das war ihm klar, die Welt vergessen, sich selbst vergessen, würde er einfach loslassen und sterben. Er fürchtete, auch seine älteren Brüder könnten bald tot sein, und er wagte nicht daran zu denken, wie leer diese Welt ohne sie sein würde.

Laßt uns davonwirbeln wie Schneeflocken, dachte er.

Damit wandte er sich um und lief der Zukunft entgegen.

2.

Aus der Luft gegriffen

Oktober 1987, Catskill-Berge, Bundesstaat New York

Wieder ein Herbst. Wieder eine gelbe Jahreszeit. Meine Frau, unsere kleine Tochter und ich hatten gerade eine Hütte auf dem Guardian Mountain außerhalb von Woodstock bezogen. In jener Nacht, es muß gegen zehn gewesen sein, brach ein total verrückter Schneesturm los. Es hörte sich an, als herrschte Krieg in den Wäldern. Bäume knickten unter der Last des nassen Schnees. Um Mitternacht kroch ich noch einmal aus dem Bett, stand allein am Fenster und beobachtete, wie der Winter auf immer zurückzukehren schien.

Bei Sonnenaufgang war der Sturm vorüber. Der Hof lag übersät mit abgebrochenen Ästen. Unser schmaler Feldweg war blockiert. Doch es war ein erstaunlich lieblicher Morgen: ein paar einsam ziehende Wolken, eine leichte Brise rauschte in den Kiefern, wärmende Sonne lag blendend hell auf dem Schnee. Von der Szenerie in einen Zustand der Gedankenleere entrückt, stand ich mit dampfender Kaffeetasse in der Hand auf der Veranda, als ein lachender Mönch aus dem Wald auftauchte. In einer Hand hielt er eine Säge, auf der anderen Schulter trug er eine Axt. Er bewegte sich mit selbstsicherer, sehniger Sportlichkeit. Es war, als sei mein chinesisches Lieblingsgemälde – ein tanzender Zen-Mönch, aus dessen Pinsel Gedichte strömten – plötzlich zum Leben erwacht:

23

Kahler weißer Kopf
Frei
Im Kiefern-Wind

Ich ging über den Hof, um ihn zu begrüßen; der nasse Schnee knirschte unter meinen Füßen. »Ich Tsung Tsai«, stellte er sich vor. »Nachbar. Alter Mönch. Buddhist«, fügte er hinzu.

»George Crane.« Ich streckte ihm meine Hand entgegen.

»Ahh, Georgie Name.« Er nickte und gab mir die Hand; warme, schwielige, dicke Finger. »Sie Schriftsteller.«

»Woher wissen Sie das?«

Er schlug seine Axt in einen Baumstumpf und legte die Säge daneben. »Weiß nicht. Bloß raten.«

»Gut geraten! Ja, manchmal. Aber Gedichte. Nur Gedichte.«

»Wundabaa!« jubelte er. »Gedichte am besten. Beste Erziehung. Und, schreiben Sie gute?«

»Na ja, vielleicht ein oder zwei.«

»Wundabaa. Ich auch!« Er drückte meine Hand mit beiden Händen. »Leben sehr merkwürdig«, sagte er.

Er war einen knappen Kopf kleiner als ich und etwa zwanzig Jahre älter – ganze einsfünfundsechzig, vielleicht fünfundsechzig Kilo. Unter einer gelben, enganliegenden Strickmütze kurvten große, weit abstehende Ohren hervor. Er war in eine ziemlich abenteuerliche Sammlung von Lumpen gekleidet: eine knopflose braune Wollweste und einen gefütterten Anorak ohne Reißverschluß aus dem Trödelladen, bei dem hier und da die Polyesterfüllung hervorquoll. Darunter trug er eine zimtfarbene Baumwolljacke; die Ärmel, die hervorlugten, waren an den Handgelenken mit Sicherheitsnadeln enger gemacht. Seine dünnen, teefarbenen Baumwollhosen waren über den Fußgelenken wie Wickelgamaschen mit Schnürsenkeln zusammengebunden. Gegen den nassen Schnee trug er ein Paar gelbe Kindergummistiefel.

»Wohl nötig hier zupacken. Weg kaputt. Wir können aufräumen. Nicht schwer. Kein Problem.«

Er wußte behende und präzise mit der Handsäge und der Axt umzugehen. Selbst mit meiner Kettensäge mußte ich mich anstrengen, um mit ihm Schritt zu halten.

»Ich habe meine Kraft. Seien nicht träge. Sie müssen Arbeit *sein*.«

Er hatte mit »träge« genau ins Schwarze getroffen. Ich war ein verhirnter Tunichtgut, der Bücher, Frauen und Reisen liebte und etwas gegen langfristige Anstellungen hatte.

Wir brauchten bis zum Nachmittag, um den Weg wieder freizumachen. Wir sprachen nicht viel. Wir lachten.

»Sie kommen mein Haus«, sagte er, als wir fertig waren. »Ich mache Tee. Und Nudeln. Wir reden Gedichte. Nicht Literatur. Literatur nur Kopf.«

Sein Haus, eine massive Konstruktion aus Hohlsteinen im Erdgeschoß, darüber ein hölzernes Obergeschoß, lag einige hundert Meter hinter meinem, dort, wo der Weg wirklich schlecht wurde. Es war auf das Nötigste reduziert, das Erdgeschoß mit Klinkern ausgelegt, die Wände im ersten Stock mit verwittertem grauem Kiefernholz verkleidet. Ein Balkon aus roh behauenen Planken zog sich an einer Seite über die ganze Länge des Obergeschosses; von hier sah man nach Süden über eine verwilderte Bergterrasse hinweg, die von Steineichen und Lorbeerbüschen gesäumt war.

»Habe selbst gebaut.«

»Sehr schön.«

Er freute sich und tätschelte seine Wand. »Ja«, sagte er. »Und fest. Nie bewegen. Sehr hübsch.«

Auf einem Stück Pappe, das als Fußabstreifer diente, stampfte ich den Schnee von meinen Stiefeln. Das Obergeschoß wurde durch einen Kamin aus Ziegeln zweigeteilt; dort stand ein riesiger gußeiserner Vermont-Ofen, in dem kein Feuer brannte. Tsung Tsai bedeutete mir, auf einem Holzstuhl am Küchentisch Platz zu nehmen; die Tischplatte war mit rotem Wachstuch und chinesischen Zeitungen bedeckt. Die Küchenfenster hatte er mit durchsichtigen Plastikplanen zusätzlich abgedichtet; sie hielten einen Teil der

Kälte ab, dämpften aber auch das Licht. Er kochte einen Topf Reisnudelsuppe und würzte sie mit einem Schuß Sesamöl und Sojasoße. Er aß aus einem zerbeulten Henkeltopf, ich aus einer Eßschale. Nach dem Mittagessen reichte er mir einen Apfel.

»Sollen Sie Buddha geben.«

Ich zog meine Stiefel aus und folgte ihm nach oben. Der Buddha war rot und golden bemalt und saß auf einem Bord an der Wand eines lichten Raums, gegenüber einer nach Süden ausgerichteten Glasfront, durch die man auf die Bäume hinausschaute.

Tsung Tsai sang. »Ha-lloo-o Buddha. Ha-lloo-o mein lieber Buddha.«

»Hallo Buddha«, murmelte ich und legte meinen Apfel in eine Schale auf dem Bord.

Statuen von Göttern und Glaubenssymbole waren mir nie ganz geheuer. Ich weiß nicht, warum. Irgendein aus jüdischer Herkunft stammendes Schuldgefühl? Yahwehs Gebot, das tief in meinem Gehirn verankert war?

> Du sollst keine anderen Götter neben mir haben. Du sollst dir kein Bildnis noch irgendein Gleichnis machen ... Bete sie nicht an und diene ihnen nicht. Denn ich, der Herr, dein Gott, bin ein eifernder Gott ...

Am Boden des östlichen Endes des Raums eine Pritsche aus plattgedrückten Pappkartons.

»Mein Bett«, sagte Tsung Tsai. »Leben von Mönch sehr hart.«

Er kramte in einem schäbigen Koffer, zog ein Buch heraus und hielt es mir triumphierend entgegen. »›Eintausend Stücke Schnee‹. Alles Zen-Gedichte.«

»›Eintausend Stücke Schnee‹. Herrlicher Titel. Wunderschön.«

»Genau; ist chinesisch. Zwei Dynastien. Yuan und Ming zusammen.«

Im vierzehnten Jahrhundert, als die Yuan-Dynastie zu Ende ging, schrieb der Dichter Feng Haisu, den man auch den »Seltsamen Mönch« nannte, sein berühmtestes Werk. Seine hundert Gedichte über blühende Pflaumenbäume sind eine Meditation über die illusorische Natur der Winterpflaume – ein Baum, der keine Früchte trägt, der jedoch im Spätwinter blüht, die Luft mit Duft erfüllt und gelbliche Blütenblätter »Tupfer-Tupfer-Tupfer« über den Schnee streut.

Fast drei Jahrhunderte später, während der Ming-Dynastie, schrieb Zhou Lujing, ein Dichter, der sich selbst »der von der Pflaume verzauberte Eremit« nannte, einhundert Gedichte als Antwort auf die Verse von Feng Haisu. Zusammengestellt machen sie die »Eintausend Stücke Schnee« aus.

»Tatsächlich schreibt Zhou Lujing eins mehr als Feng Haisu«, sagte Tsung Tsai. »Er schreibt hundert und ein Gedicht.«

Zurück im Erdgeschoß machte Tsung Tsai Tee; er kippte eine kochendheiße Tasse in einem Zug hinunter. Dann erhob er sich, drapierte seinen zerfetzten Anorak um seine Schultern und begann auf chinesisch vorzulesen, in einem melodischen, rhythmischen Singsang irgendwo zwischen einer Rezitation und einem Lied. Er begleitete seine Rezitation mit Handgesten, subtilen Wendungen seiner Handgelenke und Finger. Einen Fuß hatte er vorgestellt, und ich konnte die Linienführung seines Körpers sehen, Brust und Bauch flach, die Hüfte geschwungen. Seine Augenwinkel waren nach oben geschwungen, die Augen schmale Schlitze. Seine Nasenflügel bebten.

Ich verstand das Gedicht nicht, das er vorlas, doch die Grazie und Poesie seines Vortrags ließen mich erkennen, worin unsere Verbindung bestand: Es war die Liebe zu den Wörtern, die Art und Weise ihrer Verbindung, ihr Klang und ihr Gewicht, Bilder, die Geschmäcker, Gerüche und Klänge heraufbeschwören – das Leben von Epochen, die aus dieser Welt verschwunden waren.

Die Sonne ging bereits unter, als ich den Heimweg entlang tanzte, trunken von meiner Entdeckung. Ich hatte Tsung Tsai vorgeschlagen, die Pflaumen-Gedichte mit ihm zusammen zu übersetzen. Seine Reaktion war unverbindlich.

»Eile funktioniert nie«, sagte er.

In jenem ersten Herbst und Winter unserer Bekanntschaft verbrachten Tsung Tsai und ich immer mehr Zeit zusammen. Er kam vorbei und bat mich, mit ihm den Berg hinab in die Stadt zu fahren, um Besorgungen zu erledigen: Einkäufe, einen Abstecher zum Metallwarenladen und zur Post. Er arbeitete am Vormittag. Ich schrieb in der Nacht. Die Nachmittage waren für unsere Ausflüge und für »ein bißchen Philosophie-Gespräch«, wie er es nannte. Seine Tür stand mir immer offen. »Einfach reinkommen. Nicht klopfen. Freunde.«

»Wie nennt ihr solche Art Philosophie-Gespräch?« fragte er. »Englisch hat Wort.«

»*Bullshitting.*«

»*Bull* wie Kuh? *Shit* ist scheißen wie Kuh macht?«

»Genau.«

Er lachte anerkennend. »*Bu-shit*«, sagte er und wog das Wort dabei ab. »*Bu-shit* so gut beschreibt. Ausdruck wunderbar. Chinesen denken ähnlich. Scheiße kann machen viel Gutes wächst.«

»Gedichte.«

»Ideen auch. Sehr nahrhaft.«

Ich wußte es damals noch nicht, aber dieser kleine Mann mit seinem gebrochenen Englisch und seiner Liebe zur Poesie, mit seinem Bett aus Pappkartons und seinen wenigen abgerissenen Kleidungsstücken, die er zum Trocknen an einem über zwei Sägeböcke gelegten Besenstiel aufhängte, sollte sich nicht nur als Sanskrit-Gelehrter und Kenner der buddhistischen Schriften entpuppen. Er war auch Arzt, ein Maler, dessen Bilder in Hongkong geschätzt und gesammelt wurden, und ein von vielen verehrter Mönch.

Er verliebte sich in meine Tochter Siri; sie, so meinte er,

sei sein Lehrmeister. Sie spielten miteinander und sprachen dabei eine selbsterfundene Sprache. Sie hörten sich an wie Vögel.

»Bevor ich geboren wurde, lief ich barfuß, barfuß zwischen den Sternen«, erzählte sie ihm eines Abends.

»Diese Kleine hat tiefe Buddha-Wurzeln«, sagte Tsung Tsai.

Abgesehen von der Zeit, die er mit uns verbrachte, blieb er meist für sich. Wie sein Meister Xu Deng lebte er allein: die Verkörperung des Weisen vom Berge, des Einsiedlers, des spirituellen Klausners, der prächtige Tempel, Geld und Scharen von Anhängern verschmäht.

Gelegentlich klingelte sein Telefon. »Sehr beschäftigt. Heute keine Zeit«, sagte er dann und legte wieder auf.

Möchtegernschüler sprachen ihn auf der Straße an oder im Supermarkt in der Stadt und fragten ihn, ob sie den Dharma bei ihm studieren könnten. Er wies sie unweigerlich ab. Er erzählte mir, die thailändische Regierung hätte ihn als einen von neunzehn buddhistischen Mönchen im Jahr 1983 eingeladen, die Weihezeremonie zur Wiedereröffnung des Tempels Wat Pan Nam zu leiten. Er war nicht hingefahren.

»Warum nicht?« fragte ich.

»Keine Zeit. Du kennst mich, Georgie. Ich mag nicht oft Leute treffen. Zu beschäftigt. Ich brauche Lesen. Schreiben. Denken. Ich brauche Forschung machen.«

»Forschung? Was für Forschung?«

»Mathematik. Hohe Mathematik, sehr besonders. Zu hoch für dich.«

»Vermutlich«, lachte ich.

»Ist meine ›Wie man Welt macht‹-Erziehung. Kommt von *Yijing*, Buch der Wandlungen. Viele Jahre mache ich schon. Spiel. Ich erfinde.«

Mit dem Zeigefinger, *dut-dut-dut-dut*, tippte er rasch in seine linke Handfläche. »Vielleicht«, sagte er lächelnd, »ich bekomme Nobelpreis.«

»Vielleicht.«

»Was bringt Welt hervor? Kannst du beantworten?«

»Nein.«

»Nur Zahlen. Zahlen können Welt rechnen. Zeit. Schnee, Regen, Samen – alles. Zahlen geben Leere Energie.«

»Machen sie auch Buddha?«

»Nein. Buddha macht sich selbst.«

»Du hast recht. Das ist zu hoch für mich.«

»Ja. Gedichte ist deine Erziehung. Besser für dich.«

Tsung Tsai war so ruhig, so sicher verankert in seinem eigenen Universum, seiner Kosmologie, seiner Theorie von allem. Er hatte keine Zweifel. Nichts von Unsicherheit. Ich beneidete ihn.

Von einer Nachbarin, einer New-Age-Heilerin, hörte ich, Tsung Tsai beherrsche Akupunktur und Pflanzenheilkunde; buddhistische Mönche und Laien kämen aus dem ganzen Land zu ihm. Sie schwor, er hätte schon Wunderheilungen gewirkt. Manchmal standen Leute unangemeldet vor seiner Tür und baten um medizinischen Rat. Und auch wenn er für sie mehr Zeit hatte als für spirituelle Sucher, konnte er doch sehr kurz angebunden sein.

»Sie nehmen zwei Aspirin«, sagte er dann und wandte sich gebieterisch um.

Ich bat ihn, mich zu untersuchen. Er winkte ab. »Du sehr gesund, Georgie«, sagte er. »Kein Problem.«

Ich wollte mehr über seine medizinische Ausbildung wissen.

»Ich habe Erfahrung von viele tausend Jahre«, sagte er. »Ich kenne Kräutermedizin und besondere Heilmethoden von Bruder meines Lehrers; berühmter daoistischer Doktor. In Hongkong ich studiere Akupunktur an Universität. Ich kenne spezielle Sachen.« Er schloß die Augen, nickte feierlich mit dem Kopf und breitete die Arme aus. »Kann auch bei Krebs helfen.«

»Selbst bei Krebs?«

»Sicher! Krebs. Alles. Du hast Freund, Georgie. Vielleicht kann ich helfen.«

»Nein, da ist niemand. Allen geht es prima.«

»Hmmm-phhh«, grunzte er.

Noch am gleichen Abend hatte ich ein Telefongespräch mit einem alten Freund, von dem ich schon seit Jahren nichts mehr gehört hatte.

»Ich liege im Sterben«, sagte er.

Er hatte einen Tumor von der Größe einer Orange im Kopf. Inoperabel. »Ich, der ich nie auch nur eine Erkältung gehabt habe.« Er stockte. »Bis jetzt habe ich Krankheit nicht verstanden, das Sterben.«

»Hast du Schmerzen?«

»Ziemlich schlimme.«

Er erzählte mir, daß die Frau, die fünfzehn Jahre lang seine Geliebte gewesen war, ihn verlassen hatte – mit seinem besten Freund nach Los Angeles durchgebrannt. Seinem einzigen Kind, einem Sohn, der jetzt in Paris lebte, hatte er sich entfremdet. Er war einsam.

An jenem Abend schlug das Wetter um. Ein scharfer Nordostwind wehte die letzten Blätter von den Bäumen. Nachdem er aufgelegt hatte, ging ich vors Haus und stand barhäuptig im Regen. Eigentlich hätte jetzt der Vollmond aufgehen sollen – aber er tat es nicht, der Himmel war eine schwarzgraue Masse. Im Wind lag der Geruch von Holzrauch und des stürmischen Atlantik. *Was denkt er wohl, bevor Schlafmittel und Schmerzpillen ihn betäuben?* fragte ich mich. Und dann: *Was träumt er wohl?*

»Sein Name ist Julian«, erzählte ich Tsung Tsai am Morgen. »Er hat Krebs, schreckliche Schmerzen. Nur noch wenige Monate zu leben.«

»Wir gehen morgen zu Freund«, sagte er. »Wir können versuchen.«

Der nächste Morgen dämmerte trübe. Erst Nebel, dann Regen, dann Schneeregen. In schmutzigen Pfützen froren die Blätter ein. Wir fuhren nordwärts, eine Stunde bis zu Julians Haus. Er wartete auf uns, in Decken eingemummt vor seinem Holzofen. Ich konnte kaum glauben, wie er sich verändert hatte. Der Mensch, der einst ein solch harter Bursche gewesen war, jetzt ein sieches Wrack.

Tsung Tsai nahm Julians Puls an beiden Handgelenken mit vier Fingern und lauschte dabei völlig absorbiert in ihn hinein. Er sah ihm in die Augen und untersuchte die Zunge. Er legte seine Hände um den Tumor, der Julians Kopf verformte. Dann lehnte er sich zurück und seufzte.

»Tut mir sehr leid, Jewels«, sagte er. »Ich kann nicht helfen. Sie müssen sterben.«

Julian wurde bleich, brachte kein Wort heraus. Mir ging es genauso. Tsung Tsai nahm seine Hände und drückte sie. »Nicht schlimm, Jewels. Alle müssen sterben«, beschwichtigte er ihn. »Ich kann geben Rezept gegen Schmerzen. Spüren nie mehr. Sehr angenehm. Wollen Sie?«

Julian starb zwei Wochen später. Wie versprochen, hatte er keine Schmerzen mehr.

Gelegentlich traf man wunderbar verrückte Typen in Tsung Tsais Haus. Einer ist mir besonders in Erinnerung, ein Bursche, der Mönch John genannt wurde. Als er auftauchte, trug er ein orangefarbenes Gewand und Kampfstiefel und hatte eine Bettelschale in der Hand. Nun ein buddhistischer Gelehrter, war er früher ein auf exotische Modelle spezialisierter Automechaniker gewesen, der sich dann in Laos zum Mönch hatte ordinieren lassen. Aufgewachsen war er als deutschstämmiger Katholik im südlichen Teil Bostons. Er erzählte Tsung Tsai seine Geschichten in einem breiten Arbeiterklasse-Akzent.

Wir saßen an Tsung Tsais Küchentisch. Tsung Tsai flickte gerade seine Mönchsrobe. »Mitte der Siebziger«, erzählte John, »lebte unser alter Freund hier in einer ehemaligen orthodoxen Synagoge an der Henry Street, in der runtergekommenen Lower East Side von Manhattan.«

»Deine Leute, Georgie«, warf Tsung Tsai ein. »Alter jüdischer Platz.«

Das Dach hatte Löcher, erzählte John weiter, die zerbrochenen Fensterscheiben waren mit Pappe abgedeckt, und natürlich gab es keine Heizung. Tsung Tsai nannte den Ort »Glückselige Weisheit« und schlief, einen Papiersack über dem Kopf, in einer mit Zeitungspapier ausgefütterten alten Kühltruhe. Wo einst das Tabernakel gestanden hatte und die Thora gelesen worden war, thronte nun der Buddha auf einer Orangenkiste. John logierte gerade bei Tsung Tsai, als zwei Junkies einbrachen.

»Ich war damals gerade krank«, berichtete John. »Hohes Fieber, konnte mich kaum aufrichten. Das waren zwei hypernervöse Freaks mit Messern in der Hand. Und sie wollten den Buddha.«

Tsung Tsai sah von seiner Näharbeit auf. »Ich bin armer Mönch – sage ich ihnen. Aber sie sagen sehr böse, sie wollen meinen Buddha wegnehmen. Ich sage ihnen, ganz freundlich, Georgie, du kennst mich: ›Buddha kann ich nicht geben, aber Nudeln kann ich geben.‹«

Wir mußten über Tsung Tsai und seine Nudeln lachen.

»Der eine wollte sich gerade den Buddha krallen«, fuhr John fort, »da sprang Tsung Tsai über ihren Kopf und landete zwischen ihnen und dem Altar. Er hat sie nicht mal berührt, aber die fielen einfach rückwärts um, total perplex.«

»Er sprang über ihren Kopf?«

Tsung Tsai zuckte mit den Schultern. »Na klar. Sonst niemand da. Also muß ich machen.«

»Der alte Knabe ist ein Kungfu-Spezi«, sagte John.

Tsung Tsai hielt mitten in einem Nadelstich inne. »Aiii Georgie, John redet viel. Ich sehe bloß Situation und mache. Ich brauche kein Kungfu. Diese Jungs sehr arm dran, haben kein bißchen Gleichgewicht. Augen von den Jungs sehen aus wie bluten. Sie zeigen mir Messer, also zeige ich ihnen meine Kraft.«

Er hob seine frischgeflickte Robe ins Licht. »Habe ich jetzt dreißig Jahre.« Er hielt sie mir unter die Nase. »Kannst du Technik sehen?«

Ich bewunderte die akkuraten engen Stiche.

»Einfach perfekt. Gibt es etwas, das du nicht kannst?«

»Nein. Alles dasselbe. Bloß Sache von Konzentration.«

»Ich glaube, ich könnte ein bißchen von dieser Konzentration gebrauchen.«

»Du brauchst *viel* davon. Gut für dein Leben.«

»Hat der alte Knabe dir je die Fernseher-Story erzählt?« fragte John.

»Ich habe mal Fernseher gebaut. Ganz allein«, zwitscherte Tsung Tsai.

Wie ich schon gemerkt hatte, war Tsung Tsai an allem Technischen interessiert. Da er wissen wollte, wie ein Fernseher funktioniert, hatte er offenbar selber einen gebaut, mit einem Baukasten aus dem Versandhandel. Als Tsung Tsai fertig war und sich überzeugt hatte, daß der Apparat funktionierte – »Farbe gut, Bild gut, Ton gut« –, lud er das gute Stück auf einen Schubkarren und karrte es die knapp drei Kilometer bergauf zum KTD, dem tibetischen Kloster oben auf Mead's Mountain.

»Ich schenke Fernseher tibetischen Mönchen«, sagte Tsung Tsai. »Die mögen Sachen.«

Ich nahm das als einen Chan-Witz auf Kosten der Tibeter, der die relativ materialistische, »katholische« Art des tibetischen Buddhismus Tsung Tsais asketischer Tradition der abgerissenen Bergmönche gegenüberstellte.

»Was hältst du von dem Kloster?« fragte ich.

Tsung Tsai wiegte den Kopf. »Die haben viele Autos.«

Für einen spirituellen Skeptiker wie mich war Tsung Tsai fast zu gut, um wahr zu sein: ein richtiger Renaissancemensch – Mönch, Dichter, Philosoph, Baumeister, Naturwissenschaftler, Arzt und, wenn es sein mußte, Kungfu-Arschtreter. Es hätte alles verdorben, wenn er begonnen hätte, Jünger anzuwerben. Ich wartete immer mißtrauisch darauf, daß er eines Tages anfangen würde, mich zu Hingabe und Meditationspraxis zu bekehren. Aber er tat es nie.

»Schriftsteller-Person ist ganz wie Mönch«, sagte er. »Gedicht ist deine Meditation.«

Religiöse Disziplin, ja eigentlich jede Art von Disziplin, waren mir ein Greuel. Aber ich interessierte mich schon seit langem für Zen, das japanische Äquivalent des Chan. Das Chan entstand im sechsten Jahrhundert in China und wurde von chinesischen Wandermönchen im zwölften Jahrhundert nach Japan gebracht. Das war Chinas Goldenes Zeitalter, die Regierungszeit von Xuan Cong, der auch als Ming Huang, der Glanzvolle Kaiser, bekannt war. Die Künste blühten, und Chinas Macht breitete sich aus. Es entstanden große Städte, und Reisende aus ganz Asien bevölkerten den Hof, die Märkte und Tavernen. Und mit dem Handel fanden auch die Ideen Verbreitung. Der Buddhismus bekam großen Zulauf, und in einer Synthese mit dem Daoismus und dem Konfuzianismus fand er im Zen seine dem chinesischen Charakter am meisten entsprechende Stimme. Das war eine Religion, die mir zusagte, spontan und improvisiert; sie fühlte sich an wie der Geist der Poesie, der Geist der Freiheit selbst.

Lerne so gut, um das zu wissen, was du tust, daß du nicht mehr weißt, was du tust – das hatte ich mir zu meinem Mantra gemacht. Zazen, das »Sitzen in Versunkenheit«, diese gnadenlose Konfrontation mit dem Augenblick, in dem es gilt, die Wahrheit auszuspucken oder zu sterben, schien mir die perfekte Metapher für das Schreiben zu sein. Aber wann immer ich den Versuch machte zu sitzen, konnte ich nicht stillhalten. Meditation machte mich schwindlig – also blieb ich lieber bei der Poesie.

Jeden Tag dieses sich lang hinziehenden Winters sprach ich Tsung Tsai auf die Übersetzung der Gedichte an. Seine stereotype Antwort war: »Georgie, nur keine Hast!« Oder er lachte und sagte: »Weißt du, Georgie, meine Kultur ist ganz Konfuzius. Dao mit Buddha gemischt. Verstehst du?«

»Ja«, sagte ich – und verstand gar nichts.

Und dann kehrte ich nach Hause zu meinem Leben als armer Poet zurück. Ich schrieb damals ein Gedicht am Tag.

Das war meine Religion, alles, was mich kümmerte. Damals hatte ich einen Teilzeitjob bei einem kleinen Reparaturbetrieb und Verleih für Landmaschinen. Ich machte den Empfang. Die alte Scheune, die den Laden beherbergte, war ungeheizt. Aber es war eine leichte Arbeit. Wenn ich nicht gerade mal eine Kettensäge oder gelegentlich einen Hirschfänger zu schleifen hatte, dann saß ich mit voll aufgedrehtem elektrischem Heizöfchen an den Füßen hinter der Ladentheke und las oder schrieb in meinem Tagebuch, während der Mechaniker im Hintergrund pausenlos mit seinen Maschinen redete.

Als es Frühling geworden war, hatte sich eine angenehme Routine in meiner Freundschaft mit Tsung Tsai eingestellt. Wenn ich mittags mit meiner Arbeit fertig war, marschierte ich, noch nach Benzin riechend, Tag für Tag den Berg hinauf, um mit ihm Mittag zu essen und zu plaudern. Er zeigte ein unersättliches Interesse an dem, was ich in dem Laden tat, an den Maschinen und Kettensägen. Nach dem Tee lehnte er sich dann immer in seinem Stuhl zurück, und ich las ihm vor, was ich an diesem Morgen geschrieben hatte. Aber ich nuschelte, eine Angewohnheit, die Tsung Tsai nicht ausstehen konnte.

»Georgie, du sprichst zu Bart. Vielleicht du magst eigene Worte nicht?«

»Mag sein«, nuschelte ich.

»Steh auf. Jetzt du lesen. Langsam. Ganz deutlich.«

Ich hasse es, Befehlen zu folgen. Und ich hasse es, laut zu lesen. Ich höre lieber die Laute in meinem Kopf. Doch ich stand gehorsam auf, öffnete mein Tagebuch und las. Für niemanden sonst hätte ich das getan. Und ich ließ nichts aus, ganz gleich, wie anzüglich es war. Er nahm alles mit gelassener, unbeeindruckter Coolness zur Kenntnis.

»Hör mir gut zu,
Du mit deinem kleinen Mädchen«,
Meinte Big Walt, der Holzfäller.

»Laß dich auf keine Faxen ein.
Regel Nummer eins, das sage ich dir:
Kein junger geiler Hurenbock
Kriegt von meiner Tochter
Am Ende meiner Garagenauffahrt
Einen geblasen.«

Ich war sicher, daß Tsung Tsai keinen blassen Schimmer haben würde, wovon ich da sprach, aber er überraschte mich. Er nickte und grunzte zustimmend.

»Hmmm! Großer Kerl Walt starke Rede. Genau wie Chinese. Überall haben Papa gleiche Gedanken.«

Mein Gastspiel bei dem Maschinenverleih war typisch für die Gelegenheitsjobs, mit denen ich mich seit Jahren mehr schlecht als recht über Wasser hielt. Als ich Tsung Tsai traf, war ich das dritte Mal verheiratet; Sigrid, eine Schauspielerin, schrieb für das Lokalblättchen über politische Themen. Das und mein Teilzeitjob brachten das magere Einkommen, von dem wir lebten. Die meiste Zeit hing ich herum und wartete, wie Walt Whitman, auf den Musenkuß.

Ich hatte Sigrid 1979 getroffen, als sie aufs Land kam, um während des Sommers in einer regionalen Theatergruppe zu spielen. Ich war der Dramaturg des Theaters. Meine zweite Ehe ging in dem Moment zum Teufel, als ich sie zum ersten Mal auf der Bühne sah. Sie trug ein Paar kurze Shorts, hatte ein Schönheitspflaster in Form eines Schmetterlings auf einer Wange, und sie war einfach brillant, voller Feuer und Biß. Ich schaute nie mehr zurück. Wir waren Klatschthema Nummer eins der Gegend. Wir hausten in meinem Auto, auf dem Fußboden bei Freunden, in untergemieteten Zimmern und gelegentlich in schäbigen Hotels. Sigrid pflegte ihre hochhakkigen Schuhe zur Dekoration an die Zierleisten zu hängen.

Dann fand Sigrid eine gutbezahlte, wenn auch nicht gerade ihre Seele befriedigende Arbeit. Wir zogen um ins Chelsea Hotel, die klassische Künstlerzuflucht in Lower Manhattan, und dann in ein Loft an der Bowery. Ich ließ mich scheiden, und wir heirateten. Ich verdiente etwas hinzu, indem ich Porträtfotos von Schauspielerinnen machte. Meistens lungerte ich jedoch auf der Straße herum, rauchte, unterhielt mich mit den Stadtstreichern; und ich versuchte – ohne großen Erfolg – das Eine Perfekte Haiku zu schreiben. Sigrids Agent drängte sie, nach L.A. zu gehen, damit sie an den Castings für die neue Saison von Fernseh-Pilotsendungen teilnehmen könnte. Sigrid hatte die Nase voll von Musicals, und wir hatten unser illegales Loft im September verloren. Also entschlossen wir uns, den Herbst über noch abzuwarten und die Blätter in den Catskill-Bergen rot werden zu sehen. Wir mieteten ein Zimmer im Millstream Motel in Woodstock, und dort wurde Sigrid schwanger. Wir sagten L.A. ab und mieteten ein Haus.

Im Alter von zweiundvierzig Jahren sah ich mich zum ersten Mal mit Verantwortung konfrontiert. Doch finanziell und beruflich war ich ein Versager auf ganzer Linie. Sigrids Ersparnisse von ihrem letzten Engagement – ein kurzlebiger Broadway-Flop, Liv Ullmans *I Remember Mama* – waren schnell aufgezehrt, und wir versanken tiefer und tiefer in Schulden. Ansonsten war das Leben phantastisch. Wir alberten mit unserem Baby herum, tranken billigen Wein zum Abendessen, und wenn meine Frau und die kleine Tochter schliefen, schrieb ich bis spät in die Nacht. Ich tippte, wie Jack Kerouac, auf eine Rolle Fernschreiberpapier: »Worte auf einer Rolle vom Toten Berg«. Es gab für mich drei Zen-Regeln beim Schreiben: nichts ausstreichen, nichts überarbeiten, immer nur vorwärts.

Das waren weitgehend auch meine Lebensregeln gewesen. Das »Nichts-überarbeiten-Credo« hatte ziemlich harte Konsequenzen auf der materiellen Ebene. Als ich Tsung Tsai traf, befand sich mein Leben im üblichen Zustand eines kaum gebremsten Chaos, und er schien das von mir zu wissen. Ich schuldete nicht nur all meinen gutmütigen und leidgeprüften Freunden Geld, ich fuhr auch ohne Führerschein Auto, da ich meinen Führerschein vor sieben Jahren aufgrund einer Verurteilung wegen rücksichtslosen Fahrens verloren hatte.

»Kümmere dich um dein Problem mit Verwaltung«, sagte Tsung Tsai.

»He, du bist Gedankenleser.«

»Gedankenleser?«

»Das heißt, du kannst im Geist anderer Menschen lesen.«

»Ich kann lesen in Georgies Geist.«

Das war einer dieser Ratschläge, die ich normalerweise ignoriert und sofort wieder vergessen hätte. Aber nein, ich ging zum Gericht, erwirkte Bewährung, kratzte die Geldstrafe zusammen, füllte sämtliche Formulare aus, nahm am vierstündigen Wiederholungsfahrkurs teil, machte die Fahrprüfung und erhielt endlich meinen Führerschein zurück.

Eine Woche später saß ich Tsung Tsai an seinem Küchentisch gegenüber. Draußen wirbelten braune Blätter wild durcheinander.

»Wenn du magst, können wir ein bißchen übersetzen«, sagte er. »Morgen können wir versuchen. Aber vorsichtig. Ganz vorsichtig. Gedicht mit falschem Wort ist wie Baby ohne Kopf – kann nicht leben.« Tsung Tsai tippte mir mit dem Zeigefinger an die Stirn. »Einfach, das ist erste Grundlage.«

»Aber nicht leicht«, sagte ich.

»Nicht leicht.«

Ganz und gar nicht leicht. Schließlich ist das Chinesische eine Sprache ohne Subjekte. Im Englischen ist außerdem der Unterschied zwischen Objekten und Handlungen immer klar, wenn auch nicht unbedingt logisch definiert. Aber viele der chinesischen Wörter dienen sowohl als Substantive wie auch als Verben. Wer also chinesisch denkt, dem fällt es nicht schwer zu sehen, daß Objekte auch Ereignisse sind, daß unsere Welt eine Ansammlung von Prozessen und nicht von Dingen ist.

Am nächsten Morgen ging die Sonne glanzlos auf, und über die Berge schob sich rasch eine Wolkenwand, aus der dicke, nasse Schneeflocken fielen. Als ich um zehn bei Tsung Tsai eintraf, war der Schnee bis auf ein paar Flecken auf den Gipfeln und auf seinem verwahrlosten, im Schatten liegenden Weg schon wieder weggetaut. Er hatte kein Feuer in seinem Holzofen gemacht, und seine Küche war kälter als das Fleischfach in einem Kühlschrank. Tsung Tsai trug einen langen daunengefüllten Mantel, der so zerlumpt war, daß er aussah, als sei er in der Mauser, und hatte seine getreue alte Pudelmütze aus gelber Wolle über die Ohren gezogen.

»Gut, daß du kommst«, begrüßte er mich. »Setz dich hin und hol dein Papier raus.«

Er war zur Arbeit bereit. Meine Tasse stand auf dem Tisch, kochendes Wasser stand schon auf dem Herd. Er goß ein.

»Trink deinen Tee«, sagte er und begann dann ohne Überleitung.

»Gedicht kann wie Fisch im Wasser in den Himmel schnellen. Ganz genau wie Fisch. Frisch. Viel Energie.«

»Gute Definition.«

»Mögen oder nicht mögen spielt keine Rolle. Wir fangen einfach an. Bist du fertig?«

»Ich bin fertig. Aber du kennst meine Methode. Es muß locker sein, eine freie Übersetzung.«

»Viel besser. Gedicht muß sein wie Spiel. Wie Zen.« Er drohte mir mit dem Finger. »Du mußt Gedicht machen wie aus Gold. Guter Schriftsteller will nicht *ein* Wort verschwenden, schlecht machen. Denk an Fluß. Denk an Baum. Und nie, Georgie, niemals vergessen, was ich sage: wahr!«

»Wahr. Ich werde es nicht vergessen.«

»Gut. Gedicht ist wie Gespräch, verstehst du? Natürlich. Einfach. Nicht kompliziert. Du brauchen nur Buddha-Herz, Dichter-Leidenschaft und Zen-Geist. So schön. Großer Dichter hat Tanz und Bild. Alles zusammen ist *wenxue*.«

Ich kannte das chinesische Wort für »Literatur« bereits; das *wen* heißt darin soviel wie »Schrift«.

»*Wen.* Heißt das auch Dichtung?«

»Genau. Es ist Familie von *wenxue*.«

Er schlug die Bedeutung des Schriftzeichens in *Matthew's Chinese–English Dictionary* nach. Er zeigte auf das richtige Schriftzeichen, und ich las ihm die Definition vor: »Heißt auch elegant. Zivilisation. Literatur. Kultur.«

»Dichtung ist Herz der Welt«, sagte er.

»*Wen* heißt auch Literat.«

»Wie du, Georgie.«

»Schön wär's.«

»Benutze gute Wörter.«

In unserer durch schwarzen chinesischen Litschitee angeheizten Zusammenarbeit herrschte die Improvisation. Tsung Tsais Englisch war, wenn man es freundlich formulieren will, exzentrisch; mein Chinesisch nichtexistent. Und so blätterten wir spielerisch in Wörterbüchern. Wir tanzten. Zogen Grimassen. Stammelten. Er schrie auf, wenn ich ihn nicht verstand. Ich rang darum, den Gedichten gerecht zu werden, jenen Knotenpunkt zu erreichen, an dem Worte und Schweigen sich treffen.

»Wir reden«, sagte Tsung Tsai, »Luft.«

Wir übersetzten gerade ein Gedicht mit dem Titel »Schütterer Pflaumenbaum« und suchten nach einem Wort. Tsung Tsai sperrte weit die Augen auf, riß sie mit gekrümmtem Daumen und Zeigefinger noch weiter auf und schrie: »Nicht schlafen. Nicht schlafen.«

»Schlaflosigkeit?« riet ich.

»Du verstehst nicht!« schrie er. »Du bist falsch. Ganz falsch.«

Ich griff mir schnell das Englisch-Chinesische Wörterbuch, fand »Schlaflosigkeit« und zeigte auf die Schriftzeichen. Mit einer Lupe studierte er die winzig kleine Schrift und sagte dann nach einer Weile: »Genau. Schlaflosigkeit.«

Im Hof
Einige spärliche
*   Zweige*

Tupfer für Tupfer
  Blütenblätter
Hingestreut
  wie Sterne

Schlaflos
Zur Mitternacht auf
  dunkler Terrasse

Über die Fensterfläche
Läßt der Mond
  Schatten wandern.

Tsung Tsai sprang auf und vollführte einen seiner Freuden-
tänze. »Wundabaa! Übersetzung so gut. Nur du, Georgie,
kannst so machen.«

Ich folgte seinem Beispiel. Wir tanzten in der Küche umher. Ich war immer freudig überrascht, wenn ihm gefiel, was
ich geschrieben hatte. Ich war nie sicher, ob die Übersetzung
wirklich etwas vom Original wiedergab. Die Übersetzungen
waren etwas anderes, etwas völlig anderes: eine neue Schöp-
fung, die wir da aus der Luft gegriffen hatten.

Ich wußte, daß ich in diesen Übersetzungen, dank eines
magischen und unwahrscheinlichen Prozesses der Osmose,
meine beste Arbeit ablieferte. In Tsung Tsais gebrochenem,
manchmal kaum verständlichem Englisch fand ich die Sprache, nach der ich gesucht hatte. Und in ihm selbst meine
Muse.

Tsung Tsai und ich arbeiteten weiter an den Übersetzungen, aber wir kamen nur langsam voran. In der klassischen
Tradition des Bhikshu oder »Wandermönchs« war er oft unterwegs – zu Besuch bei seinem Freund, dem Dharma-Meister Lok To, in der Bronx, oder mit dem Flugzeug nach Kalifornien, Georgia, Florida oder Kanada, um am Leben in
irgendwelchen Chan-Tempeln teilzunehmen. Er blieb oft
lange fort, und es war unmöglich herauszufinden, was ihn

zu diesen Reisen trieb, sinnlos, darüber zu spekulieren, wann er zurückkehren würde. Er fuhr einfach los, hinaus in die Welt. Wochen vergingen, manchmal Monate. Dann klingelte das Telefon.

»Georgie. Ich komme nach Hause. Wir treffen morgen.« Das war keine Bitte. »Zwölf Uhr.«

Gewöhnlich kam er ziemlich erschöpft an der Bushaltestelle in der Ortsmitte an. »Zu viele Leute wollen was von mir«, hörte ich dann von ihm.

Auf dem Heimweg hielten wir beim Supermarkt an, um Vorräte einzukaufen: ein Tüte Kartoffeln, Nudeln, einen Kohlkopf, etwas Broccoli, mehrere Tomaten, zwei Laibe Vollkornbrot, etwas Sahne für seinen Tee, vier Bagels und ein großes Stück Käse fürs Mittagessen; Orangen und Äpfel für den Buddha.

Das Haus war in dem Zustand, in dem wir es verlassen hatten: das milchig-gedämpfte Licht der mit Plastikplanen verhängten Fenster, der muffige Geruch von Holzasche und Beton; ein Hauch von Räucherstäbchen und bittersüßer Orange, vermischt mit dem nussigen Aroma von Sesam- und Erdnußöl.

Ich blieb jetzt nicht lange. Er mußte für einige Tage allein sein, um in seine Einsiedlerwelt verschwinden zu können: eine Welt der Meditation, des Studiums, des Lesens und der Dichtung. Dann kehrte ich an seinen Küchentisch zurück. Wir tranken Tee und schwatzten, übersetzten einige Pflaumengedichte und luden die Muse ein, uns zu küssen.

Während wir uns so bei der Arbeit am Küchentisch gegenübersaßen, begann Tsung Tsai sporadisch und in Bruchstücken von seiner Flucht aus dem Pu Ji zu erzählen: zum größten Teil zu Fuß vom Rande der Wüste Gobi quer durch das vom Hunger heimgesuchte Land der Mitte bis nach Hongkong.

Eines Tages brachte ich ihm ein Exemplar der Ausgabe des *Oxford Advanced Atlas* von 1923 mit, die ich auf einem

Flohmarkt erstanden hatte. Sie enthielt eine Karte von China wie es noch gewesen sein mochte, als Tsung Tsai sich 1959 vom Pu Ji aus aufmachte. Er war gleich fasziniert und drehte die Karte auf den Kopf.

»Chinesen machen Gegenteil«, sagte er. »Norden unten.«

»Warum?«

»Bestes Feng Shui.«

Feng Shui ist die geomantische Wissenschaft der richtigen Plazierung. Auf dem traditionellen chinesischen Kompaß nimmt die Schildkröte, die Festigkeit und den Mittelpunkt der Erde symbolisiert, das Zentrum ein. Der günstigste Platz ist auf der südlichen Krümmung ihres Panzers mit Blick auf den Phönix, den Weiten Ausblick. Die Chinesen mögen es, wenn ihre Karten wie ihre Häuser in diese Richtung ausgerichtet sind. Der Norden ist der Dunkle Krieger, die Mauer, die ihren Rücken deckt. Darum befindet sich die Große Mauer auf den chinesischen Karten unten; darunter leben die Barbaren. Oben dagegen, nach Süden, ist der Ausblick offen und schön: das Südchinesische Meer mit seinen Inseln, der Wärme, dem Licht, das Mittlere Königreich. Vom Standpunkt des Feng Shui ist China das perfekte Land – die Karten beweisen es.

Tsung Tsai zeigte auf der Karte auf eine hellbraun gefärbte Region nördlich der Großen Mauer, nördlich des Huanghe, des »Gelben Flusses«, am südlichen Rand der Gobi.

»Hier meine Heimat.«

»Kannst du mir zeigen, welchen Weg du genommen hast?«

»Über ein Jahr lang«, sagte er leise und beugte sich über die Landkarte; langsam, fast zärtlich fuhr sein Finger eine Route nach Süden ab, von der Inneren Mongolei bis nach Hongkong. Aus kalten, trockenen Landstrichen, die nur wenige Siedlungen unterhalten konnten, glitt seine Hand über die dichtbevölkerten Städte der zentralen Ebenen mit ihrem gemäßigten Klima hinauf bis ans Südchinesische Meer. Es war, als erspürte er die Farben auf der Karte: das Hellbraun und Gelb der menschenleeren Einöden des Nordens, das graugeriffelte Relief der Berge und dann das blasse Grün und Blau der fruchtbaren Deltas von Sichuan und Hunan und der Gegenden weiter südlich, jenseits des Wendekreises des Krebses.

Tsung Tsai atmete schwer; mit einem tiefen Seufzer der Sehnsucht nestelte er seine Jackentasche auf und zog einen zerknitterten Bogen Papier hervor.

»Ich schreibe letzte Nacht«, sagte er. »Meine Wanderung Geschichte.«

Tränen stiegen ihm in die Augen, doch er unterdrückte sie. Kopfschüttelnd stieß er hervor: »Ich verspreche, dir alles erzählen, was gesehen. Tut mir leid, Georgie, aber geht nicht. Das erzählen kann man nicht. Seltsam. Meine Erinnerung wie der Wind, ich kann nicht einfangen.«

Mit der Handfläche glättete er das Papier auf dem Küchentisch. Was er da geschrieben hatte – und was ich später übersetzte –, war ein kurzes Prosagedicht, eine surrealistische und impressionistische persönliche Geschichte, ein flüchtiger Traum. Er begann, die wunderschön gemalten schwarzen Schriftzeichen vorzulesen.

Der Nordwind, dieser traurige Wind, er grämte sich mit uns, als wir den Pu-Ji-Tempel verließen. Das Gesicht meines Meisters spiegelte den Kummer eines jeden von uns.

Mit trunkener Seele warf ich mich in die Wanderschaft. Meine Berge und Flüsse hatten die Farbe gewechselt. Mein Land war ein Rätsel. In Zeiten von Hunger und Schmerzen marschierte ich, verließ mich allein auf das Mondlicht. Nur einer war da, diesen Bettler zu trösten.

Und weiter ging die Reise. Die alte Hauptstadt Xi'an verließ ich durchs westliche Tor, das Pferd meines Geistes von Wolken gesattelt, als Gefährte den bitteren Regen. Die Kälte kam, und Schneeteufel narrten mich. Welcher Weg mochte der richtige sein? Unmöglich zu wissen. So lief ich nur weiter, einem ungewissen Süden entgegen.

Die ferne Straße
Und eine unsichtbare Zukunft.
Ein Mond.
　　Ein Mönch.
　　Ein Waise.

Nahe Jinan, unter dem Berg des Weichen Kissens, übertönte den Hunger ein plötzliches Glücksgefühl, als ich zugedeckt von fallenden Blättern im Schatten des Palastes des ersten Kaisers schlief – geweckt vom Schrei des kostbaren Kranichs, der laut und klar hinausposaunte: Kerluu! Ker-li-luu!

In den Dabashan-Bergen endlose Pein. Diese Hände, zerschnitten die Haut, das Fleisch bis auf die Knochen abgeschmirgelt, als ich mich festklammerte auf dem Dach des Eisenbahnwaggons. Hämmernd der Puls beim Anblick der Sterbenden – Menschen wie Käfer zerquetscht –, durch drei entsetzliche Tunnels, die Kerker der Hungrigen Geister.

In Qinling, vom Gipfel der Marmormaid, sah ich den Yangzi-Fluß durch Sichuan fließen, und so lief ich weiter. Dann am Dongting, dem See lieblicher Reize, des Lichts, der pastellfarbenen Berge, traf ich einen Bootsmann auf Wanderschaft und trieb mit ihm flußabwärts wie der Lotos.

Aus Knochen war ich gemacht, als ich nach Guangzhou gelangte und unter dem schneidenden Stacheldraht hindurch nach Hongkong hinüber kroch, während die Feuerwerkskracher dort gerade die Drachen verjagten.

»Ja, ist wahr«, sagte Tsung Tsai. »Mein Leben sehr sonderbar. Du mußt verstehen.«
»Ich fange gerade an.«

3.

Der einäugige Buddha

1959, als Tsung Tsai aus Pu Ji flüchtete, hungerte China.

Zwei verheerende Mißernten, verbunden mit Mao Zedongs Politik während des »Großen Sprungs Vorwärts« (1958–1962), führten zur schlimmsten Hungersnot in der Geschichte der Menschheit. Wir im Westen assoziieren die größten Exzesse und Grausamkeiten des maoistischen China meist mit der Kulturrevolution von 1966–1976. Doch der Große Sprung Vorwärts war noch weitaus grausamer.

Beginnend mit dem Jahr 1953 war die Industrie rapide gewachsen, doch die landwirtschaftliche Produktivität stagnierte. Mao machte die Opfer dafür verantwortlich – die Bauern und ländlichen Funktionäre. Fest davon überzeugt, daß die landwirtschaftlichen Kollektive Korn horteten, plünderte er ihre Lagerhäuser und exportierte das Getreide.

Gleichzeitig ordnete Mao an, die Bauern müßten die sowjetische Pseudowissenschaft des Trofim Denisovich Lysenko übernehmen, eines Mannes, der bereits in den frühen dreißiger Jahren eine der übelsten Hungersnöte der Welt in der Ukraine und Rußland verursacht hatte. Lysenko verwarf das Konzept der genetischen Vererbung als »faschistisch«; nach seiner Ansicht waren Umweltfaktoren und nicht die Genetik für die Eigenschaften von Pflanzen und Tieren verantwortlich. In Kombination mit Überschwemmungen und Dürreperioden führten Lysenkos Techniken 1959 und 1960 in China zu massiven Mißernten.

Die Konsequenzen der Mißernten wurden noch dadurch verschlimmert, daß Mao die Bauern ermuntert hatte, soviel zu essen, wie sie wollten, indem er ihnen ein Schlaraffenland à la Lysenko versprach. Es gab Dörfer, in denen die Reisvorräte für ein halbes Jahr in ganzen drei Wochen verpraßt wurden. Die Leute schlachteten ihren gesamten Viehbestand und schlugen sich den Bauch voll mit Fleisch. Als der Winter 1959 kam, begannen zuerst die Alten und Schwachen zu sterben. Bis zum Frühjahr waren dann fünfundzwanzig Millionen verhungert.

Den Bauern wurde befohlen, all ihre Nahrungsmittel zu Gemeinschaftsküchen zu bringen, das Horten von Lebensmitteln wurde mit dem Tode bestraft. Panik ergriff die Menschen auf dem Land. Männer verkauften Frauen und Töchter in die Prostitution; hungernde Eltern ließen Säuglinge in Löchern am Straßenrand zurück, in der Hoffnung, wohlhabendere Fremde würden sie aufnehmen. Eine wahre innerchinesische Völkerwanderung begann; die Bauern ließen ihre Dörfer zurück, weil sie hofften, irgendwo einen Ort zu finden, an dem es genug zu essen gäbe. Die Funktionäre regierten durch Terror: Nasen, Ohren und Zungen wurden abgeschnitten, Augen ausgestochen. Viele Bauern wurden erschossen, erdrosselt, lebendig begraben.

Nachdem er den Pu Ji hinter sich gelassen hatte, gelangte Tsung Tsai unbemerkt durch die Überflutungsmarschen nördlich des Gelben Flusses. Fünf Stunden wanderte er südwärts durch flaches, lehmbraunes Land, das von vereinzelten Gräben durchzogen war; der zerstörte Boden war eisenhart. Er kam an den Ruinen verlassener Höfe vorüber, die Häuser ohne Dach. Kurz vor Sonnenaufgang gelangte er zu seinem Heimatdorf Lanhu und versteckte sich am Rand des Friedhofs. Er hatte vor, den Rest der Nacht bei den Gräbern seiner Vorfahren zu verbringen und sich dann ins Dorf zu seiner Schwester zu schleichen. Doch er traf auf einen alten Freund, der gerade Lebensmittel unter den Grabsteinen versteckte. Der Mann berichtete Tsung Tsai, die Armee sei in der Nähe, nur wenige Kilometer entfernt.

»Geh weiter. Du mußt sofort verschwinden«, sagte er.

Ein vom Wind aufgewirbelter dünner Schleier von Sand und Staub ließ die Sterne verblassen. Er konnte die Augen nicht von den Gräbern seiner Mutter und seiner Brüder abwenden. Dann kniete er am Grab seines Großvaters nieder, des Patriarchen, der die Familie im Jahr 1850 von Shaanxi nach Norden geführt und Lanhu gegründet hatte. Auf dem Grab seines Vaters hinterließ er unter einem runden weißen Stein ein Gedicht:

Lebe wohl meine Familie
Dahinfließende Schatten
Nur Echo und Leere
Lebe wohl
Glück, wie ein hübsches Gesicht,
Stirbt jung

Tsung Tsai wandte sich um und lief hinaus in die stürmische Nacht, zu verschreckt, um seine Schwester aufzusuchen. Am Gelben Fluß kam er zu der Stelle, wo er als Junge schwimmen gegangen war. Am Ufer stehend sah er zu, wie das Licht über dem Sandgebirge zunahm. Dann watete er in das eiskalte Wasser und schwamm über einen Kilometer, von der Strömung flußabwärts getragen. Als er die Böschung am anderen Ufer erklomm, ging gerade die Sonne auf; seine nassen Kleider dampften.

Tagsüber versteckte er sich zwischen den Dünen des Sandgebirges, wo er einst um seinen Vater getrauert hatte. In der Abenddämmerung machte Tsung Tsai sich auf in die von Steinen übersäte, pfannenebene Ordos-Wüste. Mit seinen kräftigen Beinen hatte er bald etliche Kilometer zurückgelegt. Er lief die ganze Nacht, umging die vereinzelten Dörfer und hielt sich fern von den Straßen. Manchmal hörte er in der Ferne Soldaten durch die Dunkelheit marschieren.

Oder war es der Wind? Während des Tages schlief er in dornigem Unterholz oder, mit Erde zugedeckt, in Gräben oder Erdlöchern. Er wußte eßbare Wurzeln und Blätter zu finden, saugte die Feuchtigkeit aus den Zweigen und der Rinde von Weidenbäumen. Zwei Wochen später stieß er wieder auf den Gelben Fluß, der sich hier eine tiefe Schneise durch bröckelnde graue Felsen gegraben hatte – dasselbe Wasser, das mehr als dreihundert Kilometer weiter nördlich an Lanhu vorübergeströmt war. Er folgte in etwa dem Lauf des Flusses, der südwärts ins Herz Chinas hinabmäanderte. Er kletterte über nackte Hügel, die sich wie Brotlaibe in den wolkenlosen Himmel aufwölbten. Der Wind heulte durch die Schluchten herauf, über die stumpfen Hügelkuppen, und blies Asche und Kreide wie Rauch über das leere Land.

Es gab niemanden, dem Tsung Tsai trauen konnte. Er war der Feind. Die Leute waren verzweifelt: Sie sammelten Wurzeln und Gräser, vermischten zerstampfte Maiskolben und in der Sonne getrocknete Blätter mit Reishülsen und zerriebener Baumrinde, um daraus einen kaum eßbaren Brei zu machen. Sie aßen sogar Erde. Die Landschaft war trostlos: ein Gewirr von niedrigen Hügeln und von trockenem Gestrüpp bedecktes, mit Kies und Felsen gesprenkeltes Ödland – endlos erstreckte es sich nach Süden. Und eines Abends, bei Sonnenuntergang, brodelten flaschengrüne Wolken aus dem Nordwesten heran mit hühnereigroßen Hagelkörnern.

Ende Oktober kam Tsung Tsai westlich am Grabmal von Dschinghis Khan bei Altan Xiret vorbei an die Große Mauer und überquerte sie bei Yulin, wo sie zu einer Ruine verfallen war. Jenseits der Mauer lag Shaanxi mit einer sanfteren Landschaft. Hier bekam er einen ersten Geschmack vom China jenseits der hinterwäldlerischen Provinz, in der er sein Leben verbracht hatte. Er mied die Städte, die von aus Lautsprechern posaunender Propaganda und Militärmusik widerhallten. Die Klöster, Tempel und Pagoden waren verlassen und geplündert, die Bücher verbrannt, die Buddhas zertrümmert; ihre Mönche waren in alle Winde zerstreut oder tot. Der Famen-Tempel lag verlassen, aber unzerstört, und er warf sich auf der gefrorenen Erde nieder, gleichgültig, ob man ihn sah, und rezitierte Sūtras, ohne sich darum zu kümmern, ob man ihn hörte. Die zwölfstöckige Pagode des Famen-Tempels barg eine während der Tang-Dynastie erstellte versiegelte Kammer, in der vier Fingerknochen des Buddha aufbewahrt wurden, die angeblich von einem Wandermönch nach China gebracht worden waren.

Tsung Tsai dachte an Xu Deng, allein in seiner Höhle auf dem Wulashan, und daran, daß er wohl niemals die Begräbniszeremonien für ihn würde ausführen können, wie es seine Pflicht gewesen wäre.

»Scheint, ich werden bißchen schwachköpfig«, erklärte er mir. »Zuviel Anhaften.«

Im November fand er Zuflucht auf dem isoliert liegenden Bauernhof einer Frau, deren Mann gestorben und deren Tochter in der Armee war. Ihre Familie kam wie die seine aus Lanhu.

»Ihre Familie und meine Familie sehr alte Freunde. Nachbarn. Viele Generationen. Ihr Großvater kennt meinen Großvater. Ich bleibe bei ihr. Sie sagt Leuten, ich Ehemann.«

»Ihr Ehemann?«

»Natürlich. Mönch verstecken viel gefährlich. Niemand darf wissen.«

»Wie lange bist du dort geblieben?«

»Fast drei Monate.«

Ich wartete, daß er weitererzählen würde, aber er starrte nur aus dem Fenster. Es war der erste warme Tag des Jahres, und eine Fliege summte durch den Raum. Tsung Tsai blickte auf, beobachtete die Fliege kurz und griff sie dann beiläufig aus der Luft. Er ging zur Tür, öffnete sie und entließ die Fliege aus seiner Hand. Dann setzte er sich wieder hin und schwieg.

»Drei Monate …«, bohrte ich.

»Sie wie meine Schwester … ganz klein, wie Blume. Ich erinnere ihre Haare. Sie bindet so«, sagte er und machte dabei eine Faust hinter seinem rasierten Kopf. »Wie kleines Mädchen. Wie sagt man?«

»Pferdeschwanz.«

»Pferdeschwanz«, murmelte er träumerisch. »Pferdeschwanz ...«

Er drehte den Kopf von Seite zu Seite. »Tut mir leid, Georgie. Ich heute bißchen komisch. Steifer Nacken von giftiger Wind. Herz da drin tut weh. Erinnern nicht gut«, sagte er, noch ganz in seine Erinnerung versunken.

Zur chinesischen Jahreswende Ende Januar, als das Jahr der Eisenratte bevorstand, kam die Tochter der Frau heim aus der Armee, und er wußte, daß es an der Zeit war weiterzuziehen.

»Wir haben große Angst. Die Tochter ist noch richtiges Kind. Wir denken, sie wird uns verraten. Sie weiß, ich bin Mönch. Ich muß gehen.«

»Und was hat die Frau dazu gesagt?«

Er ignorierte meine Frage.

»Die Frau«, hakte ich nach, »ist sie mitgekommen?«

»Wer?«

»Na die Frau.«

»Frau?«

»Die Frau mit dem Pferdeschwanz, in deren Haus du gewohnt hast ...«

»Sie stirbt.«

»Soldaten?«

Er schüttelte den Kopf. »Nein. Sie viel traurig ... bringt sich selbst um ... hängt an Baum... ich finde sie ... begrabe.«

Er weinte um sie, wie man um eine verlorene Liebe weint, und ich fragte mich, ob der Mönch in jenem einsamen Bauernhaus, allein mit ihr, wohl der Versuchung erlegen war. Er sagte nichts mehr über diese Angelegenheit, ausgenommen ihren Namen: He Chu.

Der Winter wurde härter; in Löchern an den Wegrändern starben die Kinder. Tsung Tsai spürte die Bürde der Verantwortung, die Lehre von Xu Deng am Leben zu erhalten, den Dharma angesichts all der Schrecken hochzuhalten. Er klammerte sich an die Worte seines Meisters: »Bewahre dir einen starken Geist.« Aber das schien zuviel verlangt. Er verzehrte die wenigen Lebensmittel, die er noch hatte, und machte keine Anstalten, neue zu suchen. Es waren nicht die Kälte, die Erschöpfung, der Hunger oder der Schmerz, die ihn fast umbrachten, sondern die Verzweiflung und der Kummer – vielleicht auch über die verlorene Liebe. Er hatte begonnen, den Tod zu fürchten, ihn zu hassen.

In seinen Fingernägeln zeigten sich gelbe Streifen; dann begannen die Nagelbetten zu bluten. Die Handgelenke entzündeten sich. Das Haar fiel ihm aus, und seine Haut wurde grau. Sein Bauch blähte sich auf.

»Ich werde bald sterben.«

Endlich, gegen Abend eines bitterkalten Tages im späten Februar, brach er unweit des Huashan, des heiligen Berges, neben der Straße zusammen. Die Sinne schwanden ihm, kehrten zurück – hin und her glitt er über diese Grenze, überrascht, welche Kindheitserinnerungen dabei in ihm aufstiegen:

Es war August … um ihre Köpfe waberte Rauch … sie waren zwölf Jahre alt. Man hatte ihn und einen Freund mit den Schafen in die Berge geschickt, wo die Weiden noch grün waren. Das Jahr war sehr trocken gewesen, der Wind hatte die oberste Bodenschicht davongetragen, und die Ernte verdorrte, bis sie zu Staub zerfiel. Sie saßen im Schatten eines Weidenrutenzelts. Aus Ton vom Flußufer und einem Schilfrohr hatten sie sich eine Pfeife gemacht und sie mit den Blättern des wilden Hanfs gefüllt.

»Sansan! Sansan!« Das war seine Mutter, die ihn zum Abendbrot rief.

Die Nacht verging, und mit ihr die Erinnerung. Die Sonne stieg, und er rutschte immer wieder ab in Bewußtlosigkeit. Keinerlei Zeitbegriff mehr. Das nächste, was er wußte, war, daß er über dem Rücken eines Esels hing; der wurde von einem Mönch geführt, dessen zerlumpte Kleidung gegen die Kälte mit Stroh ausgestopft war.

»Vogelscheuche«, rief Tsung Tsai ihn an. »Was trägst du noch deine Robe? Sie werden dich umbringen.«

»Ich bin bereits tot«, sagte Vogelscheuche.

Der Rücken des Esels schlingerte hin und her, während er mit langsamen, sicheren Schritten über den steinigen Grund trottete.

»Ich bin auch ein Mönch«, sagte Tsung Tsai. »Mein Lehrer ist Xu Deng.«

»Pssst«, kam es leise zurück. »Ich kenne dich.«

Tsung Tsai sank wieder ins Dunkel zurück, erwachte erst wieder als sich gerade die graue Dämmerung des Winterabends herabsenkte. Er war eine Nacht und einen Tag lang bewußtlos gewesen. Sein Kopf war klar, doch er hatte keine Kraft, sich aufzusetzen. Der Mönch ging voraus, mit gesenktem Kopf trottete der Esel hinter ihm her. Seine Hufe wirbelten Schnee auf, der in weißen Bäuschen wie niedrig hängende Wolken davonzog. Das Tier war warm, sein Geruch hatte etwas Tröstliches – er erinnerte ihn an die Ställe und Scheunen von Lanhu. Tsung Tsai hatte das Gefühl, daß sie Höhe gewannen; es wurde kälter, der Wind blies eisig.

Mit äußerster Kraftanstrengung hob er den Kopf. Er sah nur Schwärze und eine vielleicht noch tiefere Schwärze, wo der Mönch sein mußte, der das Tier führte.

»Wo gehen wir hin?« rief Tsung Tsai.

»Zum heiligen Berg«, antwortete Vogelscheuche.

Erneut versackte er in Bewußtlosigkeit, und als er wieder zu sich kam, fand er sich in einer Höhle, mit dem Rücken gegen die Felswand gelehnt. Es war warm. Ein Feuer brannte. Zuerst dachte er, er sei wieder bei seinem Meister auf dem Gipfel des Wulashan. Doch dann sah er im flackernden Feuerschein Vogelscheuche; sein Gesicht war noch schmaler, noch ausgezehrter als das seines Lehrers. Er hatte nur ein Auge; das andere war nur noch ein dunkles Loch voller verkrusteten Bluts. Vogelscheuche redete sanft auf den Esel ein.

Tsung Tsai starrte in seine Teeschale, als beschwöre er die Höhle vor seinem inneren Auge herauf. Dann hob er den Blick über den Küchentisch wieder zu mir und fuhr fort zu erzählen. »›Bist du wach?‹ fragt mich Vogelscheuche.

›Weiß nicht‹, sage ich. Er lächelt und macht mir Suppe von Tee und Brot. Drei Schalen. Als ich wieder aufwache, er fort. Neben mir steht Tee. Und Brot.« Tsung Tsai hielt inne. »Dieser Mönch war mein Lehrer.«

»Vogelscheuche?«

»Buddha.«

»Buddha?«

»Ja. Echte Lehrer sind alle dasselbe. Sind alle Buddha.«

»Was hat er dich gelehrt?«

»Mitgefühl. Nur Mitgefühl.«

Tsung Tsai schloß die Augen, nahm einen tiefen Atemzug und atmete langsam aus. »Und Stärke.« Nach einer Pause fragte er: »Magst du Tee?«

»Ja, ein Tee wäre nicht schlecht.«

Ich rieb mir die Hände, um den Kreislauf wieder in Gang zu bringen. Ein bitterkalter Wind rüttelte am Haus, doch der große Eisenofen blieb kalt. All die Winternächte und Tage, die ich in seiner Küche verbrachte, erlebte ich nur einmal, daß der Ofen angeheizt wurde – während eines Schneesturms. Tsung Tsai trug einen langen zerlumpten Regenmantel, den er sich wie ein Cape über die Schultern geworfen hatte.

»Prima Mantel«, sagte ich.

»Besonders. Ich finde in New York.« Er mochte Komplimente über seine Kleidung. »Jemand wirft weg, also ich benutze. Auch noch warm.«

Die Küche war durch eine einzige Vierzigwattbirne nur schummerig beleuchtet. Tsung Tsai tippte mit dem Finger an die Birne und sagte: »Elektrizität heute schwach. Seltsam. Nicht gut für Leute.«

»Du mußt einfach eine stärkere Birne nehmen.«

»Birne stark. Ist Elektrizität-Problem. Wirklich.«

Mir war eiskalt auf meinem Stuhl, und so stand ich auf.
»Hinsetzen«, sagte er barsch. »Ich mache Tee.«
Mit einem Seufzer ließ ich mich wieder auf den Stuhl fallen.
»Das meine Methode. Sieh zu. Für alles gibt es Technik.«
Er füllte den Kessel aus dem Wasserhahn.
»Wasser muß kalt sein«, sagte er.
»Das dürfte kein Problem sein.«
In der halbdunklen Küche fiel mir auf, daß die Gasflamme gelb und rauchig brannte. »Dein Brenner muß gereinigt werden.«
»Gas auch nicht gut«, war seine Antwort.
Er lauschte auf das Geräusch des Wassers. »Wasser muß sein kochen. Ganz stark.« Mit Lippen und Zunge produzierte er das Geräusch von heftig kochendem Wasser und schwenkte dabei den Zeigefinger vor meiner Nase. »In China man kocht neunmal.«
In fröstelndem meditativem Schweigen warteten wir, bis er meinte, das Wasser sei nun neunmal aufgekocht. Als sich das Brodeln im Wasserkessel für ihn endlich genau richtig anhörte, nahm er den Kessel vom Feuer und kippte je einen Schuß dampfenden Wassers in zwei Henkeltassen. Er schwenkte die Tassen und leerte sie mit einer schnellen Handbewegung in den Ausguß. Dann gab er eine Portion Teeblätter in die angewärmten Tassen, füllte sie zu drei Vierteln mit kochendem Wasser und stellte den Kessel wieder zum Kochen auf den Herd. Nun setzte er sich hin, die Ellbogen auf den Knien und das Kinn in die Hände gestützt, und konzentrierte sich. Ein paar Teeblätter schwebten an die Oberfläche; er hielt die Tassen schräg und blies sie über den Rand in den Ausguß. Dann stellte er die Tassen vor uns auf die Konservendosendeckel, die er als Untersetzer benutzte.
»Jetzt kann Tee ziehen«, sagte er.
Nach einigen Minuten gab er ein paar Tropfen Sahne hinzu und füllte die Tassen dann mit einem weiteren Schuß kochenden Wassers auf.

»Ich habe Erfahrung. Technik«, sagte er und nickte voller Anerkennung für die Farbe seines Gebräus und seine Fertigkeit. »Geschmack weich, süß. Trink deinen Tee.«

Wir tranken schweigend, schlürfend.

Nicht gerade eine formelle japanische Teezeremonie mit ihrer kargen, eleganten Zen-Ästhetik. Das hier war Tee bei Tsung Tsai. Dies war Chan. Chinesisch. Rauh, warm und locker.

Ich ging nach draußen, um meine Blase zu entleeren und mir den Kopf etwas freipusten zu lassen. Ich benutzte seine Toilette nie, und soweit ich das mitbekam, tat er es auch nicht. Die Luft war klar und sauber. Der Wind heulte durch die Steineichen und raschelte durch die toten Gräser auf dem Hof. Durch das Küchenfenster sah ich Tsung Tsais Silhouette. Er saß da, wie ich ihn verlassen hatte, mit geradem Rücken, die Arme vor der Brust verschränkt, bewegungslos. Ich pißte ein Loch in den Schnee. Das Violett des Himmels ging in dunkleres Indigo über. Ich legte den Kopf zurück, verlor dadurch das Gleichgewicht, stolperte rückwärts und pinkelte mir dabei auf die Hose.

»Ich muß jetzt gehen, Tsung Tsai«, sagte ich, den Kopf durch die Eingangstür gesteckt.

»Sicher«, sagte er. »Grüße an Sigrid und Siri von mir.«

In jener Nacht saß ich nahe am Holzofen in meinem Wohnzimmer. Es war gemütlich warm. *Alle Lehrer sind Buddha.* War er mein Lehrer? Hatte ich endlich einen Menschen, einen Pfad gefunden, dem ich mich anvertrauen konnte? Ich war niemals fähig gewesen, eine demütige Haltung einzunehmen. Ich hatte einfach nicht den Mut, die Kontrolle abzugeben und mich jemand anderem in die Hände zu geben. War ich zur Mittelmäßigkeit verdammt, weil ich nicht bereit war, das Notwendige zu akzeptieren: Technik und eine Überlieferung? In Tsung Tsais Welt war »Lehrer« gleichbedeutend mit »Meister« – jener heiligste und, für mich, verdächtigste aller Titel.

Ich füllte den Ofen mit in dünne Scheite gespaltener Felseneiche, die sofort krachend und knackend Feuer fing. Dann schlug ich mein Tagebuch auf, überflog meine Notizen und kritzelte rasch die letzten Zeilen von »Verwaiste Pflaume« nieder.

Allwissendes
blaues Auge –
    wer sieht
    der sieht.

4.

Der Tunnel

*E*s war Ende März, und auf dem Hof von Tsung Tsai schossen über Nacht die Krokusse empor. Wir machten einen Spaziergang auf dem Guardian Trail und überquerten dabei einen zwischen Hemlocktannen hinabstürzenden kleinen Wasserfall auf einer Brücke aus Holzbohlen. An den Ahornbäumen und Wildkirschen waren bereits Andeutungen kleiner roter Knospen zu sehen. An besonders feuchten Stellen entrollten sich Farnblätter und Stinkender Zehrwurz.

Als wir in sein Haus zurückkehrten, war die Küche von der durch die plastikbespannten Fenster hereinscheinenden kräftigen Sonne beinahe warm geworden. Tsung Tsai machte Tee, und wir schlürften ihn schweigend.

»Erzähl mir über den Tunnel«, sagte ich.

Er öffnete den Atlas und zeigte auf eine Bergkette, die sich etwa in der Mitte Chinas von Ost nach West erstreckte. Mit der flachen Hand drosch er auf die Karte, und von den Klinkerwänden hallte seine wütende Stimme zurück.

»Hier ich beinahe werde verrückt. So schrecklich. Ich will nicht sagen.«

Er hatte vorher schon mehrfach in düsterem Tonfall den »Tunnel« erwähnt, hatte es jedoch nie übers Herz gebracht zu erzählen, was dort passiert war. Ich wartete schweigend. Er schnaubte die Nase in einen Fetzen altes Zeitungspapier und fuhr dann fort zu erzählen. Er nahm den Faden seiner Reise an dem Punkt wieder auf, wo er den heiligen Berg verlassen und sein wie einen Schatz gehütetes Buch von Pflaumen-Gedichten zum Dank in Vogelscheuches Höhle zurückgelassen hatte.

Die Nächte waren lang, finster und bitter, aber es war zu gefährlich, bei Tage unterwegs zu sein. Rekruten aus den Städten, Gefangene und Soldaten füllten die aus dem Süden heraufkommenden Straßen, dazu Lastwagen, Pferdefuhrwerke und Kanonen in langen Kolonnen. Der Lärm ihres Vormarsches hallte durch seine Träume.

Seine nächste Station war Xi'an, die alte Hauptstadt Chinas, die während der Tang-Zeit eine Einwohnerzahl von beinahe zwei Millionen hatte: sie war das Zentrum von Chinas Goldenem Zeitalter der Dichtung, Malerei, daoistischen und buddhistischen Philosophie. Es war auch Xi'an, wo Shi Huang Di im Jahr 221 vor unserer Zeitrechnung zum ersten Kaiser eines vereinten China wurde. Wie Mao war auch Shi ein Tyrann: Er ordnete Säuberungen an, ließ Bücher verbrennen und deportierte eine riesige Zahl von Bauern zu Arbeiten an aufwendigen, vom Staat initiierten Projekten. Das konfuzianische Modell der kollektiven Verantwortung, in dem die Familie für die Taten jedes ihrer Mitglieder verantwortlich ist, war tief in den Sitten und Gebräuchen des chinesischen Volkes verankert – ein fruchtbarer Boden für Mao.

Bisher hatte Tsung Tsai die Städte gemieden, aber der Verlockung Xi'ans und seiner Wildgans-Pagode konnte er nicht widerstehen. Die Pagode wurde einst gebaut, um die buddhistischen Schriften aufzunehmen, die der Wandermönch Xuan Zang aus Indien mitgebracht hatte und die er in der Folge in 1335 chinesische Bände übersetzte. Die Stadt war ein gefährliches Pflaster. Grölende Mobs, die sich durch besonderen revolutionären Eifer hervortun wollten, machten Jagd auf »Reaktionäre« und stürzten sich auf jeden, der ihnen verdächtig vorkam. Bettler wanderten durch die Straßen, und ausgemergelte Kinder wühlten unter grell gemalten Porträts von Mao im Dreck. Im örtlichen Krankenhaus aßen die Leute menschliche Plazentas, und in versteckten

Läden gab es proteinhaltiges Plazenta-Mehl zu gepfefferten Preisen.

Tsung Tsai verließ die Stadt wieder durch das westliche Tor und wanderte auf Nebenstraßen weiter in die Provinz Sichuan. An Einzelheiten darüber, welche Route er genommen hatte, wie lange er sich wo aufgehalten und wie er es geschafft hatte zu überleben, erinnerte er sich nicht mehr – diese Zeit war wie ein leeres Blatt Papier für ihn. Er konnte sich nur noch daran erinnern, daß er in einem Erdloch im Schatten des Palastes des ersten Kaisers geschlafen und daß der Schrei eines Kranichs ihn aufgeweckt hatte.

Als der Sommer 1960 gekommen war, befand er sich auf dem Weg in die Dabashan-Berge, immer bemüht, sich von den mörderischen Patrouillen der Miliz fernzuhalten. Die Armee blockierte die Straßen, kontrollierte die für das Landesinnere geltenden Passierscheine, die Mao kürzlich hatte ausgeben lassen, und verhaftete jeden, der ohne Genehmigung unterwegs war. Von einem Mann, der dem Hungertod nahe war, hörte Tsung Tsai von dem Zug, der nach Süden Richtung Hongkong fuhr. Das Gesicht des Mannes glich einer Totenmaske, die entzündeten Augen waren von wäßrigem Schleim gesäumt. Er berichtete Tsung Tsai, daß die Soldaten den Bahnhof kontrollierten, daß der Zug außerhalb der Stadt jedoch eine Brücke passiere.

»Oben am Berg, er sagt, Schienen machen Kurve und Zug muß ganz langsam fahren. Er meint, ich kann auf Dach springen und so nach Hongkong fahren. ›Kommst du mit?‹ frage ich ihn, aber er kann nicht mehr. Er dreht Gesicht in Staub, ist am Ende. Nur noch sterben.«

Also ließ Tsung Tsai ihn zurück und kletterte auf einem Feldweg weiter, der durch terrassierte Felder führte, auf denen kein einzelner Grashalm mehr stand – alles war aufgegessen. Der auf beiden Seiten von niedrigen Mauern gesäumte Weg stieg sanft an. Irgendwo steckte ein Anhänger voller aufgedunsener Leichen im Schlamm fest. Tsung Tsai konnte sehen, daß Streifen aus den Schenkeln herausgeschnitten waren; in tiefen Schnitten tummelten sich jetzt Maden und Fliegen. Wo Leber, Nieren, Herzen gewesen waren, jetzt nur noch leere Vertiefungen. Die Sterbenden fraßen die Toten.

»Ich habe geschrien, Georgie.« Sein auf die Tischplatte trommelnder Finger erzeugte ein hohles Pochen. »Ich will nur noch hinlegen.«

»Mein Gott!«

»Sage nicht *Gott*. Sage nicht nicht *Gott*. Sage nicht *Himmel*. Sage nicht *Hölle*. Hölle ist nicht meine Religion.« Er war erregter, als ich ihn je zuvor gesehen hatte, aber bald gewann er seine Fassung wieder. »Mitgefühl ist meine Religion. Aber ich kann nicht mehr fühlen. Kann einfach nicht. Ich laufe nur noch.« Er stach seinen Finger in die Landkarte. »Laufen. Nur laufen.«

Er gelangte tiefer in die Dabashan-Berge, kletterte jetzt durch einen Wald von Eichen, Kiefern und Kastanienbäumen. Von den Gipfeln wehte Nebel herab und gab ihm Deckung. Ohne innezuhalten, wanderte er durch Rottannenbestände. Die Wälder gingen über in zerzaustes Unterholz, dann matschige Wiesen.

Der Weg führte über den Paß. Er fand wilde Kräuter, Minze und Thymian; kräftig und scharf brannte ihm der Geschmack auf der Zunge. Die Nebel wurden lichter, die wirbelnden Aufwinde stärker. Dann rissen die Wolken auf und gaben einen weiten Blick nach Süden frei: steile, bewaldete Schluchten, wolkenverhangene Gipfel und ein Dorf am oberen Ende eines bauchigen Tals. Die Bahnlinie schlängelte sich aus den Bergen hinab an den Rand der Ortschaft und zu dem Bahnhof mit seinem schrägen Dach. Der Bahnsteig wimmelte von Soldaten.

Die Geleise durchschnitten dann den Ort und überquerten eine Brücke. Wo sie wieder in die Berge aufstiegen, arbeitete Tsung Tsai sich über einen steilen, von Krüppelkiefern bestandenen Abhang bis zu einer Stelle vor, an der er sich oberhalb der Geleise befand. Es war heiß; er schwitzte, und seine Kleidung stank. Er schlitterte den steilen Hang hinab und landete mit einem harten Plumpsen auf einem schmalen Sims über dem Bahnkörper. Tsung Tsai hielt den Atem an und sah sich um, ob irgend jemand ihn beobachtet hatte.

Er machte sich ein Polster aus Gras, und mit dem Rücken an den Hang gelehnt, saß er in Meditation und machte sich von allen Gedanken leer. Von den in der Sonne schmorenden Eisenbahnschwellen stieg Teergeruch zu ihm auf.

Zunächst hatte er sie nicht bemerkt – eine Frau mit einem kleinen Kind, die sich hinter einem Felsblock in der Nähe versteckte.

»Ihr Mann ist tot. Umgebracht, weil er Lebensmittel versteckt«, erklärte Tsung Tsai. »Um Kind zu retten, muß sie davonlaufen. Ach Georgie, der Kleine nuckelt an ihrer Brust. Er will Milch von Mama, aber sie ist leer, und er sehr schwach. Sogar zu schwach für schreien.«

Er erzählte mir, wie er sich für sie schämte. Sie hatte sich vollgemacht – wie so viele Menschen in diesem Jahr 1960: Durchfall, ausgerechnet, ist ein Symptom des Verhungerns. Auch das Kind war total verschmutzt. Sie umklammerte Tsung Tsais Hand und flehte ihn um Hilfe an. Sie küßte seine Füße. Sie zitterte am ganzen Körper, und das Kind wimmerte in ihren Armen. Tsung Tsai gab ihr die wilden Kräuter, die er in den Bergen gesammelt hatte. Sie kaute sie, spuckte sie wieder aus in ihre Hand und versuchte ihr Baby damit zu füttern. Doch es hustete sie wieder aus. Sie versuchte zu essen, doch erbrach sich gleich wieder, die Hände vors Gesicht geschlagen.

Ein schrilles Pfeifen durchschnitt die Luft, und der Boden erzitterte. Dann schob sich eine schwarze Lokomotive um die Kurve und kam auf sie zu; auf der Stirnseite prangte ein großer roter Stern.

Ein langer Zug rollte heran, im vorderen Teil mit Personenwagen, in denen Parteibonzen und Soldaten reisten; dahinter eine lange Reihe von Güterwagen. Die Dampflokomotive spie Schwaden schwarzen Kohlenrauchs in den Himmel. Als die ersten Wagen vorbeigerollt waren, tauchte ein Dutzend Menschen auf, die sich hinter Felsen versteckt hatten; sie alle sprangen auf die Dächer der Waggons.

Die Frau löste sich von Tsung Tsai, wollte springen. Doch er hielt sie fest. »Warte!« rief er.

Sie gab ihm das Kind zu halten. Der Zug fuhr mit einer Geschwindigkeit von weniger als zehn Stundenkilometern, ein bis zwei Meter unter ihnen rollten Personenwagen vorüber. Dann kamen dunkelgrüne, rote und braune Güterwagen und längere Wagen, deren Dächer zum Teil aus Lattenrosten bestanden. Diese Wagen beförderten Schweine aus den hungernden ländlichen Regionen; aus ihnen stieg ein ekelerregender Gestank von Dung und Gülle auf. Er hielt die Frau am Arm fest, bis der letzte Wagen heranrollte.

»Spring!« schrie er, und sie stürzten sich hinab auf das gerundete Wagendach, landeten hart, kämpften um Halt und bekamen die eisernen Flanschen zu fassen, mit denen die Lattenroste der Schweinewaggons am Rand des Wagendachs befestigt waren. Das Baby jammerte, seine Mutter stieß einen Schrei aus, der jedoch im Schrillen der Schienen unterging. Es gelang ihm, ihr das Kind zu reichen, bevor die Lokomotive in den Rachen des Berges eintauchte und Funken und Asche auf sie herabregnen ließ. Er spürte den Wagen schwanken, als die dichtgedrängten Tiere unter ihnen gegen die Lattengitter anrannten. Der Zug kroch ruckelnd und quietschend dahin, im Tunnel war der Rauch so dick, daß Tsung Tsai dachte, er würde ohnmächtig werden. Doch dann tauchte der Wagen aus der Finsternis wieder ins Sonnenlicht auf. Die Erleichterung, die Tsung Tsai im Gesicht der Frau las, ging rasch wieder in Entsetzen über, als der Zug auf eine schmale Brücke rollte und ratternd und schwankend über einen tief im Abgrund schäumenden Fluß zuckelte.

Nun rollte der Zug bergab und nahm Fahrt auf. Eine Felswand steilte auf, und sie rasten auf einen weiteren Tunnel zu. Tsung Tsai sah, wie ein Mann auf dem Dach eines Wagens vor ihnen sich kurz aufrichtete, gerade in dem Augenblick, als der Zug in den Tunnel einfuhr. Sein Kopf wurde abgerissen, der Körper über das Wagendach geschleift, bis er zwischen den Waggons auf die Schienen hinabfiel. Wieder tauchten sie in die Schwärze ein, und Tsung Tsai fühlte den Fels des Tunneldachs über seinen Rücken kratzen. Er machte sich so klein und flach wie möglich, langte nach der Frau, als der Zug eine enge Kurve durchfuhr. Ihre Hand griff nach seinem Ärmel, doch dann rutschte sie an ihm vorbei, und sie sank in die Dunkelheit hinab.

»Georgie, dieser Schrei – so lang, daß mein Herz brennt. Sie fallen in den Tod, beide, die Mama und das Baby.«

Der Zug schwankte so stark, daß er über den Rand des Wagendachs geschleudert wurde, gerade noch die Latten zu fassen bekam. Er hing seitlich am Wagen, unter ihm flogen die Schwellen vorbei. Er klammerte sich fest, die Stärke seiner Finger war alles, was ihn noch vom Tod trennte. Er sah sein Zuhause hoch auf dem Wulashan vor sich, das Gesicht seines Meisters, die Schale mit Tee, die Vogelscheuche ihm reichte, den gekrümmten Rücken der Frau, die winzige Faust des Babys. All das blieb hinter ihm zurück im wirbelnden Funkenflug. Er ließ es davongleiten – das Haften an all dem. Nichts blieb mehr als die Kraft seiner klammernden Finger.

»Drei Tunnels, gleiche Situation; viele stürzen in den Tod. Ich halte fest. Ich halte fest; Latten schneiden in Haut.« Er schabte mit den Fingerknöcheln über die Tischplatte. »Schneiden bis auf gelben Knochen – wenn ich nicht ganz fest halte, Aiii-yi-yi, ich auch abwärts und tot.«

Der Zug rollte aus dem letzten Tunnel auf eine weitere Brücke. Keiner von denen auf den Dächern kam mit hinaus ins Licht, bis auf Tsung Tsai, die Ärmel naß von Blut.

»Aber ich jetzt auch zu schwach, Georgie. Kann nicht mehr halten. Ich sehe Wasser unten, stoße fest mit Füßen ab und falle.«

Er muß hart auf das Wasser aufgeschlagen sein; die Strömung trug ihn davon, bis er irgendwo in einem Gewirr von Gestrüpp und Gräsern am Flußufer hängenblieb. Er zog sich aufs Ufer, die Füße noch im Wasser, fiel in einen tiefen traumlosen Schlaf. Als er erwachte, wanderte er weiter, ohne auszuruhen, seine Wunden mit Wasserpflanzen abgedeckt und Lumpenstreifen umwickelt.

Ich konnte nicht umhin, mich laut zu fragen, woher er den Willen genommen hatte zu überleben, in einer Situation, in der so viele andere sich dem Tod ergeben hatten.

»Chan ist wie Berg. Bewegt sich nicht. Chan du kannst nicht verrücken.« Ich muß etwas ratlos dreingeschaut haben, denn er fuhr fort: »Darum ich muß leben, Georgie. Alle meine Brüder nicht überleben.«

»Woher wußtest du das?«

»Ich weiß einfach.« Er nickte. »Ich bin einziger übrig. Letzter Mönch von Pu Ji.«

Ich wollte ihm noch mehr Details entlocken, aber er hob die Hände, als wollte er mich abwehren.

»Will nicht mehr sagen«, beschied er mich. »Geh jetzt heim. Tut mir leid, Georgie. Jetzt brauche Stillsein.«

5.

Das Land der Leichen

Der Fluß strömte nach Süden und Osten. Tsung Tsai folgte ihm, versteckte sich tagsüber in den Büschen, die das Ufer säumten. In seichten Buchten fand er Wasserkresse und stärkehaltige weiße Knollengewächse. In Bambushainen kaute er junge Bambussprößlinge. Die Strömung gurgelte voran, und das ständige Geräusch der Strömung wiegte ihn in den Schlaf.

Wenn die Sonne hinter den Bergen verschwand, glitt Tsung Tsai hinaus in die Strömung und ließ sich von ihr flußabwärts tragen, ohne zu wissen, was ihn dort erwartete.

»Ich kenne Fluß-Technik, Georgie. Als Junge ich schwimme viele Male über Gelben Fluß, hin und zurück.«

Eines Morgens, als er in den Untiefen eines sandigen Deltas nach Nahrung suchte, stolperte er über eine Leiche, die mit dem Gesicht nach unten im seichten Wasser lag. Kleine Wellen spülten gegen den unteren Teil des Rumpfes und hoben und senkten ihn sacht – es sah fast aus, als atmete er. Elritzen nippten und knabberten an den Hüften und Gesäßbacken, rissen kleine Fetzen loser lepröser Haut weg und verschlangen sie mit schnellen, ruckartigen Bewegungen.

Seit er den Pu Ji verlassen hatte, hatte Tsung Tsai viele Leichen gesehen. Aber diese war anders; das Wasser schien sie zu beleben. Sie schien zu atmen. Er setzte sich in den Sand neben sie und meditierte über den Tod, wie der Buddha es gelehrt hatte.

Wahrlich, mein Körper ist von gleicher Natur wie dieser Leich-
nam.
Nicht lange, und ich werde sein wie dieser Leichnam. Ich wer-
de zu diesem Leichnam.

Tsung Tsai war durch ein Land der Leichen gewandert und
hatte den Tunnel überlebt. Er hatte Tod und noch mehr Tod
gesehen. Der Tod war ihm ganz nah in seinem eigenen spin-
deldürren Körper mit der eingefallenen Brust, dem aufge-
blähten Bauch, den gelb gewordenen spröden Fingernägeln
und dem weißen Belag auf der Zunge. Das alles war eben
dieser Leichnam. Er war der Kannibale und der Aufgefres-
sene; der Leichnam und die Elritzen; die in die Zugwaggons
eingepferchten quiekenden Schweine; He Chu mit ihrem
Pferdeschwanz, wie sie am Baum hing; seine Familie unter
ihren Grabsteinen.

»Tod macht mir nichts mehr aus«, erzählte er mir über diesen Teil seiner Reise. »Tod hat keine Gewalt mehr über mich.«

Ich zeigte ihm das wunderbare Gedicht von Ben'in Zen-
ji, das ich seit zwanzig Jahren in meiner Brieftasche mit mir
herumtrug:

Während du noch lebst,
Sei ein toter Mann.
Sei durch und durch tot –
Dann tu, was du willst
Und alles ist gut.

»Chinesisch«, sagte Tsung Tsai.

»Ich glaube eher japanisch.«

»Hmmm!« Es war ein ungläubiges Grunzen. »Japaner
auch denken wie dies? Muß sein Zen-Geist. Genau wie mein
Denken.«

»Wie hieß der Fluß, an dem du die Leiche gesehen hast?«
fragte ich. »Zeig ihn mir auf der Karte.«

»Fluß ist Fluß. Fließt zum Yangzi. Namen kenne ich nicht. Name nicht wichtig.«

Er befand sich nun in einer dichter besiedelten Gegend, und der Verkehr auf dem Fluß nahm zu. Es gab viele kleine hölzerne Boote und größere Barken, die Sand, Kies, Pferde und Soldaten transportierten. Er erzählte mir von den »Soldatenbooten«, die hin und her über die Strömung fuhren und den Schiffsverkehr nach Lebensmitteln und anderer Konterbande durchsuchten, »Feinde des Volkes« jagten und Schmiergelder forderten.

Die Hungersnot war hier nicht so weitverbreitet. Tsung Tsai beobachtete, wie eine Wagenladung Paprikaschoten auf eine große Barke verladen wurde; ihr Duft machte ihn schwindlig. Auf einer anderen Barke türmten sich Steckrüben, aus denen satte grüne Blätter sprossen. Am Ufer hockte eine junge Frau neben einem Feuer. Sie zerrieb Rüben, vermischte den Brei mit Maismehl und Salz zu Fladen und buk diese mit gehackten Paprikaschoten und Kräutern aus.

Fünfunddreißig Jahre später mußte er lachen, als er sich an die Macht dieses Duftes erinnerte. »Ich keine Kraft mehr, Georgie. Essen riecht so gut, ich weiß nicht mehr, was soll tun. Ich krieche hin. Krieche wie bettelnder Hund.« Er mußte über sich selbst lachen: »Schätze, ich bin doch noch nicht tot.«

»Amitofo! Amitofo!« sage ich.

»Pssst!« flüstert sie. »Hier du mußt vorsichtig sein. Buddhist?« fragt sie mich.

»Mönch«, sage ich.

Sie gab ihm Rübenfladen zu essen und brachte ihn dann hinunter auf das Boot, wo ihr Mann gerade mit einer langen Nadel ein Fischernetz flickte.

»Georgie, ich sage dir, sie retten mein Leben. Sie verstekken mich unter Palmblätterdach, und ich gleite mit ihnen sanft nach Süden, durch die Seenlandschaft.«

Er füllte den Wasserkessel und setzte ihn auf. Wir schwiegen und lauschten dem Summen des Wassers. Er summte vor sich hin, während er den Tee bereitete.

69

Das Telefon klingelte.

»Wer da?« fragte er, noch bevor er den Hörer abhob. »Halloo? Hal-loo?« Er hörte mit äußerster Konzentration zu. Dann, ohne ein Wort zu sagen, reichte er mir den Hörer weiter.

»Du sprichst, Georgie. Keine Ahnung wer da ist. Vielleicht verrückte Person.«

Es war ein Versicherungsvertreter.

»Willst du eine Lebensversicherung?«

»Lebensversicherung? Was bedeutet?«

»Das heißt, sie zahlen Geld, wenn du gestorben bist.«

»Wenn gestorben, brauche ich kein Geld.«

»Er ist nicht interessiert«, sagte ich und hängte auf.

»Habe ich doch gesagt, verrückt.« Er schüttelte den Kopf. Dann hob er seine Tasse und blies über die dampfende Oberfläche. »Ich schreibe Gedicht über Flüsse und Seen. Willst du hören?«

»Natürlich.«

Von der Brustmitte her schwenkte er langsam den Arm hinaus in den Raum, und mit nach oben gekehrter Handfläche begann er das Gedicht über seine Reise durch die Seenlandschaft zu singen. Bei seinem Anblick sah ich ein China der bröckelnden Kalksteinfelsen vor mir, des jadegrünen Wassers, der weiten Lagunen und der Reisfelder. Berge stiegen auf zu den Wolken, und die Wolken senkten sich von den Bergen herab. Dunst erhob sich aus dem Wasser und mischte sich mit den Wolken, bis Himmel und Erde eins waren. Der Sommer neigte sich dem Herbst entgegen. Der Fischer zog sein Netz aus dem Schilf. Welse zappelten in den feinen Maschen, schlugen mit dem Schwanz, spreizten ihre Bärte in die Luft. Weiter südlich kamen sie an Dörfern vorbei, in deren Maulbeerbaumhainen die Seidenraupen ihre Fäden spannen. Es gab Honig und Pflaumenwein, dem er – nur ein bißchen – zusprach.

Als ich an diesem Abend nach Hause kam, dachte ich an all das Leid, das er durchgemacht hatte. Es hatte ihn von allem entkleidet, was falsch war. Eine kühle Frühlingsbrise, die nach Tau roch, wehte durch mein Schlafzimmerfenster. Tsung Tsais Stimme hallte in meinem Geist nach: das Klicken und Klingen von Zimbel-Silben und kühn schwingende Vokale.

Das Geräusch meines Atems und des Atems meiner Frau neben mir vermischte sich mit meiner Erinnerung an Tsung Tsais Flußgedicht. Ich schob die Hand zwischen die Schenkel meiner Frau. Der Wunsch, Mönch zu werden, war mir unverständlich. Ich vergrub mein Gesicht in ihr Haar, wobei ich Tsung Tsais Arm vor mir sah, wie er hinauswies in die Ferne, auf etwas, das ich nicht einmal ahnen konnte.

Der folgende Morgen war stürmisch und kalt. Bis zum Nachmittag hatte sich der Wind wieder gelegt und der Boden erwärmt. Tsung Tsais Weg war von abgebrochenem totem Holz übersät. Wir legten die Pflaumen-Gedichte beiseite und arbeiteten an der Übersetzung des Gedichtes über seine Flußreise.

»Gut wie Li Bo. Besser als Li Bo«, sagte er, als ich ihn nach einem Titel fragte.

Vom Himālaya herab
Rinnt der Fluß
Und murmelt
Von zehntausend Hügeln
Von der Milchstraße

Hier angekommen
Gewinnt er Kraft
Und gräbt sich reißend
Tief in den Fels

Während auf beiden Ufern
Verzweiflung herrscht
Und den ganzen Tag
Die Rufe der Affen
Klagen

Treiben wir
Vorbei an gestuften Ruinen
Wo einstmals
Der Gelbe Kaiser regierte

Nun singen
In diesem Turm
Dem alten Palast
Nur noch die Fliegen

Unter geschwungener Brücke
Fällt das Wasser
Rein wie Jade
Funkelnd wie Eis
Und Dunst steigt auf

Nur Menschen gehen in die Irre
Sie betrügen
Hassen
Und erfahren Leid

Ich freue mich am Himmel
Der allein meinen Ausblick begrenzt
Weiß nicht um die
Schande der Menschen

Auch als flußab
In sandigen Deltas
Sich Leichen türmen

Ist mein Geist
Auf Buddha stets gerichtet
Und ich entlasse
Gram und Illusion

6.

Unter dem Stacheldraht hindurch

Februar 1961, kurz vor dem chinesischen Neujahr,
an der Grenze nach Hongkong

Um drei Uhr morgens entschloß sich Tsung Tsai, die Grenze zu überqueren, ein Schatten unter Geistern.

»Das ist beste Zeit. Leute haben Angst, auch Soldaten verstecken sich gern.«

Das Paar vom Boot hatte Tsung Tsai ein Stück nördlich von Guangzhou an Land gesetzt. Sie konnten ihn nicht weiter mitnehmen, der Perlenfluß wimmelte von Patrouillen. Durch geflutete Reisfelder schlich er sich des Nachts über Land bis an die Grenze – eine Mauer von Stacheldraht, über die die Lichtkegel von Suchscheinwerfern streiften. Die Leute vom Boot hatten ihn gewarnt, daß er sich nicht nur vor den chinesischen, sondern auch vor den englischen Soldaten hüten müsse.

»Ich habe keine Papiere, keine Fahrkarte. Wenn Engländer mich erwischen, sie schicken mich zurück nach China. Dann ist aus mit mir.«

Pantomimisch spielte er mir die Szene vor, kauerte sich neben dem Küchenherd nieder, lief auf der Stelle, um zu zeigen, wie er über den Schienenstrang zum Zaun gerannt war. Er machte nach, wie er die Böschung hinabgeschlittert war. »Schmutz entsetzlich.« Ein unwillkürlicher Schauer lief ihm über den Rücken. Er schluckte, räusperte sich, verzog das

Gesicht und schien an der bloßen Erinnerung schier zu ersticken: wie er im Graben am Zaun auf den Ellenbogen durch die zum Himmel stinkenden Fäkalien der Grenzwachen gerobbt war.

Er fand eine Stelle, wo Flüchtlinge eine flache Kuhle unter den Stacheldraht gegraben hatten, und quetschte sich hindurch. Dann schlich er weiter zur Bahnstation.

»Ich verstecke unter englischem Zug. Helfe anderem Mönch – alter Daoist, schrecklich krank – sich unter Waggon festhalten.«

»Ihr habt *unter* dem Waggon gehangen? Woran habt ihr euch festgehalten? Wie konntet ihr ...?«

Er fuhr mir scharf ins Wort, irritiert von meinen Fragen. Einst war er dort – und jetzt hier mit mir auf dem Guardian Mountain. Das war Beweis genug.

Er zuckte mit den Schultern. »Ich *mache* einfach. Keine Wahl.« Er warf mir einen seiner nachsichtigen und doch genervten Ich-bin-ein-Chan-Mönch-Blicke zu. »Aiii Georgie. Mönch hat besondere Kraft.«

Er fuhr fort zu erzählen. »Dieser daoistische Mönch, als wir von Zug abspringen, er erst wird ohnmächtig. Dann er macht Augen auf und Hände, und lächelt. Stirbt ganz sanft.«

»Dann bist du also an den englischen Soldaten vorbei? Wie denn?« Ich versuchte immer noch, mir die Szene vorzustellen.

»Wie?« Er schnaubte verächtlich. »Einfach. Ich einfach mache. An diesem Punkt, ich fast unsichtbar geworden. Ich verschwinde. Du kennst mich. Ich bin Mönch.«

Irgendwie schaffte er es also, unentdeckt durch den Bahnhof und einen weiteren Stacheldrahtzaun zu kommen. Dann rannte er los durch namenlose Felder.

»Ich renne nur noch«, berichtete er, wobei er die Arme locker aus den Schultern schwenkte und die Knie beugte wie in der Taiji-Form »Auf dem Pferd reiten«, die er jeden Morgen übte.

Eine Stunde nach Sonnenaufgang lag ein blasses Blau

über den runden Hügeln von Hongkong. Tsung Tsai gelangte zu einem kleinen Bauernhof und schreckte zwei alte Leute auf, die hinter einer niedrigen Mauer im Garten neben ihrem Haus arbeiteten.

»Ich bin ein Mönch. Können Sie mir helfen?«

Der Mann beugte sich zu ihm herüber: »Wie sind Sie hergekommen?«

»Zu Fuß. Über ein Jahr. Aus der Mongolei.«

Der Mann legte seine Handflächen zusammen und verbeugte sich vor ihm. Da wußte Tsung Tsai, daß er in Sicherheit war.

Die alte Frau führte Tsung Tsai zu einem Hocker unter einer Palme und kam dann mit immer neuen Schüsseln voller kühlen Wassers, mit dem er sich waschen konnte. Als er fertig war, brachte sie ihm saubere Kleidung zum Wechseln.

»Sie dann verbrennt Kleider, in denen ich gelaufen bin. Aber vorher, Georgie, ich nehme meine Mönchsurkunde heraus. Ich zeige ihnen. Möchtest du sie sehen?«

»Na klar. Das wäre toll.«

Er ging nach oben. Ich hörte ihn in einer der Kisten kramen, die ihm als Schreibtisch, Nachtschränkchen und Tisch dienten. »Wo ist nur? Wo ist nur? Ich weiß, daß ich hier reingetan«, hörte ich ihn in seinem üblichen Singsang vor sich hin murmeln. »Aiii. Ich finde«, rief er und kam die Treppe heruntergehüpft, wobei er triumphierend einen mit Stockflecken übersäten Bogen Reispapier über dem Kopf schwenkte.

»Meine Mönchsurkunde«, sagte er. »Mein Leben. Ich bekomme von meinem Meister.«

Die alte Frau servierte ihm duftenden Tee, reife Melone und eine Schale nach der anderen voll ölglänzendem Reis, garniert mit Bohnen und Gemüse. Sie sah ihm zu, wie er aß, und füllte seine Schale immer wieder nach, bis er sie schließlich mit der Hand abdeckte.

Dann führte sie ihn zu einer Hängematte. Er schlief bis Mittag und erwachte zum Zwitschern von Finken im Strohdach und dem erdigen Geruch von geräuchertem Tofu, schwarzen Pilzen und Paprikaschoten. Die alte Frau wartete bereits auf ihn. Sie streckte die Hand aus und berührte Tsung Tsai an der Augenbraue. Jetzt erst spürte er den Schmerz von Wunden, die ihm bisher gar nicht bewußt geworden waren und die er sich zugezogen hatte, ohne es zu registrieren.

»Mein jüngster Sohn ist älter als du«, sagte sie.

Sie schnalzte besänftigend mit der Zunge, während sie die Schnittwunden vom Stacheldrahtzaun säuberte und dann mit einer Salbe aus einem Porzellantöpfchen betupfte.

Als ihr Mann von den Feldern zurückkam, setzten die drei sich Seite an Seite vor die mitten auf dem Tisch stehende große irdene Schale und aßen schweigend. Als sie fertig waren, fiel Tsung Tsai dort, wo er saß, in tiefen Schlaf.

Später Nachmittag. Tsung Tsai saß auf einem von einem Maultier gezogenen Wagen inmitten einer Ladung grüner Melonen. In der Tasche seiner losen Baumwolljacke trug er ein Töpfchen Bittermandelsalbe, das die alte Frau ihm geschenkt hatte. Er beobachtete, wie die Straße unter ihm dahinglitt und lauschte dem Flattern der über den Wagen gespannten Plane. Die Luft war warm und feucht, die Erde dunkel und fruchtbar, und überall blühten Blumen und Kräuter. Das Gewicht der Andersartigkeit, der Ferne, stimmte ihn traurig. Er liebte seine Mongolei, die Stille der Wüste, die kargen Berge. Was er hier am meisten vermissen würde, das war der endlose Horizont, ein Himmel so blau, daß er ins Purpur überging; es war die Leere, die Klarheit, die herrschte, bevor der gelbe Wind den Himmel mit Sand füllte.

Zur Dämmerung sah er seine Zukunft. Hongkong feierte Neujahr. Drachen, Löwen und Kinder tanzten, zogen Schnüre mit knatternden Feuerwerkskörpern hinter sich her. Die Straßen waren verstopft von Rikschas, Schubkarren und langen schwarzen Automobilen. Er hatte noch nie so viele Menschen auf einem Haufen gesehen. Die Häuser stiegen senkrecht aus dem Hafen auf und warfen die farbigen Lichter von Tausenden von Sampans zurück – einer schwimmenden Stadt. Neonlichter flackerten. Feuerwerk überdeckte die eintönige Blässe des Festlandes mit funkelnden Eruptionen und lautem Krachen. In den Läden und auf den Freiluftmärkten gab es alles und jedes zu kaufen. Modisch gekleidete Menschen, betrunken und sorglos, torkelten von einer Bar, einem Restaurant zum nächsten – Kulis, Bauern, Seeleute, Millionäre in perfekt geschneiderten Maßanzügen. Zum ersten Mal in seinem Leben sah er Europäer – Männer in dreiteiligen Anzügen und weichen Filzhüten, erstaunliche Frauen mit gelben, in Wellen und sanften Locken fallenden Haaren, die auf hochhackigen Schuhen daherstökkelten, über denen in Seide gehüllte, wohlgeformte Beine unter den Röcken hervorblitzten.

»Blond!« sagte er mir. »Ich niemals vorher gesehen.«

Sie fuhren nach Kowloon hinein. Der Fahrer setzte Tsung Tsai an einem englischen Lagerhaus und Bürogebäude aus dem 19. Jahrhundert ab, das auf einem Hügel lag, von dem aus man über die Bucht hinaussah. Das oberste Stockwerk hatte man zu einem Chan-Tempel umgebaut. Der Melonenfahrer drückte Tsung Tsai zehn Hongkongdollars in die Hand und brachte ihn zum Fahrstuhl.

»Dieser Kasten wird dich zum Tempel hinauftragen.«

Der Fahrer verbeugte sich und ging.

Als Tsung Tsai einsteigen wollte, trat eine chinesische Frau mit einem Marktkorb in der Hand aus dem Fahrstuhl.

»Amitofo«, sagte Tsung Tsai zum Gruß.

»Amito«, antwortete sie und hastete davon.

Tsung Tsai wartete darauf, daß der Kasten sich in Bewegung setzen würde. Er war geduldig. Er konnte schon das vor dem Buddha entzündete Räucherwerk riechen. In der Luft lag ein sonores Vibrieren, der Klang einer Sūtra-Rezitation, Bestätigung für das Gelingen seiner Flucht. Er stimmte in die Rezitation seiner unsichtbaren Brüder da oben ein.

Es gibt keine Wahrheit des Leidens,
Oder der Ursache des Leidens,
Oder des Endes des Leidens,
Noch des Pfades.

»Ich bin Mönch«, sagte er zu sich selbst, und dann laut »Ich bin Mönch« zu den Wänden, als könnten sie mit ihm feiern.

»Ich bin Mönch.«

Eine Stunde später wartete er immer noch geduldig darauf, daß der Kasten funktionieren würde, als die alte Frau von ihren Einkäufen zurückkam.

»Junge, worauf wartest du?«

»Daß dieser Kasten mich zum Tempel hinaufträgt.«

»Dummer Kerl«, lachte sie, zog das Fahrstuhlgitter zu und drückte auf einen Knopf. Mit einem Quietschen und einem Ruck setzte sich der Fahrstuhl in Bewegung und trug Tsung Tsai langsam empor in sein neues Leben.

Lachend erzählte mir Tsung Tsai diese Geschichte und klopfte sich dabei emphatisch auf die Brust. »Dummer Mönch. Ich.«

Er verbrachte ein Jahr in diesem Lagerhaus-Tempel, hielt sich bedeckt, wartete auf einen Paß und nahm langsam wieder zu. »Du weißt, Georgie, ich bin Chinese. Kann leicht verschwinden.«

Dann zog er um nach Östliche Sonne, einem kleinen Chan-Tempel in den Hügeln oberhalb der Stadt, gelegen in einer Gegend kunstvoll angelegter Terrassenfelder – ein Stück der alten Welt. Nachts sah man hinunter auf die Lichter der Stadt, wie sie auf dem Wasser des Südchinesischen Meeres glitzerten. Er beschrieb Östliche Sonne als einen pulsierenden Ort, an dem zwanzig Mönche und Laien ständig lebten und wo Hunderte von Mönchs- und Nonnennovizen sich schulten.

»Ich bleibe Östliche Sonne vier Jahre. Gehe auf Hongkong

Universität und studiere Sanskrit, Philosophie, Akupunktur und Malerei. Unterrichte auch selbst.«

»An der Universität?«

»Nein, Tempel. Du mußt wissen, Xu Deng sehr berühmt. Und ich letzter Überlebender. Alle meine Brüder sind tot. Sie wollen mich machen zu Abt, aber ich sage nein. Du kennst mich. Nur einfacher Mönch. Ich werde Berater – wie Secretary of State. Kissinger.«

In Tsung Tsais sehr begrenztem Pantheon bedeutender Weltpolitiker nahm Henry Kissinger einen besonderen Platz ein. Erst nach Kissingers Chinabesuch im Jahr 1971 und Präsident Nixons Reise nach Beijing im Februar 1972 hielt er die Situation für sicher genug, um seiner Familie zu schreiben und sie wissen zu lassen, daß er noch am Leben sei.

Zu dieser Zeit hatte Tsung Tsai Östliche Sonne bereits verlassen und war noch tiefer in die Hügel gezogen. Er hatte einen jungen Mönch getroffen, der eine wachsende Reputation als Dharma-Meister und Gelehrter hatte. Daoan, »Weg der Wahrheit«, ein zurückgezogen lebender buddhistischer Gelehrter, hatte sich eine kleine Hütte unterhalb einer Felsplatte aus weißem Kalkstein gebaut. Sie war das Hongkong-Gegenstück zu Xu Dengs karger Bergeinsiedelei. Statt gebündeltem Gras, das den Eingang der Höhle Xu Dengs verschloß, waren es hier pastellgelbe Wände und Fenster und eine Tür in blauem Anstrich. Sie kochten draußen auf einer schmalen Felsterrasse über der Stadt und führten ein einfaches Leben.

»Daoan ist mein besonderer Freund«, erklärte Tsung Tsai. »Wir studieren Dharma. Du weißt, Georgie, Philosophie-Gespräch. Wir bringen einigen Leuten bißchen Chan bei. Ein Schüler ganz besonders. Weit offener Geist, viel Kraft. Er mir sehr nahe, wie du, Georgie. Dazu noch, genau wie bei dir, er verheiratet mit Kind.«

»Was ist aus ihm geworden?«

»Weiß nicht. Höre nie von ihm. Eines Tages wir werden wiedertreffen.«

Nach sieben Jahren mit Daoan trieb die Bhikshu-Reiselust der »wandernden Knaben« Tsung Tsai weiter in den Westen. »Ich will nach Amerika gehen. Spender geben mir Flugticket, und ich fahre einfach los.« Mit ausgebreiteten Armen segelte er durch die Küche. »Fliegen sehr aufregend.«

»Und wie bist du nach New York gekommen?«

»Leute rufen mich.«

»Was für Leute?«

»New York Leute. Rockefeller. So freundliche. Geben mir Stipendium für Studium an Columbia, berühmte Universität?«

»Was für ein Studium?«

»Englisch. Auch Phonetik.«

Das war 1973. In den Mittsiebzigern wohnte er in der Henry Street im East Village, wo er Buddha gegen die Junkies verteidigte. Ende 1978 zog er um nach Woodstock und lebte dort in einem Zelt neben dem Baumaterial für sein künftiges Haus auf einem Stück Land, das Schüler für ihn erstanden hatten. Er baute sein Haus ganz langsam, in Stufen, wohnte in einem Zimmer, während er die anderen langsam ausbaute. Im Sommer 1987 war der Bau dann endlich fertig.

Im Herbst des gleichen Jahres tobte der verrückte Schneesturm, der uns zusammenbrachte, damit wir gemeinsam den Weg freiräumen und Gedichte übersetzen konnten.

7.

Das erste Hexagramm

März 1995

*E*s war der erste warme Frühlingstag, und Tsung Tsai hüpf-te vergnügt umher, voller übermütiger Vorfreude. Nach fünf-unddreißig Jahren des Exils sollte er endlich wieder heim-kehren.

Seine Schwester war schon recht betagt, und sie wollte ihn noch einmal sehen, bevor sie starb. Über ein Jahr lang hat-te er schon von einer möglichen Heimkehr gesprochen, und ich hatte ihn ermutigt, ein Visum zu beantragen. Wir fuh-ren zum chinesischen Konsulat in Manhattan, und mit ei-nigem Bangen füllte Tsung Tsai die Formulare aus. Acht-undvierzig Stunden später hatte er sein Visum. »Kein Problem«, sagte er. »Mönch hat besondere Macht.« Mönchs-macht oder nicht, er wollte innerhalb einer Woche aufbre-chen. Ich glaube, er fürchtete, die Behörden könnten ihre Meinung ändern.

Ich fuhr ihn zum John F. Kennedy Flughafen und holte ihn einen Monat später auch wieder dort ab.

»Wie war deine Reise?«

Er machte einen seltsam niedergeschlagenen Eindruck.

»Sehr müde, Georgie.«

Sobald wir den Highway erreicht hatten, schlief er ein und wachte auf der ganzen Heimfahrt nicht mehr auf. Im Verlauf meiner Besuche während der folgenden Wochen hörte ich, daß er die ganze Zeit in Shishan Ju, »Mund der Westberge«, einer Grenzstadt in der Inneren Mongolei, verbracht hatte, wo sein Neffe und seine Schwester lebten. Es stellte sich nämlich heraus, daß sein Visum auf diese Gegend begrenzt war.

Er erfuhr jedoch, was mit dem Pu Ji geschehen war. Einige Jahre lang hatte man den alten Tempel als Schule benutzt. Dann wurden die Gebäude verlassen und verfielen immer mehr. 1967 sprengten die Roten Garden den Tempel; nichts blieb zurück als Unkraut, einige Sonnenblumen, Steine und Scherben.

Das waren keine überraschenden Neuigkeiten. 1966 wurden die Roten Garden zur radikalen Speerspitze der Kulturrevolution, einer neuen revolutionären Bewegung. Schulen und Universitäten wurden geschlossen und Millionen junger Leute dazu angestachelt, Chinas kulturelles Erbe zu zerstören; dazu gehörte auch alles, was nach dem Großen Sprung Vorwärts noch von den Tempeln übriggeblieben war.

Auch Xu Deng war dahin. Tot und verscharrt, irgendwo in der Ordos-Wüste, ohne Kremation und die gebührenden buddhistischen Riten. Die Details waren ungewiß, auf Gerüchten basierend und oft widersprüchlich.

Tsung Tsai hielt inne und starrte aus dem Küchenfenster seines Hauses in Woodstock. Im vollen Laub der Bäume badete ein üppiger Sommer. Er schien es nicht wahrzunehmen.

»Sie haben meine Bücher zerrissen. Haben benutzt als Klopapier.« Wieder verfiel er in Schweigen. »Du mußt bißchen auf mich warten. Menschenwesen sehr kompliziert. Sehr elend. Ist schwer zu beschreiben. Leere Berge. Leere Echos. Traurigkeit. Traurigkeit ... Geh jetzt.«

Den ganzen Sommer über war er traurig und distanziert. Er beklagte sich über die Feuchtigkeit und die Hitze. Auch am Gedichteübersetzen war er nicht mehr interessiert. Ich spürte, wie Alter und Vergangenheit auf ihm lasteten.

Als im Herbst dann der Wind von Westen wehte, ging ich wieder einmal hinauf zu seinem Haus und fand, daß er, wie die Jahreszeit, sich gewandelt hatte. Er öffnete die Sicherheitsnadel an seiner Jackentasche und zog zwei Blätter Papier heraus. Auf jedem Blatt befand sich ein Gedicht, niedergeschrieben in seinem akribischen Vogelspuren-Stil.

»Letzte Nacht ich kann nicht schlafen. Mein Geist geht *wrrr-rrr-wrrr.*« Mit gespitzten Lippen machte er das Geräusch eines Motors nach und ließ dabei den Zeigefinger vor seiner Nase wie einen Propeller kreiseln. »Ich sehe Ruiyan Shiyan.«

»Wen?«

»Ruiyan Shiyan – sehr alter, sehr berühmter Mönch. Wir haben spezielle Verbindung. Ähnliche Inkarnation.«

Ich schlug nach im *Lexikon der östlichen Weisheitslehren*, das ich in Tsung Tsais Küche stehen hatte, und zeigte auf den Eintrag.

»Dieser Mann?«

Tsung Tsai wischte das Buch beiseite. »Kann sein.« Er interessierte sich nicht für »Fakten«, für Bücher oder dafür, meine unbeholfenen Fragen zu beantworten.

Nach dem Lexikon war Ruiyan Shiyan ein Chan-Meister des neunten Jahrhunderts. Er lebte, wie Tsung Tsai, in bedrückenden, chaotischen Zeiten; die Tang-Dynastie war im Niedergang und Räuberbanden durchstreiften das Land. Er war ein Schüler und Dharma-Nachfolger von Yantou Zhuanhuo, der wie Xu Deng in einer Zeit des Wandels umgebracht wurde. Sonst weiß man wenig über Meister Ruiyan.

Tsung Tsai tippte mit dem Zeigefinger auf seine Blätter.

»Wir, Ruiyan und Tsung Tsai, machen diese Gedichte. Fröhlich. Fröhlich. Weinen. Weinen. Das bedeutet Leben – und Leiden. Ruiyan schreibt eins. Ich schreibe eins. Zwei Geister. Ein Sinn.«

»Du und Ruiyan, ihr habt euch gegenseitig ein Gedicht geschrieben?«

»Hmmm-mmm.« Er nickte bedächtig.

»Letzte Nacht?«

»Ich schreibe letzte Nacht. Ruiyan schreibt seines früher, mehr als tausend Jahre, aber mir gerade erst erzählt, letzte Nacht.«

»Du hast das Gedicht also letzte Nacht zum ersten Mal gehört?«

»Was habe ich dir gerade gesagt?« Er schüttelte den Kopf über meine Begriffsstutzigkeit.

»Aufpassen. Zuhören. Du nicht zuhörst, viel Probleme. Okay?«

»Okay.«

»Gut. Jetzt du kannst übersetzen.«

Das tat ich dann auch während der nächsten beiden Tage.

Meister Ruiyan schrieb:

> *Gestern wie heute*
> *Immer dasselbe:*
> *Jedermann redet*
> *Niemand begreift.*
> *Das ist die traurige Wirklichkeit*
> *Dieses greisen Mönchs*
> *Der krank darniederliegt*
> *Auf dem Grab des Nirvāna.*
>
> *Keine Besucher*
> *Treten durch meine Tür*
> *Keine Fensterläden*
> *Nicht mal Papier*
> *Über den Fensteröffnungen.*
> *Kalte Asche füllt meinen Herd*
> *Reif bedeckt mein Bett.*
>
> *Krankheit und Tod*
> *Geburt und Alter*
> *Wer könnte sich dem entziehen?*

Sauer und süß
Bitter und heiß
Auch wenn die acht Höllen einfrieren
Ist mein leidendes Herz
Völlig frei.

Tsung Tsai antwortet:

Sprich über alt
Sprich über neu –
Was ist der Unterschied?
Ich bin derselbe
Ein Zimmermann des Chan.
Nirvāna hat keinen Namen
Die Wahrheit hat keine Form.

Meine Gäste
Sind die Schatten
Auf meinem Fenster
Auf meiner Tür.
Kalter Herd
Frostiges Bett -
Na und?
Alles ist reiner Frieden.

Mein Spiegel reflektiert
Geburt und Alter
Krankheit und Tod.
Süß und sauer
Bitter und heiß –
Wahrhaft süßer Tau.

In die vier Formen
Löst sich mein Körper auf
Erde und Feuer
Wasser und Wind –

Nichts als Leere.
Doch wie Buddhas Güte
Bin ich überall.

»Weißt du, Georgie, Meister Ruiyan gibt uns Gedicht mit Absicht. Verstehst Du?«

Ich schüttelte den Kopf, und er lachte mich an.

»Manchmal du bist wie Baby, Georgie. Verstehst du wirklich nicht? Hör zu. Sein Gedicht ganz über Geburt und Tod. Meines auch. Heißt, ich muß finden meinen Meister. Zeremonie machen. Georgie, du kennst noch nicht. Mongolei altes Land. Hart, aber schön. Im Norden große Berge. Wulashan. Von Himālaya-Fuß fließt Gelber Fluß nach Süden. Östlich von Gelber Ozean liegt Weite von Grasgarten. Nach Westen Fluß aus Sand, tausend Meilen breit. Ich lasse meinen Lehrer dort zurück vor beinahe vierzig Jahren. Jetzt ich muß ihm Ehre erweisen. Seine Knochen finden. Verbrennen.«

»Du willst seine Gebeine mit Feuer bestatten?«

»Sicher, das ist Sinn von Gedicht. Ganz genau.«

Das waren für mich schwer nachvollziehbare Gedankenverbindungen, Metaphern, die über meinen Horizont gingen.

»Ja«, sagte er, »und Zeremonie machen. Ich gehen zu meinem Heim, meinem zerstörten Tempel, meinem Berg, meiner Höhle.« Und nach einem Moment gespannten Schweigens fragte er: »Willst du mich begleiten?«

Ob ich wollte? Wie hätte ich eine solche Gelegenheit auslassen können. »Natürlich komme ich mit. Wann fahren wir los?« Doch dann, bei nochmaligem Überlegen, wurde mir klar, wie schwer es sein würde, diese Reise zu verwirklichen. Mal abgesehen von solchen Kleinigkeiten wie dem Beschaffen von Visa, einem Wagen, der Ausrüstung – ich war total abgebrannt. Wie sollte ich auch nur das Geld für das Flugticket zusammenkratzen?

Tsung Tsai war unbeeindruckt. »Du kannst Buch schreiben. Schöne Gedichte. Wie Bibel.«

Ich mußte grinsen.

»Warum du lachst, Georgie?«

»Du willst, daß ich ein Buch wie die Bibel schreibe?«

»Ja, wie Bibel. Besser als Bibel!« Er sagte das ohne jede Spur von Ironie. »Du kannst verkaufen. Wir nehmen Geld und fahren los.«

»Hört sich logisch an«, entgegnete ich.

Wir sponnen den Gedanken weiter aus. Ich wollte erst einmal ganz genau herausfinden, was er in seinem unergründlichen Mönchsgeist sich bei der ganzen Sache dachte. Als er in die Mongolei zurückgekehrt war, hatte er gehört, daß sein Meister irgendwo in der Ordos-Wüste begraben lag, etwa 250 Kilometer östlich vom Pu Ji. Aber er hatte nichts darüber in Erfahrung bringen können, wann und wie Xu Deng gestorben war. Sein Plan war, das Grab zu finden, Xu Dengs Gebeine auszugraben, sie mit dem gebührenden buddhistischen Zeremoniell zu verbrennen, die Asche dann mitzunehmen und sie in einem Stūpa beizusetzen, den er in Xu Dengs Höhle unter dem Gipfel des Wulashan bauen wollte.

Aber er hatte noch weitere Pläne.

»Ich muß auch wieder aufbauen meinen Pu Ji.«

Wir hatten Berichte über zaghafte Anfänge einer spirituellen Renaissance in China gehört. Nach fünfzig Jahren der Unterdrückung begann eine lange verschüttete Frömmigkeit wieder an die Oberfläche zu dringen, vielleicht sogar neu aufzublühen. Tsung Tsai glaubte, der Wiederaufbau des Pu Ji könnte ein Katalysator für diese Bewegung sein. Auf jeden Fall war er entschlossen, diesen Samen zu legen.

»Meinst du das ernst? Glaubst du nicht, daß die Regierung ihn einfach wieder einreißen wird?«

»Nicht mein Problem, Georgie. Mein Karma ist, meinen Tempel wieder aufbauen. Wenn sie dann wieder einreißen, das ist ihr Karma. Ich nur kaufe Land. Schenke Leuten Baumaterial. Sie bauen.«

»Aber woher willst du das Geld nehmen?«

»Buch. Kein Problem.«

»Das Buch, das ich schreiben soll?«

»Ja. Natürlich. Genau wie du sagst. Wir starkes Team. Ich Mönch. Du Dichter.«

Sein Optimismus war einfach umwerfend. »Okay, wir schaffen es«, sagte ich.

Als ich nach Hause kam und Sigrid von unseren Plänen erzählte, zuckte sie nicht mit der Wimper.

»Natürlich mußt du fahren«, sagte sie.

»Ich verkaufe das Buch«, sagte ich, »und kann dir dann Geld dalassen für die Zeit, in der ich unterwegs bin.«

»Mach dir darum keine Sorgen. Egal wie, du mußt fahren. Siri und ich können hier unsere Zelte abbrechen und bei meinem Dad wohnen.«

In jener Nacht kreisten meine Gedanken um Tsung Tsais Verehrung für seinen Meister Xu Deng. »Ich muß ihm Ehre erweisen«, hatte er gesagt. In der Chan- oder Zen-Welt ist die Übertragungslinie heilig. Die Übertragung der Lehre vom Meister auf den Schüler läßt sich bis zur Zeit des Buddha und seiner Übertragung des Dharma auf seine Schüler zurückverfolgen. Indem er den Bau der ursprünglichen Stūpas für den Buddha nachvollzog, wollte Tsung Tsai seinem Meister Xu Deng als einem Chan-Heiligen, einem Buddha, ein Denkmal setzen.

Und nun war seine verrückte Gralssuche auch zu meiner eigenen geworden. Nur, daß das Ganze für mich keine heilige Pilgerschaft sein sollte – das Ausmaß seiner Hingabe und Verehrung blieb mir unauslotbar. Ich wußte nur, daß ich hungrig war darauf, weit weg zu fahren. Ich suchte ein Abenteuer. Ich wollte in ein anderes Leben einsteigen, das Leben der Vergangenheit, jenen toten Hintergrund der Geschichte.

Wir konsultierten das *Yijing*, das »Buch der Wandlungen«, um zu sehen, was auf uns zukam. Ich schüttelte die sechs Münzen zwischen meinen Händen, bis sie heiß wurden, und warf sie dann, voller Träume von Gedichten, Reisen und Geld, auf Tsung Tsais Küchentisch.

Sechsmal Kopf nach oben.

Tsung Tsai klatschte in die Hände. »Aiii, Georgie, so glücklich für dein Leben! Du hast erstes Hexagramm bekommen, bestes.«

Ich öffnete meine englische Übertragung der *Yijing*-Übersetzung von Richard Wilhelm und las nach, was dort zum ersten Hexagramm, »Kiën / Das Schöpferische« geschrieben stand. Oben Kiën, das Schöpferische, der Himmel; unten Kiën, das Schöpferische, der Himmel:

Das Zeichen besteht aus sechs ungeteilten Strichen. Die ungeteilten Striche entsprechen der lichten, starken, geistigen, tätigen Urkraft. Das Zeichen ist ganz einheitlich stark in seiner Natur. Da ihm keinerlei Schwäche anhaftet, ist es seiner Eigenschaft nach die Kraft … die Macht des Beharrens in der Zeit …

»Wir werden meinen Lehrer finden, und du wirst deine Kraft finden«, sagte Tsung Tsai. »Das bedeutet von heute an für die nächsten acht Jahre großer Erfolg.«

»Das Hexagramm gefällt mir.«

»Natürlich. Aber nach erstem Erfolg viele Leute werden dir zuflüstern«, sagte er in ominösem Tonfall.

Das war dann auch schon das Ende der *Yijing*-Befragung.

Großer Erfolg. Na hoffen wir, dachte ich, während ich im kommenden Winter und dem darauffolgenden Frühjahr 1996 an dem Exposé für das Buch arbeitete. Für einen Verlag mußte das Ganze ziemlich riskant aussehen: Ein alter Mönch, der kaum Englisch sprach, und ein unbekannter Dichter wollen in die Innere Mongolei aufbrechen zu dem verrückten Unterfangen, dort die Gebeine eines Chan-Meisters auszugraben. Doch es kam, wie Tsung Tsai und das »Buch der Wandlungen« vorausgesagt hatten.

Im Juli trafen wir einige Lektoren in New York. Tsung Tsai

trug seine zeremoniellen Gewänder – dreißig Jahre alt und schon ziemlich abgetragen –, Taiji-Schuhe aus schwarzem Leinen und seinen mit Klebeband geflickten breitrandigen Strohhut. Er machte Pulsdiagnose bei den Lektoren und verschrieb ihnen Kräutermedizinen. Er erzählte ihnen, er müsse den Pu Ji wiederaufbauen. Das Buch würde helfen, eine spirituelle Renaissance in China zu fördern. An einem Punkt, als Tsung Tsai von Xu Deng erzählte, brach er sogar in Tränen aus. Betretenes Schweigen im Raum, während er weinte.

Ich hielt die meiste Zeit den Mund und versuchte schriftstellerisch auszusehen. Tsung Tsai übernahm die Initiative, und es gelang ihm mit seinem gebrochenen Englisch, jedermann total für sich einzunehmen. Ein Lektor fragte ihn nach unserer Beziehung. »Ist George Ihr Schüler?«

»Nicht Schüler«, sagte Tsung Tsai. »George mein bester Freund.«

Das war einer meiner stolzesten Momente.

Es kam zu einer Auktion. Wir verkauften das Buch. Es war wie ein Traum. Alles, was zu tun blieb, war, die nötigen Visa zu beschaffen, Verabredungen mit Tsung Tsais Familie zu treffen und die Ausrüstung für die Reise zu besorgen.

Als wir wieder in seinem Haus waren, kochte Tsung Tsai Nudeln; er wedelte sich den Dampf mit der Hand unter die Nase und schnupperte. »Das ist es!« Er rührte den Kochtopf mit einem Eßstäbchen um. »Das meine Methode. Bester Geschmack.«

Er kochte länger auf den Nudeln herum als jeder andere Mensch auf dieser Erde. Heute warf er etwas Gemüse dazu in den Topf, eine Tomate, etwas Broccoli. Er ließ das ganze eine halbe Stunde lang kochen und goß mir dann eine große Schale voll ein. Ich habe nie begriffen, warum – aber wie immer schmeckte es köstlich.

Er aß mit Heißhunger direkt aus dem Kochtopf. Als er fertig war, lehnte er sich zurück und seufzte tief. Dann hellte sich sein Blick auf, und er sah mir direkt in die Augen. »Was denkst du – wir schaffen?«

Nun war ich an der Reihe. »Kein Problem«, sagte ich. »Wundabaa! Wir fahren.«

Er sprang auf, tanzte durch die Küche und lachte. Er lachte, als wolle er gar nicht mehr aufhören.

»Gestern war ich noch hübscher junger Mann. Heute ich bin alter Mönch, kommt zurück nach Hause.«

Ich lachte mit ihm.

»Sooo gut«, sagte er. »Ich mache Tee.«

II. Die Gebeine des Meisters

O warte nur, bis du die gewundene Straße siehst,
wo es nicht Sanddünen sind, ist es die steinige Gobi,
kein Mensch in Sicht,
und zu trinken gibt es bitteres Wasser.
Ein Seidenstraßen-Lied

8.

Den Buddha heimbringen

September 1996

Wenige Tage bevor wir abreisten, verkündete Tsung Tsai seine Absicht, eine einen Meter hohe Statue eines sitzenden Buddha von New York aus in die Innere Mongolei mitzunehmen. Ich dachte, ich hörte nicht richtig. In Sri Lanka aus solidem grünem Marmor hergestellt, wog die Skulptur deutlich mehr als Tsung Tsai. Im günstigsten Fall würde sie uns auf der Fahrt ein enormer Klotz am Bein sein. Im ungünstigsten Fall würde sie dafür sorgen, daß uns die Einreise verweigert würde mit der Begründung, wir wollten die »Krankheit« – wie Mao die Religion genannt hatte –, von der China gerade gründlich gereinigt worden war, wieder ins Land schmuggeln. Soviel zu der Absicht, mit leichtem Gepäck und möglichst unauffällig zu reisen.

»Kein Problem«, sagte Tsung Tsai grinsend und zog sich dabei am Ohrläppchen. »Ich baue Kiste. Ich guter Schreiner.«

»Es ist nicht die Schreinerarbeit, die mir Sorgen macht, Tsung Tsai. Ich denke nur daran, daß wir einen tonnenschweren Buddha durch den Zoll bringen und in Flugzeugen, Zügen und Jeeps mit uns herumschleppen sollen.«

Nun war es an ihm, so zu tun, als höre er nicht recht. Er schnellte hoch von seinem Stuhl, baute sich vor mir auf und warf seine Arme in die Luft. »Aiii, Georgie, du machst zu viele Sorgen. Sollst du nicht machen. Wir können tragen. Leicht.«

Er verriet mir zum ersten Mal, daß er plante, in der Ortschaft Mund der Westberge, die als Basislager für unsere Unternehmungen in der Inneren Mongolei dienen sollte, einen Schrein für seinen Meister zu errichten; das sollte der erste Schritt zum Wiederaufbau des Pu Ji sein. Der Buddha, ein Geschenk von einem reichen Schüler Tsung Tsais, sollte das Schmuckstück dieses Schreins werden.

Ich holte meinen daumengroßen Taschen-Buddha aus Bronze hervor und hielt ihn Tsung Tsai vor die Nase. »Wie wär's mit einer etwas kleineren Ausgabe?«

»Sei nicht faul«, fuhr er mir in die Parade.

So fuhren wir an einem schönen Frühlingsmorgen zum Woodstock-Baumarkt, wo Tsung Tsai unter den vielen Papieren, die er in seinen sicherheitsnadelverschlossenen Taschen mit sich herumtrug, eine Liste hervorkramte.

»Ich habe System, Georgie«, sagte er.

Soweit ich sehen konnte, bestand sein System darin, alles, was ihm unterkam, von Gedichten bis zu Telefonnummern, nach seinem Grundsatz, nichts zu verschwenden, auf Papierservietten, der Rückseite von Supermarktquittungen oder säuberlich in quadratische Stücke zerschnittenen braunen Papiertüten aufzuzeichnen.

Tsung Tsai wählte einige Bretter aus und ließ sie zuschneiden. Wir verstauten alles im Kofferraum meines Wagens und fuhren wieder den Berg hinauf zu seinem Haus. Dort begann er, auf dem Linoleumboden seines Lagerraums im Parterre draufloszuhämmern. Ich summte *Onward Buddhist Soldiers* vor mich hin, während ich ihm bei der Arbeit zuschaute. Seine Unbekümmertheit hatte etwas Unwiderstehliches, und ich begann mich von dem Idealismus, mit dem er an das Projekt heranging, anstecken zu lassen. Bis zum Mittagessen war die Buddha-Kiste fertig. Sie war makellos gezimmert und erinnerte an eine Teekiste mit sauber gearbeiteten

Seilgriffen. Wir versenkten den Buddha darin auf ein Kissen aus Schaumstoff und stopften die Hohlräume mit Luftpolsterfolie aus.

»So nichts passiert«, versicherte Tsung Tsai dem Buddha und nagelte den Deckel auf. »Jetzt braucht Markierung.«

Er nahm einen Kalligraphiepinsel mit Bambusstiel, tunkte ihn in einen Topf flüssiger Tusche und schrieb mit fetten schwarzen Schriftzeichen Instruktionen auf die Kiste, wobei er den Pinsel in schnellen und präzisen Schwüngen bewegte wie ein Fechter sein Florett. Kalligraphie war Teil der von seinem Vater begonnenen und später im Pu Ji und in Hongkong fortgesetzten klassischen Erziehung, die Tsung Tsai genossen hatte. Er behauptete zwar, er sei eingerostet und nicht mehr auf der Höhe, aber seine Schriftzeichen waren furchtlos und zugleich graziös und männlich.

»Großartig«, bestätigte ich Tsung Tsai und zeigte auf die Kiste.

»Na klar«, sagte er und drückte mir den Pinsel in die Hand. »Jetzt du schreibst Englisch. Sagst, was tun sollen. Sehr klar. Sehr freundlich.«

Den Pinsel in der Hand, zögerte ich einen Moment und schrieb dann schwungvoll: »Zerbrechlich. Hier oben.«

»Wundabaa. Sehr hübsch. Gute Technik.«

»Na klar«, sagte ich und gab ihm den Pinsel zurück.

»Hmmm«, nickte er.

Wir lächelten einander zu.

Sorgfältig verstaute er Pinsel und Tusche und wusch sich dann die Hände.

»Ich hungrig«, sagte er dann. »Wie steht mit dir?«

Er machte Tee und Nudeln zum Mittagessen.

Am nächsten Morgen saß Tsung Tsai neben der Buddha-Kiste auf den fliesenbelegten Treppenstufen zu meinem Haus. Während er auf das Auto wartete, das uns von Woodstock zum Flughafen bringen sollte, flickte er seine Taiji-Schuhe aus schwarzem Leinen, klebte eine lose herabhängende Gummisohle mit Gummizement wieder an. Ich hing am Telefon und sprach mit meinen Eltern, um ihnen noch einmal Lebewohl zu sagen. Meine Mutter war aufgrund ihrer Herzbeschwerden so schwach, daß sie kaum zu sprechen vermochte, und mir ging der Gedanke durch den Kopf, sie könnte während meiner Abwesenheit vielleicht sterben. »Ruf uns an«, sagte sie, bevor sie aufhängte. Anrufen? Von wo? Meine Tochter, der es gar nicht recht war, daß ich abreiste, lief den Weg hinunter hinter dem Auto her und rief »Goodbye, Papa. Good-bye.«

»Alle Kinder sind so«, sagte Tsung Tsai.

In meinem Abschiedsschmerz fragte ich mich, woher er das wohl wissen wollte, da er doch keine eigenen Kinder hatte.

Der Buddha fuhr im halboffenen Kofferraum, dessen Deckel wir mit Seilen festbinden mußten. Mir schwante, daß dies nur die erste aus einer langen Reihe von Schwierigkeiten sein würde, die der Buddha uns bescheren sollte. Dann aber zeigte sich, was Tsung Tsai vorausgesagt hatte: Der Buddha war ein mildes Lüftchen. Er floß geradezu durch das dichte Spalier von Gepäckträgern, Ticketkontrolleuren und Sicherheitskontrollen am JFK hindurch, so als schwebte er auf einer glückbringenden Wolke. Sein seltsamer grauer Buddha-Schatten huschte über den Monitor des Röntgengerätes.

»Jesus!« sagte der Sicherheitskontrolleur zu dem neben ihm stehenden Wachmann.

»So ähnlich«, kommentierte Tsung Tsai.

Am Gepäckabfertigungsschalter ließ der Buddha den Zeiger der Waage in den roten Bereich kippen, doch wir bekamen keinen Aufpreis für Übergewicht.

»Kein Aufpreis?« wunderte ich mich.

»Ist Buddha-Kraft«, meinte Tsung Tsai.

»Good-bye Buddha«, rief er, als die Kiste auf dem langen Förderband entschwebte – einer ungewissen Zukunft in China entgegen, auf einem langen Flug von New York über den Nordpol nach Beijing, mit Zwischenstops in Anchorage und Schanghai. Der Buddha sollte heimkehren an einen Ort, von dem er eine halbe Lebensspanne zuvor verbannt worden war.

Auf zwölf Kilometer Höhe schlief Tsung Tsai in seinem Sitz mit auf die Brust herabgesunkenem Kinn. Er sah blaß und zerbrechlich aus, aber er machte sich keine Illusionen über die kommunistischen Chinesen.

»Ich baue meinen Tempel wieder auf«, hatte Tsung Tsai gesagt. »Wenn sie einreißen, kein Problem. Buddha können sie nicht töten.«

Am Flughafen von Beijing kam der Buddha tatsächlich wieder mit dem Gepäck ans Licht. Wir hievten ihn vom Förderband auf eine Gepäckkarre. Der Flughafen war alt und schäbig, sollte es aber nicht mehr lange sein: Neben den alten Bauten entstand ein gigantischer neuer Flughafen, der Chinas Status als »aufstrebende Weltmacht« Ehre machen sollte. Wir karrten den Buddha an die Zollkontrolle. Die Zollbeamten winkten ihn durch. Der Mönch in seinen Gewändern schien niemandem aufzufallen, alle waren viel zu beschäftigt damit, Geld zu machen. Draußen auf der Straße schimpfte der Taxifahrer, ein mürrisch dreinblickender junger Mann mit glatt anliegendem schwarzem Haar, vor sich hin. Tsung Tsai redete besänftigend auf ihn ein; zusammen hoben wir den Buddha in den Kofferraum. Die Federung quietschte, und die hintere Stoßstange des Wagens sank fast bis auf die Straße hinab. Mit hochaufragendem Kofferraumdeckel kutschierten wir durch die wuchernde Metropole.

Tsung Tsais Neffe hatte für uns Logis in einem nur für Chinesen bestimmten Hotel arrangiert. Die Luft war voller Smog, Staub und vibrierender Energie. Die alte Stadt mit ihren ehrwürdigen Mauern und historischen Vierteln verschwand langsam unter einer postmodernen Metropole von Bürohochhäusern und Fünfsternehotels. Abrißbirnen schwangen in weiten Bögen, und Baukräne bildeten ein Zickzackmuster am Himmel. Schicke neue Mercedes- und

BMW-Personenwagen navigierten durch einen Strom von Fahrradrikschas und Scootern. Männer in gestylten Anzügen und mit Handys hasteten durch das Menschengedränge. In zehn Jahren wird sich Beijing nicht mehr von Tokio, Hongkong oder Singapur unterscheiden.

Unser Hotel, das Gästehaus Nummer 71, lag im Dongcheng-Bezirk, einem Altstadtviertel mit langen Mauern, schmalen Straßen und Freiluft-Imbißständen, weit entfernt von Beijings vertikal aufragender City. Unser Fahrer, der es offenbar eilig hatte, wieder zum Flughafen zu kommen, zerrte unser Gepäck aus dem Wagen und knallte es einfach auf den Bürgersteig. Da kein Gepäckträger in Sicht war, wuchteten wir den Buddha selbst aus dem Kofferraum und schleppten ihn in die Hotellobby. Der Empfangsraum war schäbig, mit rissigen Betonwänden. Ein rundlicher Mann, dessen Hintern die Nähte seiner Hose fast zum Platzen brachte, begrüßte uns.

»Welche Ehre«, sagte er. »Besondere Freunde. Besondere Gäste.« So war auch ein besonderes Zimmer für uns im achten Stock reserviert.

Das Mädchen an der Rezeption zog ein Exemplar des »Lotos-Sūtra« unter der Theke hervor und bat Tsung Tsai, es zu signieren. Er sah sie mit glasigem Blick an. Nach einer Reise von vierundzwanzig Stunden war er wortkarg und sichtlich erschöpft. Wenn man ihm beim Zimmern zuschaute, konnte man leicht vergessen, daß er bereits einundsiebzig Jahre alt war. Ich machte mir Sorgen um ihn. Würde er die Kraft haben, die vor uns liegende Reise durchzustehen?

Wir übergaben unsere Pässe, schrieben uns ein und entrichteten den Volkspreis von fünfzig Yuan (etwa fünfzehn Mark) für das Zimmer. Tsung Tsai arrangierte, daß die Buddha-Kiste im Erdgeschoß verstaut wurde. »Buddhistin«, sagte er mit Blick auf das Sūtra-Mädchen, als wir uns endlich zum Aufzug schleppten, der dankenswerterweise funktionierte. Das erste, was uns an unserem Zimmer auffiel, war, daß Wasser nonstop aus einem Riß in der Toilettenschüssel rann und den schmutzigen Betonfußboden des Badezimmers drei Zentimeter hoch überflutete. Tsung Tsai war angewidert. Als die Frau, die über das achte Stockwerk wachte, uns eine Thermoskanne mit heißem Wasser brachte, wies Tsung Tsai sie auf den Riß hin. Sie nickte und schloß, als würde das das Problem lösen, einfach die Badezimmertür und ging.

Die Betten waren hart und mit fleckigen, waschblau bezogenen Wolldecken bedeckt; die Laken waren klamm und zu schmal für die Matratzen. Wir schliefen den ganzen Nachmittag. Als ich aufwachte, trat ich ans Fenster. Auf der gegenüberliegenden Straßenseite flackerte eine Neonreklame in meterhohen roten und blauen Lettern in chinesisch und englisch: »Das Märchenland«.

»Was mag das wohl sein«, wies ich Tsung Tsai auf die Leuchtreklame hin.

Er zuckte mit den Schultern. »Vielleicht so was wie Tempel. Hungrig?« fragte er dann.

»Ich bin am Verhungern.«

»Ich auch.«

Nebenan, in einem kleinen Restaurant namens »Der Sehr Gute Süße Geschmack der Mongolei« saßen wir an einem Tisch am Fenster und sahen auf die in staubig-trübes Dämmerlicht gehüllte Straße hinaus, durch die Bratfischgerüche zogen. Der Verkehr war dicht – ein endloser Strom von schrillenden Hupen. Wir waren die einzige Kundschaft. Tsung Tsai bestellte dampfende Schalen mit gepfefferten Kartoffelschnitzeln, mit Erdnüssen gekochtem Tofu, sautiertem Gemüse, gemischten Pilzen mit dicken Stücken von Bambussprossen und frisch bereiteten Nudeln.

Ein zartes Mädchen servierte uns. Die Strümpfe hingen ihr in den Kniekehlen, ihre Haarspange war verrutscht und ließ einen Teil ihres Schopfes frei. Sie lächelte.

»Nehmen Sie noch eine Schale.«

»Trinken Sie noch eine Tasse.«

Das tat ich dann auch, und Tsung Tsai ebenso – mehr als einmal.

Wieder auf unserem Zimmer, meditierte Tsung Tsai. Ich schrieb, schlief darüber ein, und als ich kurz hochschreckte, sah ich im durch die Vorhänge dringenden blauroten Licht der Märchenland-Reklame wie Tsung Tsai gerade in das Bett gegenüber kletterte. Von der Straße schallte noch immer unverminderter Straßenlärm herauf, eine Kakophonie aus Motoren ohne Schalldämpfer, lautem Geschrei und blökenden Hupen.

Am nächsten Abend um sechs sollten wir den Yinchuan-Express nach Mund der Westberge nehmen – eintausend Kilometer und sechzehn Stunden Fahrt nach Nordwesten. Die einzigen Fahrkarten, die wir ergattern konnten, waren Bodensatz-Kategorie: dritter Klasse, die harten Liegewagen, oberste Koje. Ich schlug Tsung Tsai vor, ein paar Tage abzuwarten und uns inzwischen die Stadt anzusehen.

»Willst du spielen?« entgegnete er scharf. »Dann geh nach Japan. Jetzt gleich.«

Ein Gepäckträger mit einer Schubkarre so groß wie ein Waggon karrte den Buddha und unser Gepäck im Laufschritt durch den Bahnhof und schrie dabei ununterbrochen »Aus dem Weg!« – wir in seinem Kielwasser hinterher. Ich hatte das klaustrophobische Gefühl, wenn wir nur einen Moment innehielten, würden die Menschenmassen sich um uns schließen und wir säßen gefangen. Am Ende des langen Bahnsteigs begann ein riesiger Rangierbahnhof, und jenseits der von einem Gewirr von Weichen aus sich wie Harfensaiten auffächernden Schienen lag die Stadt in ein saures orangerotes Zwielicht getaucht. Die Luft roch nach Kohlenstaub und Eisen. Schrillende Räder, ohrenbetäubendes Pfeifen, zischender Dampf. Wir fanden unseren Zug. Tsung Tsai deutete mit gekrümmtem Finger den Bahnsteig hinab und rannte dann mit wehender Mönchsrobe los, Buddha und dem rasenden Gepäckträger hinterher.

Der Gestank in unserem Liegewagen ließ auf die Anwesenheit eines Ziegenbocks schließen; dazu ein Gemisch von ranzigem Fett und Schweißfüßen. Es war heiß, stickig und laut. Zehn zur Seite offene Eisenkästen enthielten jeweils sechs Stahlpritschen pro Abteil, immer drei übereinander. Auf einen Zentimeter dicken Matratzen lagen dünne Wolldecken. Die Kopfkissen waren mit etwas gefüllt, das sich wie Kieselsteine anfühlte.

»Buchweizenkissen. Chinesen machen so. Gut für dich. Wie Medizin.« Tsung Tsai griff ein Kissen und presste es sich aufs Gesicht. Sein Kopf schnellte zurück, Nase gerümpft. »Aber bißchen schmutzig«, meinte er.

Unsere Fahrkarten für die obersten Kojen waren wirklich das letzte. Nur zwei Fuß lagen zwischen uns und der Abteildecke, an der Lautsprecher quäkten und brummten und unter der sich dicke Wolken Zigarettenrauch stauten.

In der Abenddämmerung lag alles in wabernden Smog gehüllt. Es schienen mehr Passagiere im Abteil zu sein als Kojen; irgend jemand räumte Tsung Tsai seinen Platz auf einer tieferen Pritsche ein. Die Buddha-Kiste stand unter dem Fenster gegenüber vom Abteil auf dem Boden, so daß man sich auf dem Gang gerade noch an ihr vorbeiquetschen konnte. Ich saß mit meinem Parka als Polster auf der Kiste. Den Rest unseres Gepäcks hatten wir in den obersten Kojen verstaut.

Ein pummeliger Bursche mittleren Alters mit schwammigem, knabenhaftem Gesicht und einem öligen Haarschopf machte es sich bequem. Noch ehe Beijing hinter uns lag, hatte er sich schon die Hosenbeine hochgekrempelt, Schuhe und Strümpfe ausgezogen und angefangen, sich die tote Haut zwischen den Zehen herauszupulen. Auf einer der unteren Pritschen lümmelte sich ein Halbstarker und schlürfte etwas, das nach Fusel roch, aus einem Krug. Seine Lippen waren geschwollen und rissig. Ein schmächtiger Student mit Nickelbrille saß da und las; jemand hatte ihm liebevoll einen Korb mit hübschen kleinen Snacks für die Reise gepackt, die er langsam und bedächtig verzehrte. Ein Mongole mit sonnengegerbtem Gesicht und einem Khan-Ziegenbart trat mir anerkennend gegen meine Bergstiefel. Ich reichte einen Schnappschuß von meiner Tochter herum und schlug mir dabei auf die Brust, um auszudrücken, um wen es sich handelte. Rissige Lippe, der Halbstarke, klatschte in seine schwieligen Hände und drosch mir so hart auf die Schulter, daß ich fast von der Kiste fiel. Er kicherte und reichte mir seinen Fusel. Ich sah hinüber zu Tsung Tsai, doch der döste teilnahmslos vor sich hin. »Ach zum Teufel«, sagte ich und nahm einen hastigen Schluck. Das Zeug schmeckte wie Brennspiritus. Rissige Lippe schüttelte sich vor Lachen, als ich würgte und hustete.

»Immer mit Ruhe, Georgie«, sagte Tsung Tsai, ohne auch nur die Augen zu öffnen.

Als wir aus der Stadt heraus und aufs freie Land kamen, beschleunigte der Zug. Taschen wurden ausgepackt, und Essen und Trinken kamen zutage. Wir gestikulierten, lachten, aßen und tranken viele Tassen brühendheißen Tees. Es war eine Party.

Um zehn Uhr ging das Licht aus. Mit einer braunen Decke um die Schultern drapiert, saß Tsung Tsai auf seiner Pritsche und sah buddhamäßiger aus als der Buddha in der Kiste. Aus Respekt vor seiner Robe und seinem Alter hatte der Student ihm seine untere Koje überlassen. Ich ließ meine Bergstiefel unter der unteren Koje, kletterte die Leiter hinauf und rollte mich zwischen unserem Gepäck zusammen. Nachtkälte drang durch die Wände und die Matratze. Das Kissen fühlte sich an wie ein Sack Zement, die Koje hatte etwas von einem Blechsarg. Ohne Rücksicht auf andere, rauchten die Leute, husteten Schleim auf und spuckten ihn auf den Boden. Es war das reine Elend. Ich hatte zuviel Tee getrunken und mußte mich wieder aus meiner Koje heraushangeln, die Leiter runterklettern und dabei darauf achten, meinem Nachbarn aus der mittleren Koje nicht ins Gesicht zu treten, mußte mir die Stiefel überziehen und so dann um zwölf, um zwei und um fünf Uhr früh den Gang hinabschlingern, dessen Boden glitschig war von ausgespucktem Schleim und Essensresten – hin zu dem Loch im Wagenboden am Ende des Waggons.

Nach einem dieser Ausflüge, als ich gerade wieder in meine Koje kletterte, stieß Tsung Tsai mich an, zeigte aus dem Fenster und sagte: »Huhehot.«

In der Dunkelheit der Nacht konnte ich nicht viel von der Stadt, der Hauptstadt der Mongolei, sehen. Die Mongolen hatten sie Kukukhoto genannt, die »Blaue Stadt«. Es war eine Stadt der Tempel, in der sich die Gläubigen zu den großen Festen versammelten, und schon lange vorher ein Ort, an dem Wolle, Felle, Nahrungsmittel und Heilkräuter aus den umgebenden Steppen gehandelt wurden. Auf dem Bahnsteig von Huhehot flackerte eine einzige trübe Funzel und ging dann wieder aus. Die Blaue Stadt der Tempel und Rituale lag schemenhaft am Horizont, dunkel, monolithisch, häßlich. Der Zug stand still, und niemand rührte sich. Im Gang stand die Buddha-Kiste. Tsung Tsais Atem ging tief und regelmäßig; er schlief. Plötzlich ruckte der Zug an und hielt wieder mit scheppernden Kupplungen. Mao hatte versucht, den Dharma in China auszulöschen. Bald würden wir wissen, ob es ihm gelungen war. Tsung Tsai hatte überlebt und kam wieder nach Hause. Wie würde man ihn empfangen? Was würde den Menschen noch in Erinnerung sein? Würde sich überhaupt noch jemand für ihn interessieren?

Ich kletterte zurück in meine Koje und versuchte zu schlafen. Es hatte keinen Zweck. Also zog ich die Taschenlampe aus meinem Rucksack, holte meine Karte hervor, breitete sie aus und lag mit aufgestützten Ellbogen darüber. Der kreisförmige Lichtkegel fiel auf die Innere Mongolei, die sich über etwa 2.500 Kilometer entlang des nördlichen und nordöstlichen Randes Chinas erstreckt – ein Puffer von mehr als einer Million Quadratkilometer zwischen Russen und Chinesen, zwischen Europäern und Asiaten. Zum größten Teil menschenleeres Land, das wie eine Barriere wirkte – eine der letzten riesigen Einöden auf diesem Planeten.

Draußen ertönten Rufe, dann funkenstiebendes metallenes Klirren. Die anderen im Abteil schliefen ungestört. Ich steckte die Taschenlampe in die Gesäßtasche meiner Jeans, kletterte wieder hinunter und ging zum Ende des Waggons. Die Tür stand offen, und ich beugte mich hinaus. Weiter vorn am Zug schlugen zwei Männer mit Vorschlaghämmern wie wild auf das Fahrgestell eines Wagens ein, mit einem Getöse, das in den letzten Winkeln des ansonsten leeren Bahnsteigs widerhallte. Ich stieg aus dem Zug in den knirschenden Schotter zwischen den Geleisen. Der Himmel war bräunlich und zeigte keine Sterne. Nichts als der Geruch von Rauch.

Vom anderen Ende des Bahnsteigs rief mich jemand an. Ich winkte, und plötzlich wurde mir klar, daß der Zug abfuhr. Während er anruckte, sprang ich hastig wieder auf, und der Zug zuckelte weiter westwärts in die Nacht.

Bei Tagesanbruch erhaschte ich durch die schmutzverschmierten Scheiben einen ersten Blick auf die Innere Mongolei – die aufgebrochene Erde und den leeren Himmel, nach Süden hin orangefarben schimmernde Felder. Gegen Norden die blasse Silhouette eines zerklüfteten Gebirgszugs, der die ersten Sonnenstrahlen auffing. Wir saßen im Speisewagen und stocherten angeekelt in einem Frühstück aus wäßrigem Reisbrei, Dampfklößen und öltriefenden lederhart gebratenen Eiern herum, als der Zug in Baotou, »Paketkopf«, dem alten Endpunkt der Seidenstraße, einfuhr. Auf dieser Straße, die sich durch die isolierten inneren Königreiche Asiens hindurchzog, waren einst westliche Abenteurer wie die Polos nach Osten gekommen. Von Baotou aus waren chinesische Pilger auf der Suche nach buddhistischen Schriften über den Karakorum und den Pamir nach Nordindien gelangt und waren Karawanen mit Seide weiter westwärts nach Turkestan und darüber hinaus bis nach Griechenland und Rom gezogen.

Über Baotou, die Stadt der Träumer und Romantiker, las ich zum ersten Mal in Owen Lattimores Buch »Die Wüstenstraße nach Turkestan«, das ich 1970 in einem Trödelladen in San Francisco erstanden hatte. Seine Berichte ließen mir das Haar zu Berge stehen und eine Gänsehaut den Rükken hinablaufen. 1928, als Xu Deng gerade seine Mönchsgelübde ablegte und Tsung Tsai noch ein dreijähriger Knabe war, kam Lattimore nach Baotou, um hier Kamele für seine Reise durch die Wüsten nach Turkestan zu kaufen.

Paotow ist das Tor zum abgelegenen Hinterland Asiens. Die Straßenräuber verfolgen ihre Opfer hier bis an die Mauern der Stadt. Eine kleine Schote von Stadt in einer großen hohlen Hülse irdener Wälle. Eine Wildnis voller überfrorener Senkgruben, an denen Kinder herumtoben, Straßenköter um Abfälle raufen und streunende schwarze Schweine mißgelaunt herumschnüffeln ...

Den Gelben Fluß herab, den ganzen Weg von Lanchow, kamen Flöße und Boote mit Wolle und Fellen aus Kansu und von den Koko Nor; und da hinter Paotow die Strömung zu stark ist, um einen nennenswerten Schiffsverkehr flußaufwärts zuzulassen, schlängelten sich Karawanenstraßen südwärts durch die Ordos-Wüste und nach Nordwesten zum Fürstentum Ala Shan in der Inneren Mongolei; [und von dort] durch die Gobi und um die Taklamakan herum.

»Hier ist mein Lehrer geboren und Mönch geworden«, sagte Tsung Tsai, als wir unser Frühstück beendeten. Es fiel mir schwer, mir Xu Deng oder auch Lattimore an diesem Ort vorzustellen. Baotou, heute die größte Industriestadt in der Inneren Mongolei, war eine Stadt der rußigen Mietskasernen aus der Sowjetära, der Schornsteine und des schwefelgelben Smogs.

Jenseits von Baotou begann erst das richtige Hinterland. Auf den Flachdächern isolierter Bauernhöfe waren Maiskolben zum Trocknen aufgehäuft. Die Felder waren erodiert und ausgelaugt. Eine weiße Kruste, sandartiger Reif, bedeckte den Boden. Tsung Tsai zog ein Fenster herab. Am Horizont zwei gebeugte Gestalten, die einen Karren zogen.

Nach Norden hin stiegen Berge steil aus der Ebene auf. Das mußte das Yinshan-Gebirge sein, zu dem auch der Wulashan, der »Krähenzug-Berg« gehörte – ein Echo des gut fünfzehn Millionen Jahre zurückliegenden Zusammenstoßes der tektonischen Platte, die Indien trägt, mit dem südlichen Rand von Tibet. Diese Berge waren brauner und karger, steiler und zerklüfteter und tückischer aussehend, als ich es mir vorgestellt hatte.

Tsung Tsai war ganz aus dem Häuschen. »Da sind meine Berge! So schön. Großer Schlangentisch-Berg ist da. Auch Kleiner Schlangentisch. Da ist es! Georgie, da ist es! Mein ganz besonderer Platz – mein Wulashan!«

Er zeigte auf den höchsten Gipfel, ein steinerner Finger, der fast im Blau verschwand. »Unterhalb Höhle von meinem Meister. Und schau hier«, sagte er und zeigte aus einem Gangfenster nach Süden, »in der Richtung bin ich geboren. Da entlang mein Dorf, Lanhu. Da entlang war auch mein Tempel. Aiii, ich komme zurück. Ich komme wirklich zurück. Und Buddha auch.«

9.

Der erste Schrein

1. Oktober 1996, Innere Mongolei

Der Bahnhof von Mund der Westberge am Ausgang der Westberge besteht aus zwei plattgetrampelten Streifen Erde zu beiden Seiten der Geleise. Eine alte Frau mit einer der Kappe eines Kochs gleichenden weißen Mütze, die sie bis auf die Augenbrauen heruntergedrückt hatte, fegte den Sand mit einem Strohbesen. Unser Gepäck und die Buddha-Kiste waren neben einem ausgeleierten, mit Zuckerrüben beladenen Karren abgestellt. Nördlich der Schienen erstreckten sich die niedrigen Gebäude der Ortschaft in Richtung auf den Paß, jenen Ort, wo eine Vertiefung die östlichen und die westlichen Ausläufer der Yinshan-Berge trennte. Marschierte ich in diese Richtung, dann würde ich die Ortschaft durchqueren und über den Paß Schritt für Schritt in die Schwarze Gobi verschwinden.

Die Lokomotive pfiff, und der Yinchuan-Beijing-Zug setzte sich in Bewegung, jetzt nach Westen auf Linhe zu, die Provinzhauptstadt, von wo aus die Strecke südwärts am Rande der Gobi entlangführt, dann wieder nach Norden und erneut nach Westen entlang des westlichen Ausläufers der Großen Mauer bis zu dem Punkt, wo die Mauer gerade südlich von Liuyuan endet; von hier aus geht es durch das Beishan-Gebirge und die Gashun-Gobi vorbei am »Flammenden Berg« und durch die Turfan-Senke – die mit 426 Metern unter dem Meeresspiegel den tiefsten Punkt der Erdoberfläche erreicht – bis zur Endstation der Bahnlinie in Urumchi, in der Heimat der muslimischen Minderheiten, der Tadschiken, Uiguren, Kasachen und Kirgisen.

Um zehn Uhr früh brannte die Sonne auf der 2.000 Meter hoch gelegenen Hochebene der Inneren Mongolei schon heiß vom Himmel, und der Wind wehte trocken, kalt und beißend. Ich kramte in meiner Tasche nach dem Lippenbalsam. Unter glasklarem Himmel, noch steif von der Nacht auf den harten Pritschen, warteten wir auf Lin Guoren, Tsung Tsais Neffen. Offenbar war der Zug, zum ersten Mal seit Jahren, zu früh angekommen.

»Sie bestimmt Pfeifen hören und kommen«, sagte Tsung Tsai.

Dann eine Staubwolke und ein heiseres Röhren: Ein Motorrad mit einem Anhänger holperte über die Schienen und kam schleudernd kaum einen Meter von uns entfernt zum Stehen. Der Fahrer riß sich seinen schwarzen Helm vom Kopf und sah uns mit einem verrückten Grinsen im Gesicht an. Sein Begleiter, ein buckliger Knabe von nicht mehr als sechzehn Jahren, lachte, daß ihm die Spucke aus dem Mund spritzte.

»Diese Jungs anscheinend glücklich«, meinte Tsung Tsai leicht verwirrt.

Ohne auch nur ein »Guten Tag« oder »Wie geht's?« gingen der Fahrer und der Knabe ans Werk und warfen unser Gepäck auf den Anhänger. Nachdem sie auch die Buddha-Kiste hinaufgehievt hatten, griff der Knabe sich zwischen die Beine, packte sich im Schritt und hüpfte mit pantomimischem Ausdruck des Schmerzes auf dem Bahnsteig herum. Der Fahrer verschluckte sich vor Lachen.

»Jungs sehr glücklich«, sagte Tsung Tsai.

Ein zerbeulter grüner Jeep kam neben dem Motorrad zum Stehen. Ein Mann lehnte sich auf der Beifahrerseite aus der Tür und rief dem fröhlichen Paar etwas zu. Der Knabe kletterte flugs auf den Anhänger und hockte sich auf den nicht gerade stabil aussehenden Berg aus Buddha-Kiste und unserem Gepäck. Der Fahrer zog sich den Helm über, trat den Anlasser, und die Fuhre verschwand in einer Wolke von Auspuffgasen und aufgewirbeltem Sand. Als die beiden verschwunden waren, stieg der Beifahrer mit einem breiten Lächeln aus dem Jeep und begrüßte Tsung Tsai.

»Mein Neffe«, sagte Tsung Tsai und wandte sich mir zu. Lin Guoren schüttelte mir die Hand. Er war etwa Mitte Vierzig. Sein Haar fiel ihm flach über die Stirn und formte einen widerspenstigen Wirbel. Mit seiner Hakennase und den hohen Wangenknochen sah er mehr wie ein Mongole aus als wie ein Chinese. Er trug einen dunkelblauen doppelreihigen Anzug, ein bis zum Hals zugeknöpftes weißes Hemd, eine khakifarbene Weste, abgetragene Halbschuhe und Wollsocken. Unter den ausgefransten Aufschlägen seiner Hose blitzten lange Unterhosen hervor. Er hatte einen Kugelbauch und sah aus wie ein Bauerntölpel, doch sein Auftreten war unerschrocken und selbstsicher.

Wo wir auch hinkamen, schienen die Leute für Lin Guoren zu arbeiten. Das meiste von dem Geld, das wir während unserer Reise ausgaben, floß über ihn. Ganz anders als die übrigen Fingernägel, die kurz und schmutzig waren, war sein rechter Daumennagel mindestens zwei Zentimeter lang, sorgfältig beschnitten und manikürt. Schon einmal – 1970 in Spanien – hatte ich dieselbe Vorliebe bei einem niederen Franco-Beamten gesehen. Es war ein Abzeichen des Erfolges, das Kennzeichen des kleinen Beamten – ein Beweis dafür, daß er kein Bauer mehr war, seine Hände nicht mehr mit schwerer Arbeit schmutzig machen mußte. Bei Lin, dessen war ich mir sicher, sollte der Daumennagel dasselbe kundtun. Er stammte von den Schmuddelkindern ab, kam aus dem schlammigen Dorf Lanhu. Durch Intelligenz, Hartnäckigkeit und Schläue war er zu einem der neuen Kapitalisten Chinas aufgestiegen. Jetzt verkaufte er Motorräder, residierte in einem zweigeschossigen Lagerhaus an der

Hauptstraße von Mund der Westberge. Als betuchter Geschäftsmann war er es gewohnt, den Boß zu spielen. Er war Oberhaupt einer vielköpfigen Familie und vielleicht der einzige Mensch in der Mongolei, der Tsung Tsai wie seinesgleichen behandelte. Nicht, daß es seinem Neffen viel nützte. Wenn die beiden, wie es ziemlich oft vorkam, nicht einer Meinung waren, dann fegte Tsung Tsai Lins Ansichten mit einer Handbewegung beiseite und tat, wie es ihm beliebte.

Ich wurde dem Fahrer des Jeeps vorgestellt. Er war Ende Zwanzig, trug eine schwarze Lederjacke und Kampfstiefel. Er hatte eine Punkfrisur und verbarg seine Augen hinter einer Pilotensonnenbrille. In einem Halfter an seinem Ledergürtel trug er eine Kanone.

»Dies ist Gungun«, sagte Tsung Tsai. »Er ist Fahrer. Unser Leibwächter. Meine Familie bezahlt ihn. Sie machen Sorgen um uns. Du kennst, Familie immer so.«

Gungun nickte zu mir herüber, warf mir mit zwei Fingern eine coole Begrüßungsgeste zu und grinste. Ich mochte ihn sofort. Während wir in den Jeep kletterten, erzählte Tsung Tsai mir, Gungun sei verheiratet und habe eine junge Tochter. Seine Frau, sie stammte aus dem Süden, stand im Ruf, die beste Köchin der Mongolei zu sein.

»Gungun ist Sprengmeister«, sagte Tsung Tsai. »Arbeitet für Armee.«

»Sprengmeister?«

»Ja, du weißt. Bummm!«

Was genau es war, das Gungun sprengte, bekam ich nie heraus. Vielleicht war er ein Chan-Sprengmeister und ließ Dummheit in die Luft gehen. So wie Bodhidharma, der legendäre erste Patriarch des Chan in China, als er neun Jahre lang meditierend vor einer Felswand saß, um zu demonstrieren, daß der Pfad zur Erleuchtung unabhängig ist von Dogmen, Ritualen und Schriften.

»Toller Name für einen Sprengmeister«, sagte ich.

»Sehr nett. Besonderer Junge.«

Gungun fuhr, Tsung Tsai saß gegen die Fahrtrichtung,

und ich quetschte mich auf den Rücksitz zwischen Lin und einen Fünfzigkilosack Reis. Wir kurvten über die Schienen und fuhren in westlicher Richtung auf die Stadt zu. Die Motorradfuhre mit der Buddha-Kiste und unserem ganzen Gepäck war schnurstracks nach Norden gefahren.

»Keine Sorge«, beruhigte Tsung Tsai mich. »Jungs passen auf unsere Sachen auf. Zuerst fahren wir zu Haus von Neffe. Meine Schwester wartet. Sie so aufgeregt.«

Gungun drosch die Gänge rein wie ein Berserker, und ich stieß mit dem Kopf immer wieder an die Plane des Verdecks, wenn der Jeep durch ein Schlagloch donnerte. Die Straßen bestanden hier vorwiegend aus Schlaglöchern. Der Verkehr war ein Zwischending von Feuerwehrübung und einem Crashcar-Rennen. Pferdestärken, Aggression und die Hupe regierten die Straße. Wir schlängelten uns durch einen Strom von Fahrrädern, Motorrädern, Eselskarren, Lastwagen, Traktoren und Bussen. Alle waren unmöglich überladen. Vier raffiniert ausbalancierte Couches waren auf einem Fahrradkarren festgebunden. Lange grüne Zwiebeln waren aufgehäuft; aus den Hälsen geköpfter Ziegen tropfte Blut.

Mund der Westberge, eine Kleinstadt von vielleicht fünfzehntausend Einwohnern, war dabei, sich selbst zu erfinden, aus einem Wust von Ziegelsteinen und Bretter-und-Bambus-Gerüsten heraus zu wachsen. Dies war Chinas Zukunft, ein Karneval von Geschäftemacherei, zwanghaft und chaotisch. Schweißgeräte sprühten Funken; Blechschmiede hämmerten. Wir fuhren an Mechanikern, Tischlern, Schuhmachern, Kohlenträgern und Fleischern vorbei. Aus Restaurants unter zerlumpten Planen zog der Duft von Fleisch herüber, das auf grünen Bambusspießen über Kohlen geröstet wurde. »Mund« war der Wilde Westen – eine Grenzstadt, in der sich Ladenbesitzer, Bauern, Spieler, Trunkenbolde, Wahrsager und Nomaden tummelten. Sie war der letzte Außenposten der Zivilisation für Reisende und Händler, die in die Wildnis im Norden hinauszogen, und Hauptversorgungszentrum für die Bewohner der Hochebene, die sich südwärts zum Gelben Fluß erstreckte, für Leute, die in die Stadt kamen, um Motorräder zu kaufen – natürlich von Lin – sowie Ersatzteile für ihre Traktoren, Möbel und Fernsehgeräte.

Auch als wir von der Hauptstraße abbogen und, fast an den Wänden entlangschrammend, durch ein verwirrendes Labyrinth von verwahrlosten engen Gassen kurvten, ging Gungun nicht vom Gas. Mit quietschenden Reifen kamen wir vor einem gußeisernen Tor in einer hohen, mit Glasscherben bewehrten Mauer zum Stehen. Wir kletterten aus dem Jeep. Die Straße verlor sich hier in einem Haufen Schutt; wir hatten den Stadtrand erreicht. Nach Norden erstreckte sich bis hin zu der aufragenden Wand der Berge eine flache gelbe Hochebene, deren Oberfläche von Jahrhunderten des Windes, der Dürre und der Sonne pulverisiert war. Aus Herdfeuern stiegen Spiralen von schiefergrauem Rauch auf. Ein feiner Staub hing in der Luft und klebte an allem. Das harte Licht enthüllte alles, drang überall ein – unter diesem Licht konnte sich nichts verbergen.

Die Flügel des eisernen Tores öffneten sich. Ein junger Mann mit von Kohlenstaub geschwärztem Gesicht verbeugte sich und murmelte etwas. Von Gungun und Lin angeführt, gingen wir an ihm vorbei in einen geräumigen, rechteckigen Hof. Der Gehweg, der ihn säumte, war mit Fliesen ausgelegt. In der Mitte des Hofes lag ein Garten. Um einen geneigten Baumstamm wanden sich Weinreben, an denen noch ein paar späte Trauben hingen. Ein Korb mit Zwiebeln und einem Kohlkopf stand da. Ansonsten ein einziges Durcheinander von Stoppeln, dornigem Unkraut, rohem Kompost, Asche, Schutt und zerbrochenem Geschirr.

Lins einstöckiges Haus mit Flachdach erstreckte sich entlang der nördlichen Mauer. Seine Türen und Fenster öffneten sich zum Hof hin – keines ging zur Straße hinaus oder öffnete sich dem großartigen Ausblick auf die Berge. Mund der Westberge war eine Stadt der traditionellen Häuser; sie bestand aus von Mauern umgebenen Anwesen, die das Leben nach innen konzentrierten, auf die Familie. Die Chinesen, so scheint es, brauchen den Schutz von Mauern; und sie lieben die Würde von Toren.

Auf der anderen Seite von Lins Hof, unter der südlichen Mauer, befanden sich verschiedene Lagerräume, randvoll mit Waren aller Art, wie die kleinen zur Straße offenen Läden der alten städtischen Märkte. Zwischen dem Hinterhaus und dem Schweinestall war ein knurrender Hund angekettet. Ein rostiges Ölfaß war mit etwas gefüllt, das die Fliegen liebten. Auf dem durchhängenden Dach eines Kohlenschuppens thronte ein Hahn. Hühner pickten auf den Boden herum.

»Neffe reich«, sagte Tsung Tsai.

Die Tür zum Haus des Neffen öffnete sich, und ein Schwall warmer Luft voller Küchengerüche lud uns ein. Die beiden jungen Frauen, die in der Küche arbeiteten, klatschten in die Hände, aber Lin drängte uns an ihnen vorbei, um seine Mutter zu begrüßen, Li Shu, Tsung Tsais ältere Schwester. Sie lebte im besten, dem wärmsten Zimmer, gleich neben der Küche. Nachdem ihr Ehemann vor fünfzehn Jahren gestorben war, war sie zu ihrem Sohn gezogen. Sie war zierlich wie eine Puppe. Mit ihren sechsundachtzig Jahren hatte sie schlechte Zähne, und ihr Gesicht war braun und von tiefen Falten zerfurcht. Sie kniete auf dem Kang, einer beheizten Sitz- und Liegefläche aus Lehmziegeln. Als sie Tsung Tsai erblickte, begann sie zu weinen.

»Meine Schwester«, sagte er und drehte sich zu mir um. »Alte Schwester weint. Sie denkt, sie muß sterben, ehe ich zurückkomme.«

Tsung Tsai und seine Schwester sahen sich an, und beide weinten. Aber sie umarmten sich nicht oder faßten sich auch nur bei der Hand. Ich senkte den Blick auf meine Stiefel, kam mir vor wie ein Voyeur.

»Ich stelle dich vor. Sag ›Guten Tag‹ auf englisch. Sie möchte hören.«

»Dies mein Freund«, sagte er dann zuerst auf englisch und dann auf chinesisch. »Dies mein Freund Georgie.«

»Hallo. Ich fühle mich geehrt, Sie kennenzulernen. Ihr Bruder spricht immer von Ihnen.«

Li lächelte mir zu, verbeugte sich anmutig und berührte dabei mit gefalteten Händen ihre Stirn, um mir Ehre zu erweisen.

»Danke. Danke«, stammelte ich, da ich nicht wußte, was ich sonst sagen sollte.

Li war schwerhörig, und in ihrer Gegenwart sprach jedermann laut und deutlich. Wir saßen auf rotgepolsterten Sesseln mit weißen Schonbezügen unter Fenstern mit roten Brokatgardinen. Vor uns stand ein niedriger schwarzer Plastiktisch mit einer eingelassenen Marmorplatte. Die Dienstmädchen brachten uns Schalen mit gekochten Erdnüssen und nassen purpurfarbenen Trauben. Sie hielten unsere Tassen stets mit blassem Johanniskrauttee gefüllt. Neben meinem Stuhl stand eine Vitrine mit Blattgoldmuster. Auf der Anrichte thronte eine Porzellanbüste von Mao neben einer kleinen Mickymausstatue. Neben Micky ein gerahmtes Foto. Tsung Tsai gab es mir in die Hand.

»Schau mich an«, sagte er. »Baby. Noch Baby.« Auf dem Foto sah er aus, als sei er gerade siebzehn, sein Gesicht faltenlos, seine Wangen wie Äpfel. Ein junger Mönch, der geradeaus in die Zukunft schaut – noch vor dem Abschied von seinem Lehrer, vor der Zerstörung von Pu Ji, vor der Begegnung mit dem einäugigen Buddha auf der Hungerwanderung in den Süden, vor Leiden und Tod im Tunnel und vor seiner Einsamkeit im Exil.

Tsung Tsai und Li Shu unterhielten sich, von vielen Seufzern und noch mehr Tränen unterbrochen. Das brauchte gar nicht erst übersetzt zu werden.

Während sie sprachen, schlug ich aufs Geratewohl mein Tagebuch auf, und da, eine merkwürdige Synchronizität, stand ein Gedicht, das ich aus einer schon längst vergessenen Quelle abgeschrieben hatte:

Eines Menschen Leben
Dauert keine hundert Jahre
Doch er trägt
Kummer genug für tausend.

Der Tag
Ach wie kurz
Die Nacht
So lang.

Tsung Tsai drehte sich zu mir um: »Georgie, tut mir leid. Aber so viel Kummer. Frau von Neffe ist krank. Ihre Röhren. Wie nennt man, kaputte ... kaputte Adern. Sie kann nicht bewegen, nicht sprechen. Bald zu Ende. Keine Hoffnung.«

Wir verbrachten den Nachmittag mit Li Shu. Damals wußte ich es noch nicht, aber ich sollte sie nur noch ein Mal wiedersehen, bei der Hochzeit von Lins Tochter. In Lins Haus lebten neben seiner Frau und Li noch drei seiner Kinder, zwei verlobte Töchter und ein halbwüchsiger Sohn. Außerdem gab er den beiden Dienstmädchen Unterkunft und Verpflegung. Da sein Haus belegt war, fuhr Gungun uns nach dem Mittagessen mit der Familie zu unserer Unterkunft, einem großen Lagerraum über Lins Motorradgeschäft im Zentrum von Mund der Westberge.

Der Lagerraum im zweiten Geschoß war leer bis auf unser Gepäck und die Buddha-Kiste. Er war kalt wie ein Grab. An beiden Enden war je ein kleines Zimmer mit nach Süden gehendem Fenster abgetrennt. Meines war möbliert mit einem schmalen harten Bett, Stuhl, Schreibtisch, einem Schrank mit Spiegeltüren, Kleiderständer und einem Gestell mit einer Waschschüssel. Alles war sehr sauber. Auf dem Tisch stand eine Thermoskanne mit heißem Wasser, zwei Tassen und einer rosa Schwanenhalslampe. Neben meinem Schlafzimmer befand sich eine Toilette mit einer per Eimer

117

zu spülenden Kloschüssel. Der Abfluß führte gerade durch die Mauer zu einem Graben hinaus, der zwischen einem Küchenhaus aus Backsteinen und einem Berg blaßgrüner Kohlköpfe verlief.

Wir waren total erschöpft. Gungun und der Neffe ließen uns allein. Ich knipste die Lampe an, goß mir eine Tasse heißes Wasser ein, entrollte die dünne Matratze und legte meinen Schlafsack darauf. Dann ging ich nach Tsung Tsai sehen, aber seine Tür war geschlossen und das Licht drinnen gelöscht. Er hatte nicht einmal gute Nacht gesagt. Ich packte aus und sah mich dabei wellig und verzerrt im Schrankspiegel; das Spiegelbild gab sehr gut wieder, wie ich mich fühlte. Das Bett stand am Fenster, das zur lauten Straße hinausging. Ich setzte mich auf die Bettkante und trank eine weitere Tasse heißes Wasser. Es war erst acht Uhr. Ich zog mich aus und kroch mit meinem Tagebuch in den Schlafsack; ohne auch nur zu denken, schrieb ich zehn Seiten voll.

Ich schlief unruhig bis halb fünf. Dann stand ich im Dunkeln auf, in dieser Andeutung von fahlem Licht vor der Morgendämmerung, und spülte meine Vitamine mit dem inzwischen lauwarmen Wasser aus der Thermoskanne hinunter. Dann wusch ich mich und stand danach am Fenster des Lagerraums und sah auf die Straße hinunter. Eine trübe blaue Glühbirne glühte in dem Gebäude gegenüber. Einige mit Kohle beladene Lastwagen fuhren vorbei, gelegentlich ein Traktor oder ein geisterhaft vermummter Motorradfahrer, und sie alle zogen gelbbraune Wolken von Auspuffgasen, die in den Augen brannten, hinter sich her.

Tsung Tsai war bereit für die Morgenübung, die er täglich vor Sonnenaufgang ausführte, ganz gleich unter welchen Umständen.

»Ist meine Gewohnheit«, sagte er dazu. »Mein Leben ist Übung.«

Ich hatte mich entschlossen, es ihm während dieser Reise gleichzutun – ganz egal, unter welchen Umständen. Was er tat, das wollte ich auch tun. Es war ein Experiment. So dachte ich, etwas über Disziplin, über Meditation zu lernen. In Mund der Westberge hatten wir genug Platz für die Meditation im Gehen, für die »Anrufung von Buddhas Namen«. Wieder und wieder rezitierten wir »*Namo Amitofo*«, während wir den 10 x 12 Meter großen Raum umwandelten. Tsung Tsai ging so langsam, daß er kaum vom Fleck kam. Was mir diese Gehmeditation vergällte, war dieses Tempo, das weder zu meinem Herzschlag noch zu meiner Atmung oder den Schwingungen meines Gehirns paßte. Ich hätte wohl, wenn ich nicht aufpaßte, den Buddha über den Haufen gerannt. Später, in Tsung Tsais Heimatdorf Lanhu, hatten wir keinen Platz zum Gehen – also saßen wir, oder wenigsten er tat es. Für mich war die Sitzmeditation eine ebensolche Tortur wie die Gehmeditation – das Geplapper meines Gehirns war wie ein lästiger Fliegenschwarm. Dazu die Traurigkeit, die oft in mir aufstieg – Gedanken über meine eigene Sterblichkeit und die Sterblichkeit der Menschen, die ich liebte.

Vor dem Buddha, der noch in der Kiste verpackt war, warf Tsung Tsai sich nieder und berührte den Boden mit der Stirn.

»Du mußt nicht machen. Du kein Mönch. Sag etwas zu Buddha. Verbeuge dich dreimal.«

»Hallo Buddha.«

»Langsam. Geh hinter mir.«

Er ging im Uhrzeigersinn.

»Nur so herum. Nie anders.«

»Warum?«

»Kommt aus Indien; vielleicht auch Tibet-Sitte. Wenn Menschen bei Sterben eingehen in Nirvāna, sie drehen wie Tornado-Wirbelwolken; genau Richtung Uhr. Wenn sie in Welt zurückkommen, sie drehen andere Richtung.«

»Also dann, auf in Richtung Nirvāna. Uhrzeigersinn, nicht wahr?«

Wir wandelten fast eine Stunde im Kreis. Tsung Tsai trug seine gelbe Pudelmütze gegen die Morgenkälte und ließ seine Gebetskette locker durch Daumen und Zeigefinger gleiten. Ich hatte keine Gebetskette und ging mit leeren Händen, wenn auch nicht mit leerem Geist. Ich hätte mich ja gern der Leere überlassen, aber mein Rücken war anfangs verspannt und begann dann zu schmerzen. Außerdem waren da diese kleinen Schmerzensstiche im linken Knie, rechts außen. Ich dachte an meine Mutter auf der anderen Seite der Welt, die so krank war, sich so vor dem Tod fürchtete.

Morgenfliegen summten langsam durch den Raum und knallten gegen die Fensterscheiben. In Mund der Westberge gab es keine Kanalisation. Männer mit einem Gesichtsschutz, die die nächtlichen Toilettenabfälle einsammelten, machten die Runde und kratzten die Scheiße aus den Gräben unter den Außentoiletten. Sie schaufelten sie in stinkende Fässer, die sie dann scheppernd auf Mauleselskarren hievten. Scheiße war wertvoll. Sie wurde auf Haufen zusammengetragen und dann auf die Felder verteilt. Wir aßen unsere eigene Scheiße – der Kohl, die Kartoffeln, die Karotten und der Weizen wurden fett davon. Ohne die Scheiße würde auf diesem zu Staub ausgelaugten Boden nichts wachsen. Die Mongolei aß sich selbst, erschuf sich wieder aus sich selbst – immer noch auf unmögliche, wunderbare Weise lebendig.

Ein einsamer Soldat marschierte unterhalb meines Fensters auf und ab und schrie seinem imaginären Haufen alle paar Meter Befehle zu. Ein drahtiger alter Mann machte seine Morgengymnastik, indem er die Arme kreuzweise übereinanderschlug. Er drehte den Kopf erst langsam nach links und dann nach rechts und ging dabei fünfzig Mal in die Knie. Dann trommelte er sich mit den Fäusten auf die Brust und zündete sich eine Zigarette an. Er inhalierte mit einer solch inbrünstigen, zutiefst süchtigen Wonne, daß sein Kopf praktisch in der Rauchwolke verschwand. Als er den Rauch wieder ausblies, begann die Straße sich auf magische Weise zu beleben.

Um halb sieben begann Militärmusik aus Lautsprechern zu dröhnen, die unsichtbar, aber strategisch geschickt auf den Dächern der Häuser von Mund der Westberge plaziert waren. Um Viertel vor sieben hob eine auch nicht von der kleinsten Spur von Emotion modulierte Frauenstimme an, die Losung des Morgens auszugeben.

»Was sagt sie, Tsung Tsai?«

»Schwachsinn. Sagt Leuten, was sie tun sollen. Dummes Zeug. Wie Pinkeln. Wie gar nichts.«

Der Nachtwächter, einer der Männer des Neffen, brachte uns um sieben frische Thermoskannen mit heißem Wasser vorbei.

»Was möchtest du essen?« fragte Tsung Tsai.

»Was steht zur Wahl?«

»Getreide wäre nicht schlecht.«

»Also dann, Getreide.«

Das Frühstück bestand aus einem dünnen Brei aus Reis und Bohnen, Dampfklößen und mariniertem Kohl. Es wurde auf einem Tablett serviert von einer feschen, wohlgeformten jungen Frau, die enge Jeans trug, hochhackige Stiefel und einen flauschigen, pastellfarbenen Angorapullover, wie er bei den amerikanischen Highschoolgirls der fünfziger Jahre en vogue gewesen ist. Ihr Haar war kurz geschoren, der Lippenstift knalliges Rot, das Gesicht weiß gepudert. Sie sagte, ihr Name sei Li Yi und sie sei unsere Köchin. In Tsung Tsais Gegenwart gab sie sich unterwürfig, respektvoll. Mich behandelte sie wie einen Exoten, eine Sensation, etwas, womit sie vor ihren Freundinnen angeben konnte. Wenn ich sie dabei ertappte, wie sie mich immer wieder anstarrte, kicherte sie und verbarg ihr Gesicht in den Händen.

Li Yi kam zurück, um die Frühstückstabletts abzuräumen; sie wurde begleitet von vier Männern, die ein 1 x 2 Meter großes Schild aus geschnitztem Holz mit vergoldeten Schriftzeichen und schwarzem Emailleuntergrund trugen. Sie lehnten es gegen die Wand, damit Tsung Tsai es inspizieren konnte.

»Was ist *das*?« fragte ich.

»Ist für meinen Lehrer. Ich habe bestellt vor vielen Monaten.«

»Und, was steht da?«

»Schrein des Xu Deng.«

Tsung Tsai stand lange andächtig vor der Inschrift. Dann drehte er sich mit einem breiten Lächeln um und schüttelte einem der Männer, einem alten Mann, emphatisch die Hand. Er schlug ihm auf die Schulter.

»Wundabaa. Schild sehr schön«, sagte er. »Dieser Mann Holzschnitzer. Mensch mit echter Technik.«

Der Technikmensch, der Mitte Siebzig zu sein schien, grinste zurück. Seine drei Gehilfen sahen drein wie schwanzwedelnde Welpen. Während Tsung Tsai und der Holzschnitzer rechneten und feilschten, improvisierten seine Assistenten ein Gerüst, indem sie ein Brett zwischen zwei Stehleitern legten, die wiederum wackelig auf zwei Stapeln von Ziegelsteinen standen. Dann hievten die drei Männer das Schild in die Höhe – wobei sie riefen und schwankten wie Zirkusclowns, die beim Publikum Beifall schinden wollten –, und während zwei das Schild gegen die Wand hielten, nagelte der dritte es über der Tür fest.

Tsung Tsai schneuzte und tupfte sich die Augenwinkel. Und während der alte Mann die Buddha-Kiste aufmachte, reinigte Tsung Tsai den Lagerraum mit Mantras. Von »Vorsicht! Vorsicht!«-Rufen Tsung Tsais begleitet, half ich, den Buddha auszupacken und ihn auf die Kiste zu stellen, die nun als sein Altar diente.

»Willkommen zu Hause, Buddha.«

Dann eine lange Stille.

»Wundabaa. So wundabaa!« Tsung Tsai war außer sich vor Freude. »Georgie, wir haben angefangen.«

Am Nachmittag kam Tsung Tsais Neffe, um einen Preis für Jeep, Fahrer, Führer und Bestechungsgelder auszuhandeln. Der Deal galt für drei Monate. Zehn Riesen, bar, im voraus.

Wir trugen vierzehntausend Dollar in knisternden Hundertern und Zwanzigern bei uns, die wir vor der Einreise nach China zwischen uns aufgeteilt hatten. Ich hatte meine Hälfte in einem Geldgürtel verstaut. Wo Tsung Tsai seine versteckt hatte, erwähnte er nie – und ich fragte auch nicht. Wenn es um Geld ging, war er scheu, nervös und tat sehr geheimnisvoll.

»Was, wenn wir nicht so lange bleiben?« frage ich. »Kriegen wir dann Geld zurück?«

Tsung Tsai übersetzte. Der Neffe pulte an seinem langen Fingernagel herum und starrte auf die Tischplatte, die übersät war mit den netten Kleinigkeiten, die hier zu geschäftlichen Besprechungen gehörten: Erdnußschalen, die Schalen von gerösteten Wassermelonenkernen, halbgefüllte Teetassen, Orangenschalen und Kerne und Schalen von Äpfeln.

»Das wäre wohl Problem«, sagte Tsung Tsai schließlich.

»Und was, wenn wir länger bleiben?«

Der Neffe sah auf, mit breitem Grinsen.

»Kein Problem!«

»Okay, wir sind im Geschäft«, sagte ich.

Wir schüttelten uns zweimal die Hände. Dann ging ich das Bargeld holen, das ich inzwischen in Socken gestopft und auf dem Grund meines Reisesacks vergraben hatte. Neben Lin Guoren war noch ein Herr Wei anwesend. Er war der Bankier der Familie, ein geschwätziger, gutmütiger junger Mann, der sich die Fingernägel bis zu den blutigen Nagelbetten abgekaut hatte. Es war an ihm, sich um die »Details« zu kümmern – und die bestanden, soweit ich sehen konnte, nur aus einem einzigen Detail: das Geld zu zählen. Wei faltete das Bündel neuer Hunderter in der Mitte, feuchtete sich die Finger mit Spucke an und zählte die Scheine dann mit schier unglaublicher Geschwindigkeit und einer geradezu sinnlichen Geschicklichkeit. Er zählte zweimal, nickte Lin dann zu, und nach einer weiteren Runde des Händeschüttelns machte er sich auf, um zu erledigen, was es zu erledigen gab.

»Wie lange wird es dauern, bis wir unsere Visa bekommen?« fragte ich.

»Wir müssen reden mit Verwaltung. Sie beeinflussen. Freundschaft schließen. Ihnen Gesicht geben. Neffe arbeitet für uns. Er weiß, was tun muß. Er kennt Geschäft.«

»Da habe ich keine Zweifel. Aber wann? Heute noch?«

Tsung Tsai strahlte Optimismus aus. Er schüttelte den Kopf.

»Heute, denke ich, werden sie Visa geben. Vielleicht morgen. Vielleicht übermorgen. Niemand weiß. Geduld, Georgie; du mußt haben Geduld.«

»Darin bin ich nicht gut.«

»Dann du mußt lernen.«

»Ich weiß. Ich weiß.«

Ich hatte die Geduld eines Flohs. Aber meine Sorge war nicht ohne Grund. Lin hatte gesagt, daß der Wulashan-Bezirk der Inneren Mongolei nicht für Ausländer freigegeben sei. In den Bergen waren viele »Militärplätze« verborgen, wie Neffe uns erzählte. Und nicht weit von Xu Dengs Höhle befand sich eine Radarstation.

»Ist das ein Problem für uns?«

»Bißchen Problem. Sie sehr empfindlich.«

Die Visa, die wir in den Staaten erhalten hatten, erlaubten uns, bis Mund der Westberge zu reisen, nicht weiter. Sie verlangten von uns, in »Hotel-Motels« zu übernachten – was unmöglich war, denn in Mund der Westberge gab es keine. Es schien, daß alles, was wir vorhatten, illegal war. Eine Freundin, die chinesische Filmregisseurin Anna Chi, hatte mich vor der Macht der kleinen Provinzbeamten gewarnt. Jeder beliebige Grund, und sei es bloßer Starrsinn, konnte sie dazu bringen, unsere Reisepläne zu durchkreuzen oder uns gar, im schlimmsten Fall, aus dem Land zu werfen.

»Verrate ihnen bloß nicht, daß du Schriftsteller bist«, war ihr Rat. »Verrate ihnen am besten gar nichts.«

Nichts davon beeindruckte Tsung Tsai im geringsten. Er meinte, wir würden in Mund der Westberge auf die Visa warten und uns ausruhen. Und wir würden essen! Er hatte schon wieder Heißhunger und dachte ans Abendessen.

»Heute, Georgie, ich möchte essen Bobo. Wie steht mit dir?«

»Was ist Bobo?«

»Besonderes Essen. Ähnlich Klöße. Gefüllte Knödel. Ich liebe essen. Gut. Gut. Ich habe Appetit.«

»Du bist wie ein Junge in der Hauptwachstumsphase.«

»Ja«, lächelte er. »Alter Mönch wie Junge.«

Nach dem Mittagessen wischten Li Yi und ihre jüngere Schwester den Boden mit Mops auf, die aus zerrissenen Lumpen gemacht waren. Wir saßen an dem kleinen Tisch. Ich las und lauschte der berauschenden Musik von Li Bo und Du Fu, wanderte wieder einmal mit alten Freunden auf gewundenen Pfaden durch jadegrüne Berge – frei im Kiefern-Wind. Tsung Tsai aß einen Apfel und entfernte die Heftklammern, mit denen seinem Visum ein Zusatzvermerk beigeheftet war: »Dies ist ein Touristenvisum. Dem Inhaber dieses Visums ist es nicht gestattet, in China missionarisch tätig zu werden.«

Er zerknüllte das lästige Stück Papier und warf es zu dem Apfelschalen auf den Tisch. Mit dem Fingernagel und dann dem Daumenballen glättete er die Spuren der Heftklammern.

»Hier wir brauchen Freiheit. Große Freiheit«, sagte er. »Also ich ihnen mache Druck. Druck. Druck.«

»Machst du dir ihretwegen Sorgen?«

Tsung Tsai antworte, indem er mir einen Apfel reichte, den er sorgfältig geschält und dann geviertelt hatte.

»Iß Apfel. Gut für Magen. Iß.«

Wie er das sagte, erinnerte er mich an meine Großmutter mütterlicherseits, Bubba Wechsler, die uns im gleichen Tonfall ermutigte, wenn wir ihren süßen Nudelküchle oder ihrer Hühnersuppe zusprachen: »Eßt. Eßt.«

10.

Wisperndes Schilf

*F*rüh am nächsten Morgen warteten wir mit Lin vor seinem Motorradladen auf »Hoher Regierungsmann«. Ein unglaubliches Gewirr von Stromleitungen zerschnitt den Himmel. Jedes Gebäude an der Hauptstraße schien entweder unvollendet oder baufällig, als gäbe es hier keine Entfernung zwischen Neu und Alt, zwischen Solidität und Schutt. Die Straße war gerammelt voll, und jedermann starrte uns an – mit offenem Mund. Niemand hier hatte je zuvor einen Menschen aus dem Westen gesehen. Ein Junge auf einem Fahrrad war so gefangengenommen von meinem Gesicht, daß er geradewegs in den Karren der Apfelfrau fuhr. Sie schimpfte, er lachte – schwang sich wieder auf sein Rad und strampelte davon, immer noch starrend und lachend.

Ich hatte gerade einen der Äpfel von dem Karren aufgegessen; Tsung Tsai hatte ihn für mich ausgesucht. Er ließ mich nie selbst meine Äpfel wählen. »Du keine Ahnung von Äpfeln«, sagte er, was ich nickend und lächelnd bestätigte.

Der Apfel war mehlig. Ich warf den Kern auf die Straße und war gerade dabei, mein Schweizer Armeemesser an meinen Jeans abzuwischen, als Gungun mit einem klapprigen Armeejeep der Serie BJW 200202 vorfuhr. Die hinteren Fenster waren absurderweise mit Spitzengardinen verhängt. Lin öffnete unterwürfig die hintere Tür, und ein dicker Mann mit hochrotem Gesicht stieg aus; aalglatt und behäbig stand er da auf dem Bürgersteig und glättete mit seinen Wurstfingern die Vorderseite seines grauen Anzugs. Eine kleine goldene Anstecknadel mit dem Profil des Vorsitzenden Mao zierte sein Revers. Er roch, als hätte man ihn in Rasierwasser getaucht.

»Dieser Mann ist … wie sagt man …?« – Tsung Tsai schlug sich mit der flachen Hand an die Stirn. »Nicht Bürgermeister … Bürgermeister ist Boß … er Gehilfe … wie sagt man englisch, habe vergessen.«

»Stellvertretender Bürgermeister.«

»Genau. Stellvertretender Bürgermeister. Er kann helfen.«
Tsung Tsai legte mir eine Hand auf die Schulter und stellte mich vor.

»Ich sage ihm, du bist Freund. Und Schriftsteller. Wichtiger Schriftsteller. Sehr bekannt.«

»Hört sich gut an«, entgegnete ich. »Sag ihm, daß ich mich glücklich schätze, hier zu sein.«

Der Stellvertretende Bürgermeister verbeugte sich knapp aber respektvoll und sprach dann mit Tsung Tsai. Dann drehte er sich zu mir um.

»Good morning.«

»Good morning.«

»Er will, daß wir ihn begleiten«, sagte Tsung Tsai. »Ulansuhai besuchen. Ist großer See. Er hat Erholungsort für Besucher dort. Ist Befehl.«

Ich spürte, wie die Haare in meinem Nacken sich aufstellten. »Befehl?«

Ich sah Lin Guoren an, und der nickte. Er verteilte eifrig Zigaretten in der Runde und murmelte dabei »Dui-dui-dui-dui-dui!«, was ich als so etwas wie »Okay, klar, klar, klar, klar« interpretierte.

»Magst du fahren?« fragte Tsung Tsai.

»Aber natürlich, liebend gern«, sagte ich lächelnd und nickte Lin und dem Vizebürgermeister zu.

»Er gibt uns Essen und Coca-Cola.«

»Coca-Cola hört sich toll an. Und auch Visa und Passierscheine?«

»Bald. Glaube ich – kein Problem.«
»Ich bin bereit. Wann?«
»Jetzt. Wir gehen.«

Um halb neun rollten wir aus der Stadt und kurvten auf einem ockerfarbenen Feldweg Richtung Nordnordwest durch niedrige Hügel. Tsung Tsai saß vorn, der Stellvertretende Bürgermeister, Lin Guoren und ich hatten uns Schulter an Schulter, Hüfte an Hüfte auf die Rückbank gequetscht. Gungun, der Sprengmeister, in seiner schwarzen Lederjacke und der Sonnenbrille mit Gummizug, fuhr, wie es seinem Namen und seinem Beruf gebührte – er trat das Gaspedal bis zum Anschlag durch und ließ es dort. Nach einigen Kilometern fuhren wir unter einem Spruchband hindurch, das die Arbeit des Volkes pries und das Ende des Feldweges markierte. Der Jeep schlingerte und stampfte durch Löcher, Wagenspuren und losen Treibsand.

»Georgie«, schrie Tsung Tsai zu mir nach hinten. »Das ist Kraft von Jeep. Er kann fahren Berg rauf, Berg runter, durch Berg.«

»Genau wie du, Tsung Tsai«, rief ich zurück.

Er jauchzte. »Wie du sagst, Georgie. Mönch ist wie Jeep.«

Endlich konnte ich mit ihm lachen, wie ich da gegen den Fahrtwind anzuschreien versuchte, ins Angesicht dieses Augenblicks lachend, in dem ich mit dem zähesten alten Mönch der Zen-Welt in einem vom besten Sprengmeister nördlich des Gelben Flusses gelenkten Jeep durch das Hinterland der Mongolei donnerte.

»Gungun ist guter Fahrer«, jubelte Tsung Tsai.

»Ein wahrer Meister.«

Über eine Stunde lang rasten wir so auf den abenteuerlichsten Wegen durch die Senke zwischen den westlichen und östlichen Ausläufern der Yinshan-Berge. Wir hatten inzwischen die Ebene des Flusses verlassen und befanden uns nun am Rande der Gobi. Der Jeep wirbelte Wolken von Sand und Geröll auf. Schütteres Grasland, ein paar ärmliche Hütten, eine kleine Herde von Schafen und Ziegen und ein einhöckriges Kamel – dann nur noch rohe, flache Wüste, deren Oberfläche von Wanderdünen zu Geröll zermahlen war. Irgendwo hatte ich gelesen, man könne die Dünen in der Nacht wandern hören; Marco Polo hatte gesagt, es höre sich an wie das Marschieren einer Armee. Lin klopfte mir auf die Schulter und zeigte nach vorn. Durch die staubverkrustete Windschutzscheibe war ein grüner Fleck zu erkennen.

»Ulansuhai«, schrie Tsung Tsai.

Der Jeep pflügte einen Abhang hinunter und ratterte dann durch eine grüne Ebene voller Moorweiden und goldener Binsen. Das Schilf teilte sich und gab den Blick frei auf einen See, der sich nach Norden bis an den Horizont erstreckte. Ich hatte nicht erwartet, mitten in der Wüste einen See zu sehen, und schon gar nicht einen so großen. Das jenseitige Ufer war nicht auszumachen. Es war, als blicke man in die Leere hinaus – Wasser und Himmel verschmolzen miteinander. Einige wenige Fischerfamilien stakten in Booten über den See und warfen ihre Netze in langen, graziösen Schwüngen aus. Hier und da gingen Frauen und Kinder gebeugt unter der Last riesiger, unförmiger Schilfbündel.

Wir umrundeten den See bis zu seiner Nordseite und streiften dabei die Dünen, die aus der Gobi über die südliche Rampe der mongolischen Hochebene herabmarschierten. Schwalben schossen aus dem Schilf in den Himmel empor und bildeten ständig sich wandelnde Wolkenformationen. Gungun brachte den Jeep an einem sandigen Wendeplatz zum Stehen. Ich ging zum Ufer des Sees. Klares Wasser leckte um meine Stiefel. Die Hände auf den Hüften, lehnte ich mich zurück und sog tief die süße, feuchte Luft ein. Die Binsen wogten und rauschten. Tsung Tsai kam zu mit herüber; ein huschender Vogel flog auf aus den Gräsern und streifte so nah an meinem Gesicht vorbei, daß ich den Luftzug seines Flügelschlags spürte.

»Vogel fliegt weg. Los!« rief Tsung Tsai. Er klatschte in die Hände und warf dann in einer kraftvollen und zugleich weichen Bewegung einen Arm mit nach oben gekehrter flacher Hand nach vorn. Es war eine wundervolle Geste, halb Tanz, halb Pantomime – reine Freude, die Essenz des Chan. Die gefiederte Welt sang.

Ein kleines Motorboot lag am Ende eines langen, wackligen Stegs vertäut. Der Motor lief bereits und spuckte Abgase in das klare Wasser des Sees. Gungun sprang hinter das Lenkrad. Ich war platt. Wer hatte das Boot hierhergebracht? Wohin war er verschwunden?

»Er hat Leute«, sagte Tsung Tsai.

Ich kletterte zuerst an Bord und sicherte mir einen Platz am Bug.

Gungun wollte Tsung Tsai beim Einsteigen helfen, aber der winkte ab.

»Leicht für mich. Tsung Tsai noch kein alter Mann«, sagte er und sprang so leicht und behende vom Bootsrand an Deck, daß sein Gewicht kaum zu spüren war. Ganz anders war das bei Lin und dem Stellvertretenden Bürgermeister. Als sie einstiegen, schwankte das Boot dermaßen, daß ich, der ich noch am Bug stand, fast über Bord gefallen wäre.

»Georgie, hör auf rumspielen. Setzen.«

Ich setzte mich brav. Gungun grinste verstohlen in sich hinein. Er steuerte das Boot in einem Bogen vom Steg fort. Durch enge Korridore im Schilf kamen wir bald auf die offene Wasserfläche. Gungun schob den Gashebel durch und der Bug hob sich aus dem Wasser. Tsung Tsai lehnte sich mit flatternder Robe in den Fahrtwind, mit einer Hand seine Mütze festhaltend. Lin und der Vizebürgermeister kauerten sich ins Boot und versuchten erfolglos ihre Zigaretten anzuzünden. Es war kurz nach elf. Die Sonne hatte den Dunst weggebrannt und glitzerte in unserem Kielwasser.

Der Erholungsort des Stellvertretenden Bürgermeisters lag am Nordufer des Sees versteckt. Ihn einen »Erholungsort« zu nennen brauchte schon ein gehöriges Stück Phantasie und viel Glauben an die Zukunft – er bestand aus einer Mole und zwei dicht beieinanderstehenden verfallenen mongolischen Palapas, runden jurtenförmigen Hütten aus Beton mit einem Schilfdach. An der Spitze der Mole begrüßten uns ein zwei Meter hoher rosafarbener Betondrache mit purpurroten Flecken und eine Mondrakete aus verrostetem Blech. Rudimente eines Disneyland in der Wüste Gobi. Mir schien, der Vizebürgermeister hatte eine Überdosis Mi Lao Shu, wie Mickymaus in China genannt wird, abbekommen.

Man führte uns an einen Picknicktisch, auf dem Büchsen mit warmer Cola, etliche Packungen Zigaretten und ein großer Haufen Alleszünder-Streichhölzer bereitgestellt waren.

»Du trinkst Georgie. Ich kann nicht. Du kennst mich. Ich habe Zuckerproblem.«

Tsung Tsai behauptete, Zucker verursache bei ihm zu hohen Blutdruck – eine Theorie, von der ich bisher noch nichts gehört hatte.

Ich trank. Lin, Tsung Tsai und der Stellvertretende Bürgermeister verhandelten über unsere Reiseerlaubnis. Sie redeten und redeten, der See glitzerte und ihre Stimmen hallten in meinen Ohren. Die Sonne brannte mir warm ins Gesicht, und ich war wie hypnotisiert von dem pointilistischen Spiel des Lichts und dem nasalen Klang des Mandarin. Tsung Tsai sagte etwas, das ich nicht ganz mitbekam. Er rüttelte an meiner Schulter.

»Georgie. *Georgie!* Schläfst du?«

»Ich träume.«

Er griff nach meinem Handgelenk und preßte seine Finger fest auf meinen Puls. Er schloß die Augen und ließ den Kopf sinken; seine Gesichtszüge entspannten sich, wurden weich und symmetrisch. Dann lächelte er sanft und nickte.

»Du in Ordnung«, sagte er. »Jetzt hör zu. Stellvertretender Bürgermeister will, du findest reiche amerikanische Geschäftsleute, damit investieren in seine Sommerfrische.«

»Teuer. Sehr reich«, sagte der Vizebürgermeister.

»Sag etwas, Georgie«, drängte mich Tsung Tsai. »Sag, was du denkst.«

»Großartige Idee. Fabelhaft.« Ich schleuderte meine Hand in einer pathetischen Geste zum Horizont hinaus. »Alle werden diesen Ort lieben. Es ist ein umwerfend schöner Platz. Die Berge und die Wüste, der hohe Himmel, die Sonne, das wispernde Schilf, Vögel wie fliegende Blätter, der Mond im Wasser, und der Wind, der sich zur Abenddämmerung erhebt.«

Ich breitete die Arme aus, kam richtig in Fahrt.

»Sag ihm, ich werde ihn allen reichen Geschäftsleuten vorstellen, die ich kenne.«

Tsung Tsai übersetzte für den Vizebürgermeister und den Neffen. Sie schienen beide hocherfreut. Gungun lachte.

»Gute Rede«, sagte Tsung Tsai. »Jetzt wir bekommen Visa. Nach Mittagessen. Bestimmt. Morgen wir können losfahren.«

Er war überglücklich.

»Los! Wie Vogel! Wenn ich zu meinem Berg komme, Höhle von meinem Meister, werde ich mit Felsen sprechen, mit Bäumen, Himmel. Ich werde fragen: Wo ist mein Lehrer?«

11.

Das taktische Besäufnis

*I*ch wachte in einer Pfütze von Erbrochenem auf, mit einem entsetzlichen Kater. Fahles Morgenlicht sickerte durch die Scheiben. Die Straßengeräusche dröhnten mir in den Ohren. Pochender Kopfschmerz und ein kreiselndes Zimmer. Am Vorabend hatte ich mich betrunken wie noch nie zuvor in meinem Leben.

Folgendes war geschehen: Wir hatten einen über den anderen Tag auf unsere Visa gewartet; als sie nach einer Woche immer noch nicht gekommen waren, entschlossen Tsung Tsai und der Neffe sich für eine neue Taktik. Inzwischen waren wir in Mund der Westberge zu Berühmtheiten geworden – der Mönch und der Barbar, Kreaturen aus weiter Ferne. Als solche hatten wir den Status von Gästen erlangt, mit denen man sich gern schmückte. An jenem Abend hatte uns Ying Chun, der Oberste Richter des Distrikts, zur Feier des achten Geburtstags seines Sohnes in sein Haus eingeladen.

»Du mußt mit ihm trinken«, sagte Tsung Tsai. »Ihm Gesicht geben. Ist Politik. Verstehst du?«

Ich verstand – inzwischen.

Gungun mußte mich in den Jeep zurücktragen, während ich auf meine Stiefel kotzte. Es war eine von diesen diplomatischen Missionen. Hier war alles Politik: zuerst meine nichtexistenten reichen Geschäftspartner, nun ein Zen-Trunkenbold. Auch dies hatte der Mönch eingefädelt. Im

Dienst der Suche nach den Gebeinen seines Meisters mußte ich mich vergiften lassen. Das Unternehmen erschien mir
in meinem gegenwärtigen Geisteszustand nicht mehr aufregend donquichottisch, sondern nur noch absurd, gefährlich
und verrückt.

Pferdebremsen brummten langsam durch den Raum. Dieses Brummen – keine Kleinigkeit. Ich stöhnte und schloß
die Augen wieder, betete um Schlaf. Doch es half alles nichts.
Für einen Augenblick kam mir der Gedanke, weiterzutrin-
ken könnte die Lösung sein. Doch dann hatte ich wieder
diesen Geschmack im Mund, und er drehte mir den Magen
um.

Gungun hatte uns zum Haus des Richters gefahren, das in
einem Viertel neu ummauerter Familienwohnungen lag. Das
Haus war ein einstöckiger Ziegelbau wie die anderen in
Mund der Westberge, nur größer und moderner. Es hatte einen kleinen gepflasterten Hof, auf dem das blitzende, feuer-
wehrautorote Motorrad des Richters parkte. Hier gab es kein
Scheißhaus, keine Schweine, Hunde oder einen Garten.

Yings Frau Yulan, klein und adrett, schnurrte geradezu,
als sie Tsung Tsai und mich in die gute Stube geleitete. Mit
Schrecken stellte ich fest, daß wir die einzigen Gäste waren.
Ying kam uns entgegen und begrüßte uns; mir schüttelte er
die Hand, Tsung Tsai jedoch nicht. Ying war in den frühen
Dreißigern und sah aus wie ein Mittelgewichtsboxer, kom-
pakt und kraftvoll. Er trug einen nach oben hin flachen Bürstenhaarschnitt, hatte ein pockennarbiges Gesicht und ein
viereckiges Kinn. Wie der Stellvertretende Bürgermeister
trug er eine Mao-Nadel am Revers. Allerdings war seine Jak-
ke, wie die von Gungun, aus schwarzem Leder.

»Dieser Knabe ist Chefrichter«, sagte Tsung Tsai zu mir.
»Er hat gewissen Einfluß. Er hat größtes Motorrad in Mund
der Westberge.«

»Will er eine Spritztour mit mir machen?«

»Mach keine Witze. Er kann nützlich sein.«

Wir hatten Geschenke mitgebracht: einen knisternden neuen Zwanzigdollarschein für den Sohnemann, eine Digitalarmbanduhr mit Pauken und Trompeten für den Richter, und zwanzig Paar Skihandschuhe, die wir für eben solche Gelegenheiten eingekauft hatten. Die Handschuhe waren, wie Tsung Tsai sagte, für »Regierungsleute« bestimmt.

Das kleine Wohnzimmer des Richters war mit Kram vollgestopft. An den Wänden hingen Reproduktionen klassischer chinesischer Gemälde von Bambus und Berglandschaften sowie ein Kalenderblatt mit einem heroischen jungen Mao Zedong auf dem Rücken eines sich aufbäumenden weißen Hengstes. Ein roter Telefonapparat hatte einen Bezug aus weißer Spitze, auf dem Fernseher lag ein Zierdeckchen mit Blumenmuster. Ein Couchtisch stand zwischen zwei übertrieben gepolsterten Sofas mit rotem Samtbezug – *alle* Polstermöbel schienen in diesem Teil der Welt einen roten Bezug zu haben. Auf dem Couchtisch standen Teller mit Süßigkeiten und Nüssen sowie einige Saftgläser.

Tsung Tsai und ich saßen auf einem Sofa, Ying und sein Sohn auf dem anderen. Der Knabe war still und brav – bei *dem* Vater war das wohl auch das klügste. Yulan brachte eine Flasche mit klarem süßem Reiswein und eine weitere mit Ginsenglikör, in der eine perfekte »Menschenwurzel« schwebte. Ying goß ein.

»Besonders. Berühmter Wein. Trink!« sagte Tsung Tsai. »Georgie, du mußt trinken. Ist chinesische Sitte. Gibt dir Gesicht. Ying auch. Halte dich an ihn. Wenn er eins trinkt, du mußt zwei trinken. Schaffst du?«

»Schaffe ich«, entgegnete ich und hob mit einem Trinkspruch von Kipling das Glas:

Schifft mich ein nach östlich Suez,
Wo das Beste dem Schlimmsten gleicht;
Wo keine Zehn Gebote gelten
Und nur der Durst eines Mannes zählt.

Tsung Tsai schüttelte den Kopf. »Sei fröhlich.«

Yulan, die mit ihrer langen Ponyfrisur und dichten schwarzen Wimpern etwas Unterwürfiges und Provokantes zugleich hatte, servierte süßen Kuchen. Mir gefiel der Klang ihrer Stimme – er war sanft und verführerisch. In ihrer Stimme lagen Humor und eine weibliche Großzügigkeit, die schmeichelnd und einladend war.

»Richter, Sie sind ein glücklicher Mann!« prostete ich ihm zu. »Auf Ihre Frau!« Für eine Minute argwöhnte ich, daß der Richter wußte, was ich dachte. Er musterte mich mit geradem, unerschütterlichem Blick. Es lag keinerlei Furcht, kein bißchen Zweifel darin. Er war jung und hart und bedrohlich. Er kannte seine Pflichten und die genaue Ordnung der Dinge – eine Ordnung, in der Ying, zumindest in diesem Teil der Mongolei, ganz nah der Spitze stand. Er war das Gesetz, der Macho. Hier konnte man in einem Schnellgerichtsverfahren für schuldig befunden und gleich darauf mit einem Genickschuß öffentlich hingerichtet werden. Die Angehörigen erhielten dann eine Rechnung – ein Yuan, etwa dreißig Pfennig – zur Begleichung der Kosten für die Kugel. Zu fortgeschrittener Nacht hatte ich ein Bild von ihm im Kopf, wie er auf seinem starken Motorrad durch den Wilden Westen preschte, ein Hanging Judge, der schärfste Hund der Gegend. Irgendwie gefiel er mir. Muß am Schnaps liegen, dachte ich mir.

»Auf den Roy Bean der Mongolei!« prostete ich ihm erneut zu und kippte ein weiteres Glas hinunter. Tsung Tsai sah mich zweifelnd an.

Yings Frau legte mir noch ein Stück Kuchen auf den Teller. Er füllte mein Glas, diesmal mit Ginsenglikör; der war so stark, daß es mir die Schuhe auszog. Den Start hatte ich ganz gut hingekriegt, dachte ich. Aber als ich mit allen meinen Toasts durch war, immer zwei zu eins, auf den Richter, auf seine Frau, ihre Gastfreundschaft, China, das Volk, wieder auf den Richter, seine goldene Mao-Nadel, Deng Xiaoping, seine Frau, seinen Sohn, sein Telefon, sein Motorrad, benahm ich mich ziemlich überdreht, ritt auf einem Pferd und muhte wie eine Kuh, um dem Knaben eine Cowboystory pantomimisch zu untermalen. Ich nannte ihn Mickymaus und sang ein ziemlich schräges »Happy birthday to you, happy birthday Mickymaus, happy birthday to you« für ihn.

Der Raum begann zu schrumpfen, mein Blickfeld verengte sich, und in der Peripherie war alles nur noch sirrende Verschwommenheit. Ich fand mich auf einen Punkt fixiert, etwas Goldglitzerndes, ein glattes Gesicht, ungezeichnet von Sorgen, Problemen oder Zweifeln. Ein Gesicht glatt wie ein Kinderpopo. Ich langte danach und berührte Mao an Yings Revers.

»Hübsche Nadel hast du da, Kumpel.« Es sollte locker klingen, kam aber irgendwie verschwommen und mit einem Unterton von Verachtung heraus.

»Auf das Glück!« lallte ich und kippte ein weiteres Glas.

Ying sah mich schweigend an, eine Minute lang – und lachte dann schallend, wobei er mir die Neige der dritten Flasche eingoß.

»Auf Buddha und Vaterland.« Ich hob mein Glas, putzte auch noch den letzten Schluck weg und fiel in die Couch zurück.

»Meine Freunde«, brachte ich noch heraus.

»Tsung Tsai, ich habe da eine ziemliche Schweinerei angerichtet. Tut mir leid.«

»Letzte Nacht du hast zuviel getrunken. Ziemlich betrunken. Also heute krank. Muß nicht leid tun. Du machst alle glücklich. Du bist jetzt wie Familie; alle lieben dich. Sie werden um dich kümmern. Visa werden bald kommen.«

»Na hoffentlich. Ich glaube nicht, daß ich noch viele solcher Visakampagnen überleben würde.«

»Jetzt du mußt trinken meine Medizin. Besonderer Tee. Und Reissuppe essen. Ausruhen.«

Ich schlief in meinem Sessel ein und wachte erst gegen

Mittag wieder auf. Mein Zimmer war saubergemacht, der Boden aufgewischt, die Wände geschrubbt. Meine vollgereiherte Kleidung und der Schlafsack waren ausgewaschen und hingen zum Trocknen in der Sonne. Li hatte sogar meine Stiefel abgewaschen; jetzt brachte sie sie und kniete sich liebevoll hin, um sie mir überzuziehen; dabei gurrte sie vor sich hin wie ein Mütterchen, das sich um ihren ungezogenen Sohn kümmert.

»Wie fühlst du dich?« fragte Tsung Tsai.

»Ganz in Ordnung. Dein besonderer Tee wirkt wirklich.«

»Natürlich! Meine Medizin wirkt immer. Ich habe Erfahrung.«

»Mit Betrunkenen?«

»Mit jeder Art von Dummheit.«

Nach einem Mittagsmahl von besonders-gut-für-Magen süßem Tofu und Karotten – ich fraß wie ein Pferd und übertraf dieses eine Mal Tsung Tsai, was die Menge angeht – kam Lin mit den neuesten Nachrichten. Es gibt keine Visa, berichtete er knapp und ging gleich wieder, verlegen, wie mir schien, ob dieser Niederlage.

»Sie uns nicht geben heute. Noch nicht. Vielleicht eine Woche. Dann sie uns geben«, sagte Tsung Tsai. Er war sichtlich ärgerlich. »Regierung dumm. Machen uns Schwierigkeiten. Was soll bedeuten?«

»Ach was, Tsung Tsai, machen wir uns darum keine Sorgen. Ich habe keine Lust mehr zu warten. Laß uns fahren. Wir sollten einfach losfahren.«

»Gute Idee. Mein Denken ähnlich. Bißchen Gefahr nicht schlimm. Ich will nicht warten. Wenn wir Polizei sehen, Georgie, du gehst Deckung, versteckst Gesicht. Ich einfach winke: Hallo, Hallo. Ganz freundlich. Heute abend ich bestelle Gungun. Morgen wir fahren nach Mei Le Geng Zhao. Altes Lamakloster nicht kaputt, Leute mir erzählen. Wundabaa.«

»Wirklich wunderbar.«

Sollte es tatsächlich noch existieren, dann wäre Mei Le Geng Zhao das einzige Lamakloster, das nach den Verwüstungen des Großen Sprungs Vorwärts und der Kulturrevolution noch intakt war. Bevor wir die Staaten verlassen hatten, hatte man mir erzählt, sie seien alle zerstört worden. Und mit diesen Neuigkeiten nicht genug. Tsung Tsai hatte auch Gerüchte gehört, daß es im Mei Le Geng Zhao Lama-Kloster einen alten Mönch gebe, der Xu Deng in den letzten Jahren seines Lebens gekannt hatte. Xu Deng hatte das Kloster stets als Rastplatz auf seinem Weg zwischen Pu Ji und seiner Höhle benutzt.

»Mein Lehrer und Lama waren Freunde«, sagte Tsung Tsai. »Sie immer zusammen essen. Und machen bißchen Philosophie-Gespräch.«

Tsung Tsai hoffte in dem Lamakloster irgendwelche Hinweise zu finden, wo Xu Dengs Leichnam versteckt sein könnte; er wollte die Spuren der letzten Jahre seines Meisters zurückverfolgen. Aber ich spürte, daß es ihn auch drängte, seiner eigenen Vergangenheit einen Besuch abzustatten.

»Ich war viele Male dort«, berichtete Tsung Tsai. »Als die großen Lamas noch leben und viele hundert Mönche Zeremonie machen.«

Er breitete die Arme aus.

»Mehr als fünfhundert.«

»Das muß sehr schön gewesen sein.«

»Wundabaa. Große Hörner blasen und ganze Welt wird gereinigt. Makellos.«

12.

Der Schoß des alten Lamas

*I*ch wachte mit dem Gefühl auf, überhaupt nicht geschlafen zu haben. Ich knipste die Taschenlampe an, sah auf meine Uhr und ächzte: es war vier Uhr dreißig. Kalt. Kalte Wände. Kalter Fußboden. Ein schneidender Wind pfiff von Norden herab. Also angelte ich meine lange Unterwäsche und die Socken, angewärmt, aus dem Fußende meines Schlafsacks und zog sie über, bevor ich mich auch nur aufrichtete. Auf der Waschschüssel eine dünne Eisschicht. Mit den Fingern stocherte ich sie auf und tauchte mein Gesicht ins kalte Wasser, bis ich einigermaßen zu mir gekommen war. Dann trat ich an Fenster, wartete auf den Tagesanbruch und darauf, daß Tsung Tsai aufwachen würde. Mein Atem ging weiß. Die Straße lag verlassen. Ein Blitzstrahl in trockenem Rot fuhr durch den dunklen Himmel über den Bergen und verschwand zwischen den letzten sichtbaren Sternen. Kein Donner war zu hören.

Ich hatte Tsung Tsai nicht kommen hören, aber ich spürte, daß er hinter mir stand, und drehte mich um.

»Übung«, sagte er und begann den Raum im Kriechgang zu umwandeln, den Namen Buddhas rezitierend. Er machte eine Runde nach der anderen und sang dabei aus tiefer Kehle.

Ich folgte seinem Beispiel und trottete hinter ihm her. An diesem Morgen klang die Rezitation wie ein Grabgesang. Meine Mutter und bald darauf mein Vater werden sterben;

ich werde sterben; meine Frau und meine über alles geliebte Tochter werden sterben. Und dann wird die Sonne ausbrennen und einer nach dem anderen all die anderen Sterne. Zeit und Alter und Tod drängten sich mir auf. Und diese Traurigkeit, die stets an meine Tür klopft. Dort ist der langsame Weg schnell und der schnelle Weg schnell.

Das Leben ist kurz, Brüder. Drum karget mit der Zeit.

»Hast du Angst vor dem Tod, Georgie?«

»Nicht vor dem Tod, Tsung Tsai, aber vor dem Sterben.«

»Töricht. Sei nicht töricht, Georgie«, sagte Tsung Tsai, ohne sich umzuwenden. Seine Stimme klang amüsiert. »Sitzen oder Gehen. Natürlich und einfach. Nicht zuviel denken. Du immer machst.«

»Ich kann es nicht anhalten. Mein Geist ist nicht ruhig; er wandert ständig.«

»Geist wie Stein ist toter Geist. Mach keine Sorgen.«

Wir gingen: er leergefegt durch Jahre der Übung, die Disziplin, die ich nie besessen hatte; ich von Gedanken heimgesucht. Ich versuchte an meinen Nicht-Geist heranzukommen. Daoismus und das Zen verlangen, daß man zu einem Menschen wird, der eine Quelle wunderbarer Zufälle ist. Es gibt nichts zu wissen. Gar nichts. Es gibt keine Antworten. Und keine Fragen. Keine Fragen und keine Antworten auf keine Fragen. Und hier bin ich, laufe hinter diesem alten Mönch her und mache mir etwas vor mit der Suche nach Wörtern, die alles erklären, es über den gewöhnlichen Staub und Lärm der Welt erheben sollen. Ich konnte mich selbst nicht mehr ausstehen an diesem Morgen, mir war regelrecht übel. Bei der Meditation erging es mir manchmal so.

»Du bist zu verspannt. Mußt üben«, sagte Tsung Tsai. »Dies nennt man ›Reiten auf Pferd‹.« Er demonstrierte die Übung, wobei er einen Arm nach dem anderen aus der Schulter heraus vor- und zurückschwang und dabei in die Knie ging, als reite er auf einem Traber.

Ich versuchte seine fließenden Bewegungen nachzumachen, seine gedankenleere Meisterung der Bewegung, und

fühlte mich nur noch schlechter angesichts meiner selbst-
bewußten Unbeholfenheit.

»Sei locker. Alles muß locker sein. Sanft. Jetzt du. Einhun-
dertmal.«

Nach der gemeinsamen Morgenübung verschwand Tsung
Tsai immer zur sitzenden Meditation in sein Zimmer. Ich
tat es ihm gleich – außer wenn ich es nicht tat, wenn Feig-
heit oder schlichte Langeweile die Oberhand gewannen und
ich mich wieder in meinen warmen Schlafsack kuschelte, mit
Taschenlampe, Tagebuch und Stift. Pünktlich um sieben
kam dann Li Yi in ihren hochhackigen Stiefeln, bereits pi-
cobello geschminkt und aufgeputzt, die fliesenbelegte Treppe heraufgestöckelt; sie brachte uns einen besonderen Tee
und heiße Ziegenmilch. Tsung Tsai trank beide Gläser, seines und meines.

»Du magst nicht trinken?« fragte er, die Augenbrauen in
freudigem Unglauben gehoben.

»Nein.«

»Gut. Ich mache. Ich mag.«

Ich trank heißes Wasser und berichtete ihm, wie schwierig die Meditation für mich sei.

»Es ist so schwer, die Welt aufzugeben.«

Er nickte. »Anhaften sehr stark. Mach keine Sorgen. Wenn
abschweifen, komm einfach zurück. Steh auf. Bißchen gehen. Dann wieder sitzen.«

Ich nickte, als würde ich verstehen, als fände ich seinen
Rat hilfreich; tatsächlich wollte ich nur das Thema wechseln. Ich hatte genug von Unterweisungen, genug vom Versagen. Ich wollte einfach rauskommen aus Xu Dengs
Schrein über dem Motorradladen und endlich losfahren.

»Wann brechen wir auf nach Mei Le Geng Zhao?«

»Nach dem Essen. Sehr schnell.«

Wir verputzten unser Frühstück, eine pikante Mischung
aus Kohl, Karotten und Pfefferschoten, eingewickelt in Fladenbrot. Gungun klopfte an die Tür.

»Das muß Jeep sein. Jeep kommt wirklich!« Tsung Tsai schnellte aus seinem Stuhl hoch.

Ich griff nach meinem Rucksack, dem Notizbuch und der Kamera, und wir gingen hinunter, um das Auto zu bewundern, das Lin für uns aufgetrieben hatte. Es war ein neuer gelbbrauner BJW 200202 – ohne die Spitzengardinen des Stellvertretenden Bürgermeisters. Um acht waren wir unterwegs.

Eine Müllhalde markierte den Übergang von der Hauptstraße von Mund der Westberge zur Fernstraße. Ein Schwein, dem eine Ratte aus dem Maul hing, trottete vorbei. Gungun jagte den Jeep auf die parallel zu den Bahngeleisen nach Osten führende Straße. In der Nähe der Bahnlinie bot alles ein Bild ökologischer Verwüstung: Die Landschaft war von Maschinen zerrissen, von Abfall, rostigen Fässern und auslaufendem Chemiemüll verseucht.

Am späten Vormittag brannte die Sonne gnadenlos. Der gelbe Dunst malte einen weiteren Horizont gegen den blauen Himmel. Auf dem zweiten, dem höheren Horizont glitt ein Wolkenfetzen nach Osten. Das karge Land und die verdorrten Pflanzen waren häßlich, schön, verwunschen.

Als wir in Beiye Wa Halt machten, lag die Temperatur bei elf Grad Celsius. Bevor die Straße, die Beijing mit den entfernten nordwestlichen Provinzen verband, bis hierher vorgedrungen war, war »Weiße-Blume-Stadt« nur eines jener armseligen, aus Lehm gebauten Bauerndörfer gewesen, die über die Ebene nördlich des Flusses verstreut lagen. Nun lag es an der Fernstraße, wuchs wie ein Geschwür – ein schwüler Basar von Rotlichtrestaurants und Läden, Rastplatz für die Fernfahrer, die mit ihren Sattelschleppern auf dem Törn nach Pakistan, Afghanistan, Tadschikistan, Turkmenistan, Usbekistan, Kirgisistan, Kasachstan waren. Es war die Straße der Nomaden. Ich spürte den Sog, der von ihr ausging.

Ich schlug Gungun und dann Tsung Tsai auf die Schulter.

»Das ist einfach toll hier«, rief ich begeistert. »Ich bin so froh.«

»Aber natürlich«, sagte Tsung Tsai mit ausdrucksloser Stimme. Er war schon wieder hungrig und von der Romantik des Ortes wesentlich weniger beeindruckt als ich. »Weiße Blume ist gut für uns, gute Gelegenheit.« Er lachte. »Du kennst mich, Georgie. Ich habe Appetit. Ja«, er rieb sich die Hände, »sehr gut!«

Wir parkten hinter einem Mann, der am Straßenrand Süßkartoffeln in einem alten Ölfaß röstete, kletterten aus dem Jeep und sahen uns nach einem Platz zum Essen um. Es tat gut, sich die Beine zu vertreten, sich dehnen und strecken zu können. Am liebsten wäre ich losgejoggt. Am Bauernmarkt drängten wir uns durch die Menge von Käufern und Verkäufern, die mal in diese, mal in jene Richtung wogte. In einem winzigen verrauchten Zeltrestaurant quetschten wir uns zwischen Bergen von Zwiebeln, Knoblauch, Kartoffeln und Kohl auf winzige Stühle an den einzigen Tisch, der zwischen dem Wasserfaß und einem Haufen trockener Gräser und Zweige zum Feuern des aus einem Ölfaß hergestellten Ofens aufgestellt war. Ein verschrumpeltes altes Mütterchen mit kohlschwarzem Haar kochte und servierte. Wir aßen ein schlichtes Mahl aus Nudeln, gelben Bohnen mit Tofu und sautierten Knoblauchzehen mit scharfen roten Pfefferschoten. Tsung Tsai lehnte den Knoblauch ab.

»Mönch kann nicht essen. Gegen Gelübde. Zuviel Erregung. Aber gut. Georgie, du ißt. Gut für deinen Körper.«

Wir fuhren weiter nach Osten. Fünfundsiebzig Kilometer hinter Weiße-Blume-Stadt bogen wir vom Asphalt ab und holperten zehn Kilometer einen Feldweg mit Schlaglöchern, Felsbrocken und Treibsand entlang, der vor einem rostigen Tor in der mit Stacheldraht bewehrten Mauer einer verlassenen Armeekaserne endete. Ich sah nichts, das auch nur im entferntesten an ein Lamakloster erinnerte.

»Mei Le Geng Zhao. Wirklich, gleich hinter diesem

Ort«, sagte Tsung Tsai. Wie immer war er seiner Sache sicher.

Auf dem Gelände stand, zwischen löchrigen verrosteten Eimern, eine einstöckige Ziegelkaserne, die langsam zu Staub zerfiel. Auch die Erde war bröcklig und verwüstet. Die dünne kristallene Luft schmeckte nach Salz. Dann sah ich es: Hinter der Rückwand des Kasernenhofs, kaum zu sehen durch die Zweige eines kleinen Weidenhains, lugten die Spitzen zweier Stūpas hervor.

Gungun hielt es für notwendig, beim Jeep zu bleiben.

»Er Wache halten. Beschützt uns«, sagte Tsung Tsai.

»Vor wem? Hier ist weit und breit kein Mensch zu sehen. Dieser Ort ist völlig verlassen.«

»Aiii, Georgie, du kennst nicht. Mongolei ist schwierige Gegend.«

Also gingen wir allein. Wir zwängten uns durch ein Loch, das in die rückseitige Mauer der Kasernenanlage gebrochen war, die zugleich die Südmauer des Lamaklosters bildete. Ich hatte das Gefühl, durch das Eingangsloch des Kaninchenbaus in Alices Wunderland gefallen zu sein. Wir fanden uns zwischen zwei großen Stūpas wieder, die den Eingang zu einem riesigen Klosterhof flankierten. Acht nackte Dämonen mit erigiertem Penis waren in das steinerne Fundament jedes Stūpa gehauen, zwei auf jeder Seite.

Am nördlichen Ende des Hofs schmiegte sich der große Tempel gegen den nackten Berghang. Das etwa zwölf Meter hohe Gebäude war aus Sandsteinblöcken gebaut, von Wind und Sand abgeschmirgelt und von der Sonne verwittert, aber intakt. Die acht breiten Fester in der schmucklosen Fassade waren mit Läden verschlossen und von kleinen Vorsprüngen aus Balken und Lehm überschattet. In gewölbten Nischen hoch in den Wänden waren schon stark abgenutzte, aber immer noch kraftvolle Reliefs zu sehen, die Szenen aus dem Leben Buddhas darstellten. Wo die massiven Balken, die das Ziegeldach trugen, über die Mauern vorsprangen, waren kunstvoll feuerspeiende Drachen herausgeschnitzt.

Der ganze Ort hatte die Aura eines verwunschenen Schatzes.

Eine Krähe, die auf dem Kopf eines Drachen saß, krächzte heiser.

»Leute in Mongolei glauben, Krähe sehr klug«, sagte Tsung Tsai. »Krähe hat Macht. Kennt Ursache und Wirkung. Ein Tier kann auch sein wie Gott. Ganz und gar wie Gott.«

Hinter der geschwungenen Linie des Dachfirsts ragte der Krähenzug-Berg auf, dunkle Steintürme, die gen Himmel aufsteilten. Es sah nach einem schwierigen, gefährlichen Aufstieg aus, Kilometer über einen messerscharfen Grat zum nächsten. Wenn es eine leichte Aufstiegsroute gab, dann war sie von hier aus zumindest nicht zu erkennen.

»Erinnerst du dich an den Weg zur Höhle?« fragte ich Tsung Tsai. »Wo ist der Pfad?«

»Ist da irgendwo. Ich erinnere nicht genau. Wir müssen Führer finden. Er kann uns zeigen.«

»Bist du sicher, daß du diesen Aufstieg schaffst? Sieht mir verdammt gefährlich aus.«

»Ich schaffe, Georgie. Ich muß.«

Um mir einen Überblick über die Anlage des Klosters zu verschaffen, kletterte ich über einen Haufen von Schutt und Steinen auf die Ostmauer. Der Klosterkomplex war riesig und erstreckte sich über etwa fünf Morgen Land. Im Schatten liegende Bogengänge öffneten sich in ein Labyrinth kleiner Höfe, leerer Zellen, von Werkstätten und Untertempeln. Ich schaute zurück auf den Haupthof, auf dem sich leicht fünfhundert bis tausend Menschen hätten versammeln können.

Mit Tsung Tsai überquerte ich den großen Hof – Pflastersteine, die über dreihundert Jahre von Füßen abgewetzt und jetzt mit Flecken von kamelhaarfarbenen Flechten gesprenkelt und dürrem Gras durchsetzt waren. Ein Ding, ein dreifüßiges bronzenes Räuchergefäß, mannshoch und von grüner Patina überzogen, bildete das Zentrum des Hofs. Es war gefüllt mit kalter Asche von Jahrhunderten.

Wir erklommen die drei Steinstufen, die am Säulengang entlangführten, und standen vor den schweren Holztüren des Tempels. Sie waren mit Ketten und einem Vorhängeschloß verschlossen. Wir sahen uns um. Ich deutete auf ein Fresko in einer der Nischen des Säulengangs – ein weißbärtiger Bettler stand da vor von Felsen stürzenden Wasserfällen auf seinen Stock gestützt; über ihm am Himmel schwebte eine barbusige Göttin mit schwellenden Formen auf einer Lotoswolke.

»Was ist das?« fragte ich Tsung Tsai und zeigte auf sie.

»Georgie, so etwas du siehst immer zuerst.«

Zwei Schriftzeichen waren mit weißer Tünche auf die Tempeltüren gemalt.

»Und was bedeuten die, Tsung Tsai?«

»Bedeuten Reinheit. Reinheit und Mitleid.«

»Alles verlassen. Hier ist niemand.«

»Da ist jemand«, sagte Tsung Tsai.

Dann sah ich ihn auch, ein staubiger, zerlumpter, drahtiger alter Mann mit ledrigen Wangen kam uns durch den Bogen eines offenen Tors entgegen.

»Gut. Er kommt.«

»Amitofo. Amitofo.« Der alte Mann fiel auf die Knie und berührte Tsung Tsais Schuhe mit der Stirn. Am vergangenen Abend hatte Tsung Tsai seinem Neffen die Bergstiefel geschenkt, die ich ihm in Voraussicht auf den Aufstieg zur Höhle von Xu Deng gekauft hatte. Als mein Blick nun über die Berge streifte, kamen mir Bedenken. Der alte Mann küßte Tsung Tsais Taiji-Sandalen, die er vor der Abfahrt in Woodstock geflickt hatte.

»Amitofo«, sagte Tsung Tsai und half ihm auf die Beine.

»Amitofo. Amitofo«, wiederholte ich.

Sein Name war Bo Ying; er war der Verwalter von Mei Le Geng Zhao. Ja, er würde uns den Buddha zeigen und uns dann zur Einsiedelei von Bae Er, dem alten Lama, führen.

Über seine Schulter rief er jemandem, den wir nicht sehen konnten, etwas zu; dann nahm er die Kette ab und zog die Tempeltüren auf. Mit einer einladenden Geste ging er uns voraus. Die Eingangshalle war mit Schutt übersät; an den Wänden hingen Teppiche in verblichenem Scharlachrot und Blau, mit Mandalas und Texten bestickt.

»Was für ein erstaunlicher Ort«, sagte ich.

»Aber sicher«, entgegnete Tsung Tsai.

Bo Ying zog eine Schriftrolle aus einer Nische neben der Tür. Mit schwungvoller Bewegung entrollte er sie und hielt sie Tsung Tsai vor die Nase, damit der übersetzen konnte. Die Schrift war unbeholfen und kindlich; sie sah aus, wie mit einem Bleistiftstummel geschrieben. Tsung Tsai öffnete eine seiner sicherheitsnadelverschlossenen Taschen und zog seine Brille hervor. Selbst mit seiner bis auf die Augenbrauen herabgezogenen Mütze gab die Brille ihm etwas Gelehrtes. Er ließ den Finger die Seite hinabgleiten und murmelte in sich hinein.

»Schwer zu lesen«, sagte er. »Halb chinesisch, halb mongolisch. Der geschrieben hat, nicht sehr gebildet.« Er übersetzte zögernd und mit langen Pausen.

Mei Le Geng Zhao, zuerst Chi Yua Mei genannt, wurde im Jahr 1705 erbaut, ein halbes Jahrhundert nach dem aus tausend Räumen bestehenden Palast des fünften Dalai Lama, dem Potala, der auf dem Roten Hügel über der tibetischen Hauptstadt Lhasa thront.

Der Buddhismus war im dreizehnten Jahrhundert in die Mongolei gekommen, mit wunderwirkenden Lamas aus Tibet. Sie waren auf der Seidenstraße nach Osten gereist und nach Xanadu gelangt, dem sagenumwobenen Hof von Dschingis Khans Enkel Kublai Khan. Die Legende berichtet, sie hätten dem Großen Khan gesagt, wenn er sich dem Buddhismus zuwendete, würde er ins Nirvāna eingehen, wo es für ihn keine Geburt, kein Alter, keine Krankheit und keinen Tod mehr geben werde. Kublai Khan war kein Narr; er bekehrte sich sofort und begründete eine Tradition, nach der aus jeder Familie ein Sohn in den Mönchsstand eintrat. Hunderte von riesigen, reich ausgestatteten Lamaklöstern waren einst über die Berge und Steppen der Mongolei verstreut.

Andererseits war der Chan-Buddhismus in der Mongolei kaum vertreten, und seine geschichtliche Stellung war nicht mehr als marginal. Es kann durchaus sein, daß Pu Ji das einzige Chan-Kloster nördlich des Gelben Flusses war. Die Gelehrten an den Universitäten Harvard und Columbia, mit denen ich vor unserer Reise Kontakt aufgenommen hatte, wußten nichts von Chan-Klöstern in der Mongolei und waren gespannt, was ich dort herausfinden würde. Außerdem war es praktisch unmöglich, Tsung Tsai auf Daten und Fakten festzunageln.

»Einzelheiten mir egal.«

Nach allem, was ich herausfinden konnte, war Pu Ji zum Zeitpunkt seiner Zerstörung erst einhundert Jahre alt, ein winziger, schmuckloser Ort.

»Besaß Pu Ji je eine Bibliothek?« hatte ich Tsung Tsai gefragt.

»Kleiner. Einige Sūtras. Bißchen Gedichte. Sehr wenig«, entgegnete er. Er tippte sich mit dem Finger an die Stirn. »Meine Bibliothek hier drin. Bester Platz.«

Ein Chan-Tempel wie der Pu Ji war ein Grundausbildungslager für die Rekruten Buddhas, ein Ort, an den man ging, um leer zu werden. Grobe braune Roben, eine nüchterne, ungeheizte Zelle. Armselige Verpflegung. Harte Arbeit. Pflichten. Mühselige, unnachgiebige Übung. Und schließlich, hoch oben auf dem Berg, am Ende eines gefährlichen, mühseligen Aufstiegs, wartete der Meister – ein barfüßiger Besessener, ein flammender Heiliger, ein Buddha – in einer eiskalten Höhle auf die Mönche, um unter vier Augen mit ihnen zu sprechen.

Das Chan war nie so fest im politischen Leben Chinas verankert wie die lamaistische Tradition in den Theokratien der Mongolei und Tibets. Doch Überbleibsel des tibetischen

Buddhismus, der einst auch in der Mongolei geblüht hatte, waren in der Mongolei noch vorhanden – in den leeren Gebäuden und Höfen von Mei Le Geng Zhao, wo einst Butterlampen flackerten und lange Hörner geblasen wurden, wo die Lamas, fünfhundert an der Zahl, die Sūtras rezitiert hatten.

»Der Buddha wurde 1773 fertiggestellt«, las Tsung Tsai. »Sorry, Rest ich kann nicht verstehen. Kindergeschwätz.«

Er händigte Bo Ying die Rolle wieder aus. Ich war verwundert: Wie hatte dieser Ort überleben können?

Tsung Tsai fragte Bo Ying.

»Bo Ying sagt, Armee sie beschützt. Soldaten haben gerettet. Gute Jungs.«

Tsung Tsai stand in Habtachtstellung, streckte den Arm von der Schulter aus gerade vor, Handfläche nach vorn. Er machte einen Soldaten nach, der den Roten Garden Befehle gab.

»Ihr müßt machen halt«, sagte er gebieterisch mit wild entschlossenem Gesicht.

»Aber warum?« fragte ich mich laut. »Ich dachte immer, die Armee und die Roten Garden gehörten zum selben Verein.«

»Warum? Warum? Immer du fragst, warum. Wer weiß? Vielleicht Soldaten waren Buddhisten? Vielleicht Geister sie haben angerührt und sie kannten Furcht? Mei Le Geng Zhao ist. Ist einfach. Das Antwort genug.«

»Schon gut.« Ich hob die Hände. »Keine Fragen mehr.«

Wir folgten Bo Ying durch ein weiteres doppeltes Tor in einen höhlenartigen Raum.

»Buddha-Haus«, sagte Tsung Tsai.

Sonnenstrahlen, die durch Risse im Dach schienen, erleuchteten den Raum. Die Luft war voller Staub. Am hinteren Ende des Raums konnte ich im Zwielicht eine riesige Buddha-Statue ausmachen, etwa zehn Meter hoch, von einem Bambusgerüst gestützt. Der Kopf des Buddha berührte fast die aprikosenfarbenen Balken, die das Dach trugen.

In kleinen Nischen glitzerten tausend kleine goldene Buddhas, vom Boden bis zur Decke.

Der Buddha hatte eine bedenkliche Schieflage, und seine Arme waren abgebröckelt. Er bestand aus Lehm und Holz. Ein unbeholfener Versuch der Restauration hatte ihm zwei rohe tönerne Würste aus den Schultern wachsen lassen. Tsung Tsai warf sich nieder. Ich kniete mich vor dem Buddha in den Schutt, um einen besseren Blickwinkel zu bekommen, aber das wirre Bambusgerüst verstellte mir den Blick. Also kletterte ich über das Gerüst zehn Meter hinauf zu einer Art verfallenem Dachboden. Der Boden war verrottet und mit gut zehn Zentimeter Staub bedeckt. Ich war jetzt so nah an den Dachbalken, daß ich auf allen vieren kriechen mußte.

»Georgie, sei vorsichtig«, rief Tsung Tsai zu mir herauf. »Sehr schmutzig. Auch gefährlich.«

Ich wirbelte kleine Wolken von Löß auf, der, wie ich mir vorstellte, vom Wüstenwind wie Talkum davongetragen worden war. Ich spürte, wie er mir zwischen den Zähnen knirschte. Ich nieste und hustete. Um einen Punkt zu erreichen, von dem aus ich einen unverstellten Blick auf den Buddha hatte, quetschte ich mich auf dem Bauch unter einem Balken durch und erreichte ein Rechteck von Licht, das durch einen zerbrochenen Fensterladen fiel. Jetzt hatte ich ihn vor mir, beschädigt, aber immer noch strahlend. Er hatte dieses rätselhafte Lächeln auf den vollen, geschwungenen Lippen, das sagt: *Ich weiß um alles, und was ich weiß, ist nichts. Gewöhne dich daran.* Ich konnte mich aufrichten und auf ihn hinabsehen. Sein Gesicht war golden; die Augen schimmerten blau.

Die Luft war voller Staub. Ich untersuchte eine Handvoll von dem, was ich für Löß gehalten hatte, und sah, daß es eine Mischung von trockenem Vogel- und Guano-Kot war.

Ich ließ es entsetzt fallen.

»Scheiße!«

Ich spuckte und würgte. In meiner Vorstellung sah ich

fürchterliche Krankheiten und Seuchen – Papageienkrankheit, Tollwut, widerliche Fledermausparasiten, winzige Hakenwürmer, die, während ich noch dort stand, sich schon durch meine Augen und meinen Anus bohrten und wie Sperma in meiner Wirbelsäule emporschwammen, um mir Löcher ins Gehirn zu fressen.

»Tsung Tsai«, rief ich ängstlich. »Ich fresse hier Scheiße. Atme Scheiße.«

»Kein Problem. Ich dir gebe Medizin. Was ist mit Buddha?«

Ich stand hier über dem Wald von Bambusstangen, der die große Statue umgab.

»Aiii, Tsung Tsai. Er ist wunderschön.«

»Natürlich. Keine Frage«, meinte er. »Komm runter, Georgie. Genug. Zu schmutzig. Verehrung hat Grenzen. Heute wir haben keine Zeit.«

»Ich würde den Ort gern noch etwas erkunden.«

»Ich auch. Keine Sorge. Wir können wiederkommen. Heute wir haben seltene Gelegenheit. Wir können alten Lama besuchen. Ihn fragen nach meinem Meister.«

Ich wischte mir das Gesicht ab und klopfte soviel wie möglich von der pudrigen Scheiße aus meiner Kleidung, während wir Bo Ying aus dem Tempel folgten. Er schob ein Tor in der östlichen Mauer auf und geleitete uns durch eine Reihe noch kleinerer Höfe und Gänge. Versteckt hinter einer Barriere von Mauern, Häusern mit verschlossenen Fensterläden und kleineren Tempeln lag eine kleine, aus Steinen errichtete Hütte. Ein dünner Rauchfaden stieg aus einem Ofenrohr. Die Hütte hatte zwei kleine Fenster und eine mit einer Decke verhängte Tür.

»Dies ist Haus von altem Lama. Sehr arm. Elend.«

Bo Ying schob die Decke beiseite, die den Wind davon abhielt, durch die Ritzen in der groben Brettertür zu wehen, die schief in ledernen Angeln hing. Wir traten ein. Am hinteren Ende des Raums saß Bae Er, der alte Lama, auf seinem Kang unter einem staubverkrusteten Fenster. Seine Jacke und seine Hosen waren einmal gelb und kastanienbraun gewesen. Eine für seinen geschrumpften Kopf zu große Fellmütze wurde nur von den Ohren gehalten. Einen Ellbogen hatte er auf ein niedriges Tischchen gestützt, und die Perlen einer Gebetskette glitten langsam durch seine Finger. Ein Teppich und drei Steppdecken standen aufgerollt an der Wand in seinem Rücken. Ein Strahl der Nachmittagssonne, in dem Staubpartikel tanzten, spaltete schräg den Raum und erhellte eine Hälfte seines Gesichts. Der graue Star trübte seine Augen. Als er uns sah, legte er die Hände zusammen und bedeutete uns mit einer Geste, uns zu setzen. Zwei schiefe dreibeinige Hocker standen für uns auf dem Boden zu seinen Füßen bereit.

»Komm, Georgie«, sagte Tsung Tsai. »Ah, herrlich. Sehr besondere Gelegenheit. Bae Er ist Praxis-Lama. Reiner und wundervoller Mönch. Er bleibt hier schon fast vierzig Jahre. Nur hier, dieser Raum. Er verläßt nie.«

»Niemals?«

»Nie. Bae Er immer hier. Er nur singt Sūtras und meditiert. Ganzes Leben. Er über neunzig Jahre alt. Harte Jahre. Schwer. So schwer.«

»Was geschah mit ihm in den schlechten Zeiten, als du losgewandert bist, die Tempel zerstört wurden und die Leute verhungerten?«

»Er ist Mönch, das ist genug. Sie ihn schlagen, aber ihm macht nichts. Wenn sie ihn niederschlagen, er steht wieder auf und segnet sie. Er nur hat Mitgefühl mit ihnen; nur Liebe und Trauer für die Welt.«

Tsung Tsai legte seinen Kopf in den Schoß des alten Lamas. Seine gelbe Mütze war heruntergefallen und lag mit der Öffnung nach oben auf dem Boden. Bae Er sah mit einem fragenden Lächeln auf ihn herab und streichelte seinen Rükken.

Eine alte Frau, die mir erst jetzt auffiel, kauerte vor einem kleinen Eisenofen. Sie blies in die Kohlen, so daß sie rot aufglühten, und legte trockene Zweige nach. Der Kessel auf der Ofenplatte dampfte und summte.

Eine der ersten Lektionen, die ein Chan-Schüler meistern muß, so erinnerte ich mich, ist Wasser zu kochen. Tee zu bereiten. Mit schwarzen, abgebrochenen Fingernägeln kratzte sie Blätter und Stengel aus einem kleinen, bröckligen Teeziegel und kochte sie dann zusammen mit einer Handvoll Salz. Der Tee hatte die Farbe von rötlichem Bernstein und war siedend heiß. Wir wärmten uns die Hände an den Teeschalen und tranken.

Nach der ersten Schale Tee hielten Bae Er und Tsung Tsai sich bei den Händen und begannen sich zu unterhalten. Ich angelte Tsung Tsais Mütze vom Boden, wischte sie ab, legte sie in meinen Schoß, saß dann da, die Ellbogen auf die Knie gestützt, und starrte den alten Lama an. Von Zeit zu Zeit hielt er inne, nickte und winkte mir gütig lächelnd mit vier Fingern zu wie einem Baby in einem Kinderwagen. Seine Augen, vom Star blau gefärbt, blinkten aus den Furchen und Schründen seines Gesichts hervor; sie strahlten eine Unschuld aus, die kein Leiden zu berühren vermochte, weder die Härte dieses Landes noch die Bösartigkeit der Menschen.

Mit einem dampfenden Strahl aus der Tülle des Kessels füllte die Frau meine Teeschale wieder auf. Bae Er flüsterte ihr etwas zu. Sie erhob sich langsam und verließ wortlos den Raum.

»Er weiß nicht, was passiert mit meinem Lehrer«, sagte Tsung Tsai. »Weiß nicht, wo er begraben. Weiß nur, daß er in großen Schwierigkeiten. Weiß, daß er gegangen ist in Reines Land, wie Buddha geworden ist.«

Die alte Frau kam zurück, hielt ehrfürchtig eine Gebetskette in den Händen. Sie kniete sich hin und reichte sie Tsung Tsai. Sie küßte seine Hände, berührte mit der Stirn den Boden zu seinen Füßen.

Tsung Tsai hielt die vom Alter geschwärzten Perlen hoch ins Licht, presste sie dann zuerst an seine Stirn und dann an seine Lippen. Er seufzte.

»Diese gehören meinem Lehrer«, sagte Tsung Tsai. »Sie haben viele Jahre versteckt. Warten, daß jemand zurückkehrt. Jetzt ich bin hier, und er gibt sie mir. Wunderbar.«

Bevor ich noch etwas sagen konnte, drehte Bae Er sich um, beugte sich zu mir herüber und starrte mir in die Augen. Er kicherte. Dann legte er mir für einen Moment die Hände auf die Schultern und begann zu sprechen. Seine Stimme war weich und rauh zugleich, die Worte pfiffen durch seine Zahnlücke. Auf seinen Lippen und in seinen Mundwinkeln hing verkrustetes Blut. Er roch wachsig, süß und sauer, nach Räucherwerk und körperlichem Verfall.

»Du bist erster Mensch aus Westen, den er sieht«, sagte Tsung Tsai. »Aber dieser Lama sagt, er kennt dich.«

»Er kennt mich?«

»Ja. Er sagt, kennt dich aus anderem Leben.«

»Einer früheren Inkarnation? Wann? Wer war ich? Sagt er etwas darüber?«

»Aiii Georgie, immer du fragst dumme Fragen. Fragen aus kleinem Geist. Wie gar nichts. Wie Pipi. Mach nicht kompliziert. Er will dir geben seine Kette.«

»Seine Gebetskette? Warum?«

»Er und du, sagt er, haben tiefe Wurzeln. Sehr tief.«

Ich fühlte mich ziemlich blöd.

»Tsung Tsai, sag ihm …«

»Nichts reden«, unterbrach er mich scharf. »Keine Fragen mehr. Ist dein besonderes Karma. Sehr glücklich für dein Leben.«

Bae Er streckte die Arme aus und öffnete seine Hände. Die Perlen, die in meine Hände fielen, glühten wie Rubine und waren warm. Tsung Tsai und die alte Frau summten in sich hinein. Ich verbeugte mich und küßte die Hände des alten Lamas. Ich hörte, wie sein Atem immer langsamer und flacher ging, und als ich zu ihm aufsah, merkte ich, daß er eingeschlafen war.

13.

Die Ruinen von Pu Ji

*A*ls wir wieder in Mund der Westberge waren, erzählte uns Neffe, daß sich im vergangenen Winter, als Gerüchte über die Rückkehr Tsung Tsais die Runde machten, viele Menschen am Ort des alten Pu-Ji-Tempels versammelt hatten.

»Tausend Leute kommen und machen Zeremonie für meinen Lehrer, für mein Leben«, sagte Tsung Tsai. »Jeder bringt einen Ziegel, einen Stein, einen kleinen Stock. Sie bauen Haus, kleinen Tempel. Wundervoll. So wundervoll.«

Wir wollten zuerst zum Pu Ji fahren und dann in sein Heimatdorf Lanhu, von wo aus wir die Suche nach Xu Dengs Leichnam fortsetzen wollten.

Am Morgen vor der geplanten Abfahrt war ich in übermütiger Stimmung, reiselustig. Wir warteten auf das Dienstmädchen, das uns das Frühstück bringen würde. Tsung Tsai schlurfte in seinen Pantoffeln im Lagerraum auf und ab; sie schlugen einen Vierteltakt auf die Steinfliesen: fi-lip, fi-lop, fi-lip, fi-lop.

Plötzlich blieb er stehen und stocherte mit dem Zeigefinger zwischen uns in die Luft. »Georgie«, sagte er, »du kennst mich noch nicht. Ich habe besondere Kraft.«

»Welche besondere Kraft? Was meinst du?«

»Ich sage nicht alles«, meinte er.

»Manchmal, Tsung Tsai, sagst du gar nichts.«

»Du mußt verstehen: Buddha ist Geist, ganz und gar Geist. Wissen ohne Form.«

»Wissen ohne Wissen.«

»Genau.«

»Tsung Tsai, darf ich dich noch etwas fragen?«

»Du ruhig fragen, Georgie. Alles, was du wissen willst, ich kann antworten.«

»Wie viele Zen-Mönche braucht es, um eine Glühbirne auszuwechseln?«

Er kniff die Augen zusammen und streichelte nachdenklich sein Kinn. »Was soll bedeuten?«

Wir waren gerade mit der Morgenübung fertig. Bienenwachsfarbenes Licht des frühen Morgens lag über den Fenstern des Lagerraums.

»Na ja, eine neue Glühbirne einschrauben, wenn die alte ausgebrannt ist. Das ist ein Witz.«

»Ahh, ich verstehe … wie viele Mönche … ein Witz …« Er nickte, wanderte mit hinter dem Rücken verschränkten Händen auf und ab. »Wie viele … Mönche … Glühbirne … Komische Frage … schwer zu sagen.«

»Zwei«, sagte ich. »Einen, der sie auswechselt, und einen, der sie nicht auswechselt.«

Er schlug sich mit der Handfläche gegen die Stirn.

»Aiii! Sehr starke Antwort! So guter Witz. Echte Philosophie.«

Er machte eine Pause und sah mich dann mit großem Ernst an. »Meine besondere Kraft, Georgie, ist, ich bin noch immer Mönch.«

Gungun half uns, unsere Taschen in den Jeep zu tragen. Neffe tauchte aus seinem Motorradladen auf, um uns auf Wiedersehen zu sagen. Wir hatten keine Ahnung, wie lange wir in Lanhu bleiben würden. Mir war das ganz recht. Ich hatte genug von Mund der Westberge. Ich wollte wieder hinaus auf die Landstraße und das Hinterland erkunden.

Auf der Fernstraße angekommen, fuhr Gungun nach Osten. Die öde Landschaft rollte an uns vorbei. Trotz der Unbequemlichkeit im Jeep döste ich vor mich hin. Ich kam wieder zu mir, als Gungun den Jeep mit Schwung durch ein Tor in einer hohen Mauer lenkte. Wir hielten vor einem Komplex heruntergekommener Hütten.

»Komm, Georgie«, sagte Tsung Tsai.

»Wo sind wir?« fragte ich.

»Regierungsbüros. Ich habe Verabredung.«

Das war das erste Mal, daß ich davon hörte. »Wozu? Mit wem?«

»Erster Sekretär«, entgegnete Tsung Tsai. »Ich muß Regierung sagen, was ich tue. Ihnen erzählen, ich baue neuen Pu Ji. Auch ihnen etwas beibringen. Ist wie Dummkopf unterrichten. Aiii, nicht einfach. Ich sage ihnen, ich komme zurück. Buddhismus kommt zurück.«

»Aber das ist Wahnsinn.« Mir erschien das wie eine absichtliche Provokation, keine gute Idee. »Die könnten uns hier rausschmeißen.«

Er schnaubte verächtlich, drehte sich um, klopfte an die Tür des Büros und trat ein, ohne auf eine Antwort zu warten. Ich holte tief Luft und folgte ihm. Der Raum roch wie ein Aschenbecher. An einer Wand stand ein schmales Bett, über dem eine schäbige rote Decke lag. Der kleine Mann, der hinter einem großen Schreibtisch saß, bedeutete uns, Platz zu nehmen. Der Erste Sekretär war in den Vierzigern, hatte etwas Weiches und bürokratisch Fettes. Geziert hielt er eine Zigarette zwischen Zeigefinger und Mittelfinger. Sein Handgelenk beugte sich auf eine weibische Art, und seine Lippen schürzten sich, wenn er sie zum Mund führte.

Das Gespräch dauerte etwa eine Viertelstunde und schien kühl und feindselig. Es endete ohne Vorankündigung oder Handschlag, als Tsung Tsai abrupt aufstand. »Wir gehen, Georgie.«

Ich blickte über meine Schulter zurück, als wir in den Jeep stiegen. »Hast du ihn um die Genehmigung gebeten, Pu Ji wiederaufzubauen?«

»Nein. Ich bitte sie um gar nichts. Hier wir brauchen Freiheit. Große Freiheit. So ich muß ihnen machen Druck.

Druck. Druck. Druck. Ich sage ihnen einfach so. Ich baue meinen Tempel. Ich tue es. Keine Frage.«

»Was hat er gesagt?«

»Nichts.«

»Nichts?«

»Er dummer Mensch. Fragt, ob ich kenne Dalai Lama.«

»Das ist eine politische Frage. Er ist darauf aus, dir Schwierigkeiten zu machen.«

»Mir ist egal. Politik mir ist egal. Alle Politik nicht gut.«

»Was hast du ihm gesagt?«

»Ich ihm sage Wahrheit. Ich habe Dalai Lama einmal getroffen. Er ist wunderbar, reiner, sehr schöner Mönch.«

Gungun raste die Fernstraße hinunter nach Weiße-Blume-Stadt, wo Tsung Tsai Geschenke für seine Familie in Lanhu kaufen wollte. Wir schlenderten über den Markt, aßen süße Kartoffeln aus Zeitungspapiertüten. In der Vormittagssonne war es seltsam heiß. Die Luft war stickig. Gungun zeigte auf ein Band violetter ausgefranster Wolken, das über die Berge im Norden trieb.

»Sandwind kommt«, sagte Tsung Tsai. »Wir müssen beeilen.«

An einem Fleischerstand hingen kopflose Ziegen über Eimern voller Talg und Knochen; sie waren schwarz von Fliegen. Kinder winkten uns zu mit Därmen, die sie zu unförmigen Ballons aufgeblasen hatten. Ein kleines Mädchen, das einen blinden Jungen an einem um ihr Handgelenk geschlungenen Bindfaden führte, verbeugte sich vor Tsung Tsai und überreichte ihm eine Handvoll Kakipflaumen als Opfergabe. Er küßte sie und den Knaben auf den Kopf.

»Kinder elend«, sagte er.

Saft quoll aus der Kakifrucht, die er mir reichte. »Wachsen Nähe von Beijing. Man ißt so!« Er biß ein Loch in die Haut und saugte das Fruchtfleisch heraus. »Jetzt du probierst.«

Der Saft tropfte mir in den Bart.

»Georgie, du bist wie Baby. Du mußt lernen. Für alles gibt es Technik.«

Er handelte Preise für Orangen, rote Trauben, Datteln und sechs Teeziegel aus. »Tee sehr wichtig für Dörfler. Ein Ziegel reicht viele Monate. Dran riechen.« Er gab mir einen der Ziegel: dunkle Sienafarbe, Blatt und Stengel gepreßt, in Wachspapier eingewickelt. Ich wickelte ihn aus und schnupperte daran. Er roch nach Rauch.

Eine Stunde ostwärts von Weiße-Blume-Stadt bogen wir nach Süden von der Fernstraße ab, fuhren über die Geleise und dann eine Straße auf einem buckligen Deich entlang, der das Land vor dem jährlichen Hochwasser des Gelben Flusses schützte. Vom Deich herab ging es dann auf flaches, ausgedörrtes Flachland. Schafe grasten zwischen Disteln und Buschwerk. Kein Bauernhof, kein Mensch zu sehen. In der Nähe verfallener Grundmauern machten wir Rast, standen an den Jeep gelehnt und aßen Pfannkuchen, die Gunguns Frau für uns gemacht hatte. Eine monoton gelbe Fläche erstreckte sich zu den Bergen hin, die im Dunst flimmerten.

Nebeneinander stehend pinkelten wir alle in einen Graben, mit dem Rücken zum Wind.

»Über solch einen Augenblick habe ich ein Gedicht geschrieben«, sagte ich. »Einige Worte über das Pissen.«

Tsung Tsai war sofort interessiert. »Kannst du aufsagen?« Ich rezitierte:

Den Hügel
Hinab
Und
Mit dem Wind
Im Rücken

»Gutes Gedicht. Wahrer Ratschlag.« Er meinte das völlig ernst.

Dann zeigte er auf etwas. »Besondere Pflanze«, sagte er, sprang über den Graben und riß eine Handvoll verschrumpelter Blätter von einer dürren Pflanze ab. Er zerrieb sie zu Pulver. »Hundsbeere. Medizin. Tee von roten Beeren macht kräftiges Qi.«

Er öffnete die Hand und streute das Pulver in den Wind. Die Luft war in Bewegung geraten. In Wellenbewegungen trieb Sand eine Handbreit hoch über den Boden dahin. Die Berge verschwanden hinter einem gelben Schleier. Hinter uns schlängelte sich eine mannshohe Sandwand über die Straße.

»Was zum Teufel ist das?«

Tsung Tsai wedelte mit den Händen wie ein Fisch mit der Schwanzflosse. »Gelbes Wehen fließt manchmal wie Gelber Fluß.«

Ich lief hinüber und steckte meinen Arm in das Zentrum der Schlange. Der in Stößen pulsierende Wind zerrte an meinen Handschuhen, krallte sich in meine Jacke. Das Innere fühlte sich lebendig und kalt an. Es schien von einer Absicht beseelt. Dunkle Schreckgespenster lebten darin. Sie hatten es auf mich abgesehen. Zu Tode erschreckt, zog ich meinen Arm blitzschnell zurück.

Tsung Tsai legte mir die Hand mit festem Druck auf die Schulter. »Immer neugierig, Georgie. Du beweist dir selbst. Nun du kennst Macht der Hungrigen Geister.«

»Da ist es«, sagte Tsung Tsai mit brüchiger Stimme. »Pu Ji.«

Da war nichts zu sehen.

»Wo denn, ich sehe nichts?«

Tsung Tsai zeigte mit dem Finger.

»Dort.«

Er stand nur da. Sprachlos. Er schien verwirrt. Ins Leere starrend, schirmte er die Augen mit der Hand gegen das blendende Licht ab. Ein ödes Feld, Stromleitungen und Stahlmasten, die den Blick nach Norden störten. Neben einer winzigen Hütte mit einem Dach, das wie Vogelflügel geschwungen war, stand der einzige Baum mit dickem Stamm und reichverzweigter Krone, den ich bisher in der Inneren Mongolei gesehen hatte. Hinter dem Feld in einer Vertiefung, die ich für einen Graben hielt, ein trübes Wasserrinnsal.

»Das ist Sanhu-Fluß«, meinte Tsung Tsai.

»Der ist schmaler, als ich ihn mir vorgestellt hatte.«

»Sehr viel schmaler.«

Wir stapften über das Feld. Der Boden war unfruchtbar, mit Salz überkrustet.

»Soda-Boden«, sagte Tsung Tsai. »Nichts kann wachsen.« Hoffnungslosigkeit lag in seinen Zügen, in seiner Stimme. »Ich traurig … ich traurig, Georgie. So viel Traurigkeit.«

Hier gab es nichts zu sehen, nichts, dem man Verehrung hätte darbringen können. Tsung Tsai strauchelte mit kraftlosen Schritten dahin. Ich faßte ihn am Arm, doch er schüttelte meine Hand ab. Wir erreichten den Baum, und er lehnte sich mit dem Rücken dagegen, wischte sich immer wieder mit dem Handrücken die Augen. Über seine Schulter sah ich einen Mann aus einer Bodenwelle auftauchen wie ein Gespenst; er führte einen hoch mit Zuckerrohr beladenen Esel. Als er uns erblickte, blieb er wie angewurzelt stehen, riß sich die Mütze vom Kopf und fuhr sich mit den Fingern durch die Haare. Dann stürmte er vorwärts, direkt auf Tsung Tsai zu, und warf sich vor ihm nieder. Tsung Tsai half ihm auf die Füße.

»Wang Gueiru«, sagte Tsung Tsai. »Alter Freund. Außerdem guter Buddhist.«

Guter Buddhist, dachte ich kleinmütig – so beschrieb Tsung Tsai fast jedermann. Wenn man nicht gerade Attila der Hunnenkönig war, dann war man ein »guter Buddhist«.

Während Wang auf ihn einredete, wandte sich Tsung Tsai immer wieder zu mir um und nickte bestätigend.

»Dieser Mann kennt Höhle meines Lehrers. Aber niemand geht dort hin. Pfad kaputt. Viel gefährlich. Aber sein vierter Bruder und anderer Mann, Schäfer, sie kennen meinen Berg.

Sie können uns bringen. Herr Wang selbst kann nicht gehen. Zu weit. Zu schwierig für ihn. Er zu alt.«

Herr Wang sah ziemlich zäh aus. Kräftiger als Tsung Tsai. Kräftiger als ich. *Wie* gefährlich mochte der Aufstieg wohl sein? Das gab mir zu denken.

»Zu alt? Wie alt ist Wang denn?«

»Fast siebzig. Ähnlich wie ich. Du machst Sorgen, Georgie. Wang auch. Ich sage ihm, keine Sorgen machen. Du auch. Ich habe mich vorbereitet. Ich sammle viel Energie. Nachts. Bei Tag. Ohne Aufhören. Ich bin Mönch.«

Wang berichtete Tsung Tsai, daß die Parteigläubigen 1960, bald nach seiner Flucht, den Buddha verbrannt und Pu Ji in ein Umerziehungslager umgewandelt hatten. 1966, zu Beginn der Kulturrevolution, hatten die Roten Garden den Tempel dann gesprengt. Sie hatten alles abtransportiert, selbst die Steine, die sie dazu benutzten, neue Häuser für die Parteikader zu bauen. Wang sprach leise – so leise, daß es schien, er fürchtete, irgendwelche schlimmen Kräfte wieder wachzurufen. Fürchterliches Unglück sei über die Familien gekommen, die in den aus dem Schutt von Pu Ji erbauten Häusern gewohnt hatten. Was ihnen widerfahren war, hörte sich geradezu biblisch an: Wolken von Heuschrecken, Herden von Ratten, Krankheiten, die die Menschen dahinsiechen ließen.

»Alle sind geflohen«, sagte Tsung Tsai. »Niemand kann bleiben.«

Um die Hungrigen Geister zu befrieden, hatten manche Leute heimlich Steine zum Ort des alten Tempels zurückgebracht und sie dort vergraben. Sie hatten Räucherwerk verbrannt und Opfer von Wein und Nahrungsmitteln dargebracht. Nichts hatte geholfen.

Wang Gueiru hatte eine frische Weidenrute in den Boden gesteckt. Sie war zu dem Baum herangewachsen, in dessen Schatten wir nun standen.

»Weide«, sagte Tsung Tsai und streichelte den Stamm. Er nickte in Richtung auf die Hütte. »Buddha-Haus. Leute haben gebaut.«

Wang ging voraus, wir folgten ihm hinüber zu dem einsfünfzig auf zwei Meter großen Schrein mit dem Vogelschwingen-Dach; wir traten ein. Der Boden war nackte Erde. Ein Plastik-Buddha mit rosafarbenem Bauch saß auf einem rohen Altar aus Ziegelsteinen; davor ein mit Sand gefülltes Marmeladenglas, in dem die Reste von Räucherstäbchen steckten, eine Packung Streichhölzer, ein alter verschrumpelter Apfel. Ein Schild mit grob gekritzelten Schriftzeichen war an die Wand genagelt.

Ich zeigte darauf. »Was steht da?«

»Rauchen verboten.«

Ein langes Schweigen folgte.

»Georgie, meine Ohren anfangen zu klingeln. Klingeln sehr schlimm.«

»Ruh dich eine Minute aus. Willst du dich hinlegen?«

»Nein, ich bin okay. Hoher Blutdruck. Kommt von Traurigkeit.«

Er hockte sich hin, das Gesicht in die Hände vergraben. Dann sah er zu mir auf, griff eine Handvoll Erde vom Boden.

»Ich komme aus dieser Erde«, sagte er.

Ich berührte ihn sanft an der Schulter. Er schüttelte den Kopf und wich meinem Blick aus.

»Nein, ist falsch. Ganz falsch.«

Ich stand neben ihm und wartete einfach. Ich mußte gegen den Impuls ankämpfen, ihn als ein heruntergekommenes Etwas anzusehen, zusammengesunken und jämmerlich, ein gebrochener alter Mann, der auf den Ruinen seiner Vergangenheit kauerte.

»Georgie, kannst du hören?«

»Nur den Wind.«

»Viel mehr. Stimmen. Viele Geister berühren mich. Geister ähneln Menschen. Mein Lehrer kommt her. Er berührt mich hier«, sagte Tsung Tsai und strich sich mit den Hand über den kahlgeschorenen Kopf.

Gewissermaßen vor Gericht stehend, fühlte ich eine Welle von Schuldgefühlen in mir aufsteigen. Es war nicht sein Leben, sondern meines, das ich da vor mir sah: mit seinem wenig durchdachten Enthusiasmus, seinen endlosen Ausflüchten, Begierden, seinem tiefverwurzelten Egoismus.

Wäre Pu Ji nicht zerstört worden, dann wäre Tsung Tsai jetzt von liebenden Schülern umgeben, eifrigen Studenten, Männern voller Integrität und der Entschlossenheit, den Dharma weiterzutragen. Und was war ihm geblieben? Ein Plastik-Buddha, ein Scheißhaus als Tempel, und ich – ein spiritueller Ignorant, die Parodie eines Schülers.

Eine Welle des Selbsthasses und der Verzweiflung schwappte über mich hinweg. Vor mir hockte ein spiritueller Meister, der mich eingelassen hatte in sein Leben, der mich seinen Freund nannte, »mein bester Freund« – der einzige Mensch, der mich je echtem Begreifen nähergebracht hatte. Wahre Suchende hätten alles gegeben, um an meiner Stelle zu sein. Wie der erste Schüler von Bodhidharma hätten sie ihren rechten Arm abgeschnitten, um ihn von der Ernsthaftigkeit ihres Bemühens zu überzeugen. Mir drehte sich der Magen um. Der Raum drehte sich um mich. Ich wußte nichts mehr zu sagen.

»Es tut mir so leid, Tsung Tsai.«

Er ließ es zu, daß ich ihm auf die Beine half, und wir gingen hinaus. Wang, der in der Nähe wohnte, ging los, um ein kleines Räuchergefäß zu holen, das er aus den Trümmern des Pu Ji gerettet hatte. Wir saßen unter dem Baum, während Krähen über uns im böigen Wind kreisten. Während wir warteten, erzählte mir Tsung Tsai, wie er seinem Meister begegnet war.

»Schreib jetzt, Georgie«, sagte er. »Schreib schnell!«

Er war noch keine sechzehn, als er das erste Mal Gelegenheit hatte, mit Xu Deng zu sprechen. Ich hatte die Geschichte schon einmal gehört, drüben in Woodstock. Aber ich wollte sie wieder hören, an diesem Ort. Und ich wußte, daß Tsung Tsai sie jetzt erzählen mußte. Er war zum Pu Ji gegangen, um den Mönchen Mais als Opfergabe zu bringen.

Schon früher war er zu diesem Kloster gekommen, angezogen von etwas, das, wie er sagte, an seinem Herzen zog. Die Mönche waren so gut wie nie zu sehen, waren ihren täglichen Verrichtungen nachgegangen. Er hatte immer gehofft, einmal einen Blick auf Xu Deng zu erhaschen, doch der war nie dagewesen – Tsung Tsai stellte sich vor, daß er jetzt in seiner Höhle saß, barfüßig durch die Berge wanderte, über die Gobi hinwegflog, über der Hochebene schwebte.

Doch an diesem denkwürdigen Tag, als Tsung Tsai gerade sein Bündel Maiskolben zurücklassen wollte, tauchte plötzlich einer der Mönche – der namens Xi, »Freude« – wie gerufen am Tor auf. Er forderte Tsung Tsai auf, ihm zu folgen, ging mit flüsternd über die Pflastersteine des Innenhofs streichendem Gewand voraus. Xi öffnete die schweren Tempeltüren, ließ Tsung Tsai hinein und bedeutete ihm, sich neben dem Eingang auf den Steinboden zu setzen.

Tsung Tsai schnupperte. »Tempel riecht sehr schön«, sagte er.

Am anderen Ende des Raums saß Xu Deng auf einem Podium. Zwei Reihen von Mönchen hatten sich vor ihm niedergeworfen. Er war groß und schmal, sein Gesicht lang und hager. Schwarzglänzender Schnurr- und Spitzbart. Seine Hakennase und seine hohen Wangenknochen ließen ihn mehr wie einen Mongolen als wie einen Han-Chinesen aussehen. Er hatte mehr von einem Krieger als von einem Mönch.

»Georgie, ich habe solche Angst, ich wage nicht, mich zu bewegen. Mein Lehrer, alle Leute sprechen ehrfürchtig seinen Namen. Sie nennen ihn schon einen Buddha. Sie sagen, er kennt Vergangenheit, Gegenwart und Zukunft. Er weiß, wann er sterben wird. Mir kommt vor, ich ganz von Besinnung. Ich nur zittere.«

»Kannst du dich erinnern, was er gesagt hat?«

»Natürlich. Ich vergesse niemals.«

Tsung Tsai schloß die Augen und sang.

166

Selbstsüchtige Burschen,
Ihr fürchtet den Tod,
Verlangt nach Leben.
Selbst harte Übung
Würde bei euch
Nur wenig helfen.

Für's Bodhisattva-Wirken
Habt ihr nichts übrig,
Vermählt,
Wie ihr ein jeder seid,
Mit Ungemach
Und noch mehr Ungemach,
Das niemals endet.

Bedeckt vom roten Staub,
Müßt ihr im Schmutz der Welt leben.
Ihr Burschen voller Ränke,
Verschanzt, wie ihr jetzt seid,
Hinter Wut und Begierde,
Dummheit, Stolz und Zweifel,
Habt ihr nicht die geringste Chance.

Laßt ab!
Seid in der Welt
Und zugleich außerhalb der Welt.
Begreift urplötzlich
Den vollkommenen Weg.

Handelt!
Entsprecht dem,
Was die Menschen brauchen.
Redet liebevoll, erwerbt euch
Das Verdienst der Tugend.
Des Dao strahlendes Licht
Wandert im Kreis,

Sonne und Mond, sie haben beide
Buddha-Natur.

Erwacht!
Betrachtet, woran ihr
Gehangen habt,
Nichtunterscheidend wie ein Spiegel,
Absolut und ohne Leidenschaft.

Begreift!
Ursache und Wirkung;
Grenzenloses Mitgefühl
Ist wahrlich Macht.
Haltet eure Gelübde ein,
Und seid nicht wie die Hunde.

Seid eins in eurem Wesen.
Vögel fliegen durch die Luft,
Fische springen im Wasser.
Buddha ist Körper und Herz-Geist.

Wie Wind und Wolken,
Blitz und Donner
Plötzlich hell aufleuchten oder
Dunkel und mondlos sind,
Kommt und geht er, unberührt von Zeit;
Erbarmend und völlig unbewegt
Ist er stets hier.

»Als er gesprochen, habe ich meinen Kopf zu Füßen meines
Lehrers gelegt. Ich sage: ›Ich will Mönch werden.‹
  ›Warum?‹, fragt er.
  ›Weil es mir gefällt.‹«
  Tsung Tsai lächelte matt über seine damalige Unschuld.
»Ich war dummer Junge. Sehr jung.«
  »Was hat dein Lehrer gesagt?«

Oben:
Das einzige bekannte Foto von
Xu Deng; brüchig und vergilbt, war es von
Klebeband auf der Rückseite zusammengehal-
ten und fand sich im Besitz von Xu Dengs
Großneffen.

Rechts:
Tsung Tsais Paßfoto, Hongkong,
etwa 1962.

Links:
Tsung Tsais Gemälde
werden in Hongkong
hochgeschätzt und
gesammelt.
(© Dion Ogust)

Unten:
Tsung Tsais Haus und
Tempel in Woodstock.
Er baute sein Haus ganz
langsam, in Stufen,
wohnte in einem
Zimmer, während er die
anderen langsam aus-
baute.

Links:
Der Buddha aus Wood-
stock auf der Buddha-
Kiste, die jetzt als Altar
in Xu Dengs erstem
Schrein im Lagerhaus
über dem Motorradladen
dient.

Unten:
Tsung Tsai mit seiner
älteren Schwester
Li Shu.

Obstverkäufer, lokaler Chic und Morgenverkehr in »Mund der Westberge«. Mund ist der Wilde Westen – eine Grenzstadt, in der sich Ladenbesitzer, Bauern, Spieler, Trunkenbolde, Wahrsager und Nomaden tummeln.

Oben: Der Blick nach Norden über die Dächer von Lanhu auf das Yinshan-Gebirge, das etwa 80 Kilometer entfernt liegt. Der höchste Gipfel ist der Krähenzug-Berg. (Die weiße Kuppel, die links vom Gipfel gerade noch sichtbar ist, ist die chinesische Radarstation.)

Unten: Der Hof von Fangfangs Haus in Lanhu.

Oben:
Gungun, »der beste
Sprengmeister nördlich
des Gelben Flusses«,
unser Fahrer und
Freund. Im Hinter-
grund Fangfang,
Tsung Tsais Nichte;
sie stellte eine Eleganz
zur Schau, mit der sie
sich in Paris, Mailand
oder New York hätte
sehen lassen können.

Links:
Yan Jin, der »junge
Mann« und Flöten-
spieler – einer der
letzten Musiker von
Lanhu.

Oben: Die Buddha-Halle des verlassenen Lamaklosters Mei Le Geng Zhao, das irgendwie der Zerstörung durch die Roten Garden entging.

Unten: Tsung Tsai vor dem verschlossenen Tor der Buddha-Halle. Zwei Schriftzeichen waren mit weißer Tünche auf die Tempeltüren gemalt. »Bedeuten Reinheit. Reinheit und Mitleid«, sagte Tsung Tsai.

Der Buddha von Mei Le Geng Zhao, der 1773 fertiggestellt wurde.

Tsung Tsai schreibt ein Gedicht nieder, das ihm, wie er sagte, im Schlaf zugefallen war.

*Oben: Gungun versucht nach dem Sand-
sturm die Straße wiederzufinden. »Sand
verändert dauernd. Großer Berg kann
kippen, kann flacher Boden werden«,
sagte Tsung Tsai.*

*Rechts: Der Wahrsager von Lanhu, ein
Mongole in einem Lammfellmantel; er
war auf einem Motorrad in die Stadt ein-
gefahren. Unter Verwendung von zwölf
Steinen hatte er ein Orakel geworfen und
herausgefunden, daß der Friedhof von
Kuei verflucht war, von den ruhelosen
Geistern jener, die eines gewaltsamen
Todes gestorben waren.*

Oben: Maumau, ihr Ehemann und ihre Mutter in ihrem Bauernhaus. »Ganzes Leben diese Familie hilft meinem Lehrer. Sehr Gefahr für sie«, sagte Tsung Tsai.
Unten: Tsung Tsai berät Dorfbewohner. »Sie hungrig nach Buddhismus. Sie haben nie vergessen.«

Unten: Su Yin, die Medizinfrau, die Xu Deng gekannt hatte. Kaum sah sie Tsung Tsai, warf sie sich zu Boden und küßte seine Schuhe.

Oben: 1966 wurde der Pu Ji gesprengt. Die Roten Garden karrten alles davon, selbst die Steine. Wang Gueiru hatte einen Weidenzweig in den Boden gesteckt, wo einst der alte Tempel gestanden hatte. Daraus wurde der größte Baum in der inneren Mongolei

Unten: »Eintausend Leute kommen und machen Zeremonie für meinen Lehrer, für mein Leben«, sagte Tsung Tsai. »Jeder bringt einen Ziegel, einen Stein, irgendeinen kleinen Stock. Sie bauen Haus, kleinen Tempel. So wundervoll.«

Gegenüber: Der Krähenzug-Berg.

Links:
Unsere Führer für den Auf-
stieg auf den Krähenfuß-
Berg: Zhao Fo, ein kerniger
und ehrenwerter Mann, und
Vierter Bruder, der Tsung
Tsai den Krähenfuß-Berg
hinabtrug.

Unten:
Ein erschöpfter Tsung Tsai
sitzt endlich wieder in der
Höhle seines Meisters. »Ich
bin zu Hause«, sagte er.

Oben: Tsung Tsai mit seinem Dharma-Bruder aus Hongkong, dem Torhüter des Östliche-Sonne-Chan-Tempels.

Unten links: Tsung Tsai presste die Gebetskette zuerst an seine Stirn, dann an seine Lippen. Er seufzte. »Die haben gehört meinem Lehrer.«

Unten rechts: Der heilige Daoan, Chan-Meister und Einsiedler in Hongkong.

Tsung Tsai vor seinem Haus in Woodstock. »Sie kommen mein Haus«, sagte er. »Ich mache Tee. Und Nudeln. Wir reden Gedichte.«

»›Zu schwer für dich. Geh fort.‹«

»Und, was hast du getan?«

»Ich habe wieder versucht. Viermal ich gehe zu meinem Lehrer. Und viermal er schickt mich wieder weg.«

»Und beim fünften Mal?«

»Er sagt: ›Leben von Mönch ist voller Leid.‹

Ich sage: ›Alles Leben ist so.‹

Er gibt mir Namen Tsung Tsai und rasiert mir Kopf.«

Wang kam zurück. Er übergab Tsung Tsai das Räuchergefäß, das Lotosboot, das zu den letzten Dingen des Pu Ji gehörte, die er vor seiner Flucht vor vielen Jahren gesehen hatte. Tsung Tsai hielt das Boot andächtig, gab es dann an mich weiter und griff Wang bei den Händen. Die beiden unterhielten sich leise. Sie weinten. Das Räuchergefäß war schwer. Ich rieb die Innenseite der bauchigen Öffnung. Schwarzer Ruß überzog meine Finger.

Tsung Tsai wandte sich zu mir um. »Ich sage Wang, zuerst wir müssen finden meinen Lehrer. Gebeine verbrennen. Dann ich kann gehen zur Höhle und kann aufbauen meinen Tempel.«

Die beiden Alten standen da, Hand in Hand. Tsung Tsais Plan schien mehr als donquichottisch. Xu Deng war dahin und unwiederbringlich wie die Steine des Pu Ji. All das war verschwunden. Ich sah auf den salzverkrusteten Boden zu meinen Füßen. Dieser Ort war erledigt. Es war lächerlich zu glauben, er könnte jemals wiederbelebt werden.

Gungun gestikulierte zu uns herüber. Er zeigte auf die Berge – sie waren völlig hinter gelbem Dunst verschwunden. Der Wind war voller Sand, der uns zwischen den Zähnen knirschte; die Luft schien elektrisch aufgeladen. Krähen mit tausendfachem Flügelschlag krächzten wild. Der Himmel wurde dunkelrot, wie eine Schürfwunde. Über die Ebene kam eine gelbe Wand auf uns zu. Gungun schrie etwas. Ich gab Wang das Boot zurück.

»Schnell«, sagte Tsung Tsai. Wir müssen los. Sand kommt.«

Wang führte seinen Esel davon, drehte sich noch einmal zu uns um und beeilte sich dann, nach Hause zu kommen. Wir sprangen in den Jeep, und Gungun gab Gas, so daß die Räder durchdrehten. Ich sah aus dem Rückfenster. Der Platz, an dem der Pu Ji einst gestanden hatte, war in einer gelben Wolke verschwunden.

14.

In Lanhu

*E*ine Stunde südlich von Pu Ji holten uns die Sandteufel ein. Die Straße hob und senkte sich, erschien und verschwand. Es wurde deutlich kälter. Dann brach der Wind los. Explosionen von Kies. Eine zischende, solide Schicht von gelbem Sand zerrte wie wild am Segeltuchdach des Jeeps. Feiner Staub drang uns in die sich rötenden Augen und stechenden Lungen. Gungun hielt sich einen öligen Lappen vor Mund und Nase und lenkte mit einer Hand. Tsung Tsai benutzte seine gelbe Pudelmütze als Atemschutz, und ich bedeckte mein Gesicht mit einem großen bunten Halstuch. Gungun schaltete herunter. Sand scheuerte von unten gegen das Chassis. Mit einem schleifenden Geräusch kamen wir zum Stehen, vom Sturm geschüttelt.

»Wir warten, bis Sturm vorbei.« Ich konnte Tsung Tsai durch das Heulen des Windes kaum hören. »Mußt keine Sorgen machen«, sagte er und sah dabei selbst ziemlich besorgt aus.

»Ich fürchte mich nicht«, schrie ich. »Es gefällt mir. Ich liebe es, wenn die Elemente toben. Ist aufregend.«

Tsung Tsai zwinkerte mir durch die trübe Luft zu. »Furcht und Begehren sehr ähnlich«, schrie er zurück.

»Ja, beide sind zutiefst verführerisch.«

Er lachte und übertönte den Sturm dann mit einem seiner Mönch-durchschneidet-Unwissenheit-Schreie: »Blinder Mann reitet blindes Pferd.«

171

In weniger als einer Stunde war der Spuk vorüber. Der Himmel riß auf, und wir kletterten, in die Sonne blinzelnd, aus dem Jeep. Wir waren schmutzbedeckt. Bei jeder Bewegung quollen Staubwolken aus unserer Kleidung. Ich versuchte meine Brille sauberzuwischen, doch selbst die Enden meines Unterhemds waren schmutzig. Wir waren etwa drei Meter neben der Straße in einer flachen Senke zum Stehen gekommen. Ich nahm einen tiefen Zug aus meiner Wasserflasche, gurgelte, spuckte Dreck und ging dann zum Fahrdamm hinauf, um die Straße in Augenschein zu nehmen. Zu meiner Überraschung war sie blankgefegt.

»Sie ist frei!«

»Wir haben viel Glück«, sagte Tsung Tsai. »Manchmal Wind kann sauberfegen. Ganz wie mit Besen. Sand verändert dauernd. Großer Berg kann kippen, kann flacher Boden werden.«

Der Jeep war bis an die Achsen in weichen Sand eingesunken. Gungun umkreiste ihn, trat gegen die sandeingefaßten Räder und wischte die Sandschicht von der Windschutzscheibe und der Kühlerhaube. Tsung Tsai und ich kletterten wieder in den Jeep, um ihm zusätzliches Gewicht zu geben. Gungun drehte den Zündschlüssel um, und der Motor heulte auf. Mit einer raschen Bewegung, die ich als Alarmsignal für die Ernsthaftigkeit der Situation verstand, nahm Gungun seine Pilotenbrille ab und gab Gas. Die Räder drehten durch, und der Motor wimmerte. Wenn wir uns überhaupt bewegten, dann anscheinend nur abwärts. Die Abenddämmerung war nicht mehr weit, und ich fragte mich, was wir hier draußen in der Mitte von Nirgendwo wohl tun würden. Ich wollte gerade den Vorschlag machen, wir sollten aussteigen und graben, als der Jeep plötzlich einen Satz vorwärts machte, durch den Sand schlingerte und mit einem solchen Schwung auf die Straße hinaufschoß, daß ich dachte, wir würden gleich wieder im Graben auf der anderen Straßenseite landen. Doch Gungun trat die Kupplung und riß die Handbremse hoch. Der Jeep schleuderte und kam sandrieselnd in Fahrtrichtung auf der Straße zum Stehen. Gungun drehte sich in seinem Sitz zu mir um, sein Sprengmeistergesicht ausnahmsweise einmal ohne die verspiegelte Sonnenbrille nur Zentimeter vor meinem, die schwarzen Augen funkelnd.

»No problem«, sagte er und überraschte mich mit seinem Englisch. Sein Atem roch nach Knoblauch und Golden-Monkey-Zigaretten.

»Cool man«, sagte ich.

Er zuckte mit den Schultern, drehte sich wieder nach vorn, setzte sich seine Pilotenbrille auf, trat die Kupplung durch und rammte den Gang hinein.

»Sehr wundabaa«, sagte Tsung Tsai. Situation so gut. Wir haben viel Glück. Mein Lehrer beschützt uns.«

Gungun hatte einen Unterarm lässig auf das Steuerrad gelegt und schoß über die blankgefegte Waschbrettstraße auf dem Deich dahin.

»Wie weit ist es bis Lanhu?« fragte ich.

»Nicht Rede wert. Kurze Zeit, weniger als eine Stunde.«

Es war eine zermürbende Zweistundenfahrt. Die Straße war an manchen Stellen so tief ausgewaschen, daß wir vom Fahrdamm hinunter in die Überflutungsmarschen ausweichen mußten. Der Wind bespuckte uns in Böen mit Steinen. Pudriger Sand trieb über die Windschutzscheibe. Die Temperatur sank noch mehr. Die Heizung spuckte Wolken von feinem Staub, aber sie funktionierte wenigstens so gut, daß wir nicht froren. Todmüde und blaß nickte Tsung Tsai im Beifahrersitz vor sich hin; immer wieder kippte sein Kopf auf seine Brust herab. Die Scheibenwischer quietschten durch den Dreck auf der Scheibe; er fuhr hoch und hustete.

»Nicht leicht«, sagte er. »Gelber Wind hat mich erwischt. Aiii, Georgie, ich nicht mehr der Jüngste. Ich mag nicht mehr weit weg fahren. Weit weg für mich sehr anstrengend.« Er hustete und sackte wieder weg in den Schlaf.

Es war schon fast dunkel, als wir in Lanhu ankamen, dessen Mauern geisterhaft gegen den blauschwarzen Himmel standen. Wir holperten durch schmale, gewundene Gassen. Die Umrisse des Dorfes verschmolzen mit der Nacht. Der Jeep hielt mit einem Ruck, und Tsung Tsai öffnete, die Bewegung fortsetzend, die Wagentür und sprang hinaus. Kein Mensch war zu sehen. Das einzige Lebenszeichen war Kerzenschein in einigen Fensteröffnungen, hinter denen jedoch keine Bewegung, kein Schatten zu sehen war. Der Wind fetzte durch die schütteren Hofweiden und Stangenpferche, und wirbelte dann ins Freie, hinab zum Fluß.

Ein Hofhund zerrte knurrend und geifernd an seiner Kette. Tsung Tsai beachtete ihn nicht. Er sagte etwas zu Gungun, der daraufhin zu einem der nahen Häuser hinüberging. Tsung Tsai drehte sich um zu mir, sein Gesichtsausdruck so weich und traurig wie seine Stimme.

»Sehr seltsam«, sagte er. »Anders. Ganz anders. Häuser fallen ein. Welt ändert sich. Meine Eltern verlassen diese Welt. Meine Brüder, Schwester, die meisten meiner Freunde sterben, einer nach anderem. Ich kann sie nicht wiedersehen, und ich muß weinen. Zwischen Geburt und Tod, Georgie, kann man Leiden nicht vermeiden.«

Mit unsicheren Schritten stolperte er in die Nacht, die sich mit aufrollendem Sternenhimmel über uns senkte. Ich folgte ihm.

»Warte Augenblick. Pssst, Georgie. Still. Still. Meine Mutter hält Ausschau nach mir. Ich fühle sie.«

Eine junge Frau kam aus der Richtung gerannt, in die Gungun verschwunden war. Sie hielt einen Handrücken gegen die Stirn gepresst und gab freudig gurrende Laute von sich. Dann trat sie zwischen Tsung Tsai und mich, hakte uns beide unter und führte uns in ein Haus, das nach Rauch und Sesamöl roch. Drinnen brannten Kerzen, und in ihrem flackernden Licht konnte ich sie mir zum ersten Mal richtig ansehen. Kurzgeschnittenes volles Haar mit einigen roten Strähnen rahmte ihr Gesicht ein. Die hohen Backenknochen verrieten mongolisches Blut. Sie trug ein dunkelgrünkariertes Männerjackett mit großen weißen, perlmutterglänzenden Knöpfen. Die Ärmel waren umgeschlagen, und in der Taille wurde die Jacke von einem harnischartigen Gürtel zusammengeschnürt. Ein schwarzer Spitzenschal war fesch um ihren Hals geknüpft. Einmal abgesehen von ihren schwieligen Händen, in deren Ritzen und Falten dunkle Erde eingebrannt schien, ihren schwarzen, abgebrochenen Fingernägeln und ihren dungverkrusteten Stiefeln stellte sie eine Eleganz zur Schau, mit der sie sich in Paris, Mailand oder New York hätte sehen lassen können.

»Meine Nichte Fangfang«, sagte Tsung Tsai.

Ich streckte ihr meine Hand entgegen: »Schön, Sie kennenzulernen.«

Sie starrte auf meine ausgestreckte Hand und wußte für einen Moment nicht, was sie damit anfangen sollte. Doch dann ergriff sie sie und hielt sie ganz behutsam. »Sehr glücklich über Ihr Kommen«, sagte sie stockend. Ihr Lächeln – von einem Vorderzahn war ein Stück abgebrochen – war offen und freundlich. Dann wandte sie sich Tsung Tsai zu, klopfte seine Robe ab und bemutterte ihn mit feuchten Augenwinkeln.

Sie plazierte Tsung Tsai gleich neben dem Kohlenofen auf einem Kang, der die Hälfte des Raumes einnahm. Ich saß ihm gegenüber auf der Couch, einem wiederverwendeten Lastwagensitz, der mit rotem Brokat bezogen worden war. Fangfang servierte Tee. Tsung Tsai hob den dampfenden Teebecher an seine Nase und atmete tief ein. Gungun brachte meinen Rucksack, meinen Schlafsack und Tsung Tsais Aktentasche herein und stellte alles am äußersten Ende der Schlafplattform ab, neben Rollen von abgewetzten Teppichen, dünnen mit Kapok gefüllten Schlafmatten und Stapeln von zusammengefalteten Steppdecken. Er sagte etwas zu Tsung Tsai, warf mir mit zwei Fingern einen lässigen Gruß zu und verschwand.

»Gungun hat Familie in Lanhu«, sagte Tsung Tsai. »Er schläft in ihrem Haus.«

Fangfang warf einen Brocken Kohle in den Ofen, füllte unsere Teebecher nach und machte sich dann eilig daran, uns eine Mahlzeit zu bereiten.

»Ihre Mama kann nicht guten Tag sagen«, berichtete Tsung Tsai. »Sie ist in Krankenhaus von Baotou. Ist von Wagen gefallen. Nun sie hat bißchen Schwierigkeiten. Rücken und Nieren. Problem mit Wasserlassen.«

Fangfangs Vater – ich glaube, er war Neffes Bruder, habe die Familienbeziehungen aber nie so recht durchschaut – war bei ihrer Mutter. Es war ungewiß, wann sie zurückkehren würden.

»Georgie, bring meine Aktentasche«, sagte Tsung Tsai, von krampfartigem Husten geschüttelt. Die Aktentasche war seine Hausapotheke. Neben seiner Lesebrille, einem Buch mit Therapieanleitungen und einem Schreibblock zum Schreiben von Rezepten enthielt sie alle möglichen Heilmittel. Bevor wir nach China aufgebrochen waren, hatte ich sämtliche der Medizin bekannten Impfungen erhalten. Tsung Tsai hatte alle Spritzen zurückgewiesen. Statt dessen hatte er ein beeindruckendes Arsenal von Pillen und Kräutertees aus Pflanzen hergestellt, die er in einer dunklen, rätselhaft duftenden chinesischen Apotheke in Lower Manhattan gekauft hatte.

Er öffnete die Aktentasche, schüttete sich aus einem Fläschchen etwa ein Dutzend winzige runde Pillen in die Handfläche, kaute sie und spülte sie mit einer Tasse brühendheißem Wasser hinunter. Sein Husten beruhigte sich und damit auch mein Gemüt.

Ich ging leise in die Küche, wo Fangfang am Herd stand, einer soliden Betonplatte, die sich an der Nordwand entlangzog und deren Oberfläche mit weißen Kacheln ausgelegt war, welche im Kerzenlicht wie dunkles Elfenbein glänzten. In zwei runden Löchern der Herdplatte standen zwei große schwarzen Eisenwoks, in denen Fangfang mit zwei langen metallenen Kochlöffeln rührte. Die Löffel klapperten gegeneinander und gegen die Wände der Woks, in denen sie Gemüse mit raschen Bewegungen um und um wendete. Der Herd wurde über eine niedrige zentrale Öffnung befeuert. Die Flammen der brennenden Holzscheite und Zweige leckten zwischen den Woks empor, die die Kochöffnungen dicht abschlossen. Der Rauch wurde seitlich aus der Küche heraus in den Bauch des Kang geleitet. An einer Wand der Küche standen drei über einen Meter hohe tönerne Wasserkrüge. Fangfang muß meine Anwesenheit gespürt haben, denn sie drehte sich um und scheuchte mich aus der Küche, wobei sie lachend drohte, mir die Kochlöffel über den Schädel zu ziehen.

Tsung Tsai und ich saßen nahe der Wand zur Küche auf dem Kang, wo er am wärmsten war, und aßen mit rotlackierten Eßstäbchen Ingwernudeln, Zwiebeln und Kartoffeln aus blauen Eßschalen mit einer Krakeleeglasur. Außerdem gab es eingelegten Kohl und Tausend-Schichten-Brot. Ich hatte einen Bärenhunger. Nachdem ich die Nudel eingeatmet hatte, belegte ich einen Pfannkuchen mit dem scharfen Kohl, rollte das Ganze zusammen wie eine Tortilla und aß es aus der Hand.

Fangfang füllte unsere leeren Schalen mit heißem Wasser. Tsung Tsai lehnte sich mit der dampfenden Schale in der Hand wohlig zurück und strich sich über den von einem reichlichen Mahl gefüllten Bauch. Er war in bester Laune.

»Dorfleben sooo gut – natürlich, schmutzig, alles.«

Ich sah auf meine Armbanduhr. Es war gerade neun, aber ich hatte das Gefühl, daß es bereits drei Uhr nachts war. Fangfang nahm Tsung Tsais gelbe Pudelmütze an sich, um sie zu waschen, und so wickelte Tsung Tsai sich einen Lappen wie ein Turban um den Kopf, als er zum Pinkeln hinaus an den Graben ging.

»Nennt mich den Handtuch-Mönch«, sagte er und tänzelte zur Tür.

Fangfang brachte uns emaillierte Blechschüsseln, ein Stück brauner Seife, ein zerlumptes Handtuch und eine Thermoskanne mit Wasser, das bereits zu weit abgekühlt war, um zum Teebereiten oder zum Trinken geeignet zu sein. Während Tsung Tsai noch draußen am Graben war, goß Fangfang mir mit schnalzenden Zungengeräuschen heißes Wasser über Hände und Füße, die im Kerzenlicht blaß und knochig aussahen. Ich weiß nicht mehr, ob ich Luft zwischen den Zähnen einsog oder einfach nur seufzte.

Sie zuckte zurück. »Heiß?«

Ich schüttelte den Kopf. Als sie fertig war, schlüpfte ich in meine Stiefel und ging zum Pissen hinaus zu den Schweinen.

Wir sollten offenbar alle zusammen auf dem Kang schlafen, jeder in seiner langen Unterwäsche, Tsung Tsai in der Mitte, ich und Fangfang zu beiden Seiten. Sie rollte die von einem wirren Päonienmuster in rot und blau gezierten Teppiche aus, die dünnen Schlafmatten und die dicken, baumwollgefüllten Steppdecken. Ich entrollte meinen Schlafsack, legte ihn über die diversen Lagen, ein angenehmes Polster, und schlüpfte hinein.

Ich hörte mich lachen: »Kennst du den über die Tochter des Farmers?«

»Sei still, Georgie«, sagte Tsung Tsai.

Tsung Tsai schlief. Ich konnte nicht einschlafen. Um drei pellte ich mich aus meinem Schlafsack, zog meine Stiefel über und ging, in der Unterwäsche unter meinem Parka, in den Hof und durch das eiserne Tor hinaus. Es war so kalt, daß mir die Zähne schmerzten. Der Wind schnitt durch meinen Parka. Ich ging zu der Stelle, an der Tsung Tsai gesagt hatte, seine Mama halte Ausschau nach ihm. Ich scharrte mit meinem Stiefel im Dreck. Ob meine Mutter wohl inzwischen gestorben war? Ob sie Ausschau hielt nach mir? Ich war kurz vor unserer Abreise nach China noch nach Arizona geflogen, um sie zu sehen. Ein Herzschrittmacher klickte in ihrer Brust, ihre Herzklappen leckten, ihre Nieren versagten langsam, und ihre Lungen füllten sich mit der Flüssigkeit, die sie am Ende ersticken würde.

Abgesehen vom Wind herrschte totale Stille. Selbst der Hund, dieser wachsame Köter, schlief. Die Frostkruste auf dem Boden leuchtete bläulich. Die Sterne blinkten fett. Ich wußte nicht mehr, wo ich war oder was noch kommen sollte. Ich war unfähig, mich zu bewegen.

Ich muß länger dort gestanden haben, als mir bewußt war, denn Fangfang kam heraus, um nach mir zu sehen. Sie tauchte aus der Dunkelheit auf, ihre Jacke über die Schultern geworfen.

»Okay?« fragte sie sanft.

Ich sah sie an, brachte kein Wort heraus, zitternd vor Kälte.

»Zu kalt«, sagte sie, und hakte sich bei mir ein. Sie führte mich zurück zum Haus. Sie hielt meinen Arm an ihre Seite gedrückt, und durch ihre Jacke spürte ich die weiche Rundung ihrer Brust.

Fangfang ging wieder auf ihren Platz auf ihrer Seite des Kang. Tsung Tsai hustete im Schlaf. Als er wieder still war, hörte ich ihren sanften Atem.

Wir tranken einen Nachfrühstückstee. Die Stimmung der letzten Nacht ließ mich nicht los. Es war nicht meine sterbende Mutter – es war Fangfang. Ich war in Not. Wie gern hätte ich mich hinter den Schuppen geschlichen, ihren Kopf zurückgebogen und erkundet, wie es sich anfühlte, wenn ihre Zunge gegen ihren abgebrochenen Zahn stieß. Ich kritzelte wollüstige Kreise an den Rand einer Tagebuchseite, neben etwas, das ich vor einigen Monaten geschrieben hatte, als Tsung Tsai mich ansprach.

»Georgie, was schreibst du? Lies vor.«

Begehren und Ehrlichkeit beiseite lassend, las ich die Notiz für ihn.

Ich hörte, der Kopf des Terroristen,
Der mit Plastiksprengstoff
Im Aktenkoffer auf seinem Schoß

Sich selbst in die Luft gesprengt hatte,
Sowie einen Bus
Und einundzwanzig Menschen,
Sei jenseits des Platzes
Auf dem Dach eines dreistöckigen Gebäudes
Gefunden worden.
Ich erinnerte mich auch,
Irgendwo gelesen zu haben,
Daß ein in einem Streich
Abgetrennter Kopf,
Wenngleich stumm,
Doch hören kann,
Sehen und denken,
Noch für vielleicht
Drei Minuten oder so.
Und dann, natürlich,
Mit einem heißen Aufwallen
Von Faszination und Schrecken,
Wurde sein Kopf,
Dieser Kopf,
Zu meinem.

»Schreib jetzt auf«, befahl Tsung Tsai. »Jetzt wir können reden über Leiden. Schreib!«

Er lief vor dem Kang auf und ab.

»Die Japaner kommen nach China und töten chinesische Menschen. Ich kann Trauer nicht Worte geben. Sie töten meine beiden Brüder, auch Sohn meines Bruders, noch ein Baby. Ich zeige dir.«

Pantomimisch machte er vor, daß ein Draht um seinen Hals gewickelt wurde, wie die Japaner es bei seiner Familie getan hatten. Sein Gesicht wurde rot und schwoll an. Er würgte.

»Hier haben sie Draht geschlungen«, fuhr er fort. »Sie binden zusammen. Dann japanische Soldaten verbrennen meine Familie. Verbrennen. Verbrennen sie.«

Er hatte aufgehört zu atmen.

»Meine Mama sagt mir, ich soll weglaufen. Ich verstecke mich in Sandgebirge, als die Soldaten meine Mutter umbringen. Sie kippen Gift auf sie. Blut meiner Mama wird heiß und blau. Ihre Zunge und ihre Augen kochen. Sie muß schreien.«

Er atmete aus.

»Japaner. Japanische Soldaten tun es. Japaner«, brachte er beinahe zischend heraus.

Da war etwas in seiner Stimme, eine Schärfe, die ich bei ihm nie zuvor gehört hatte. Vielleicht Haß.

»Schwer zu vergeben?«

»Ja. Sehr schwer für mich. Karma manchmal ist so.«

Ich ließ Tsung Tsai in seinem Leiden zurück und kletterte die Leiter zum Dach des Hauses von Fangfang hinauf. Richtung Süden konnte ich das breite Band des Gelben Flusses sehen, etwa vier Kilometer vom Dorf entfernt. Da seine überfrorene gelbe Oberfläche so sehr der Landschaft glich, durch die er floß, hatte ich den Fluß zuerst für festes Land gehalten. Jenseits des Flusses wogte ein Zug hoher Dünen gen Süden. Dort mußte Tsung Tsai sich versteckt haben, als die japanische Invasion im Jahr 1938 von der Mandschurei bis nach Lanhu vordrang. Dort hatte er um seinen Vater getrauert, und dort hatte er sich in einem Loch verkrochen, nachdem er am ersten Tag nach seiner Flucht aus dem Pu Ji den Fluß durchschwommen hatte.

Lanhu, so wußte ich aus meinen Karten, war auf der Ebene über der nördlichsten Schlaufe des Flusses erbaut worden, dort, wo er die nördliche Flanke der Ordos-Wüste markierte. Aufgrund der jährlichen Überflutungen waren die niedrigen Lehmufer des Flusses ausgewaschen worden und hatten sich verlagert. 1925, in Tsung Tsais Geburtsjahr, bahnte der Fluß sich weniger als einen Kilometer von Lanhu entfernt seinen Weg, und Herden von Gazellen und berittene Räuberbanden streiften über die Ebene. Der Visionär und Dichter Mao Zedong war damals zweiunddreißig Jahre alt.

»Damals kommen viele Räuber in mein Lanhu«, hatte Tsung Tsai mir erzählt. »Sie nehmen Geld. Nehmen Essen. Nehmen Mädchen. Wenn du etwas hast, sie nehmen. Meine Familie muß kämpfen.« Er schwieg eine Weile. »Menschenwesen sehr elend.«

Ich sah nach Norden, wo der Pu Ji gelegen hatte, und auf die Wand der Yinshan-Berge. Wulashan, der höchste Gipfel, ragte über die Bergsilhouette hinaus wie eine Fingerspitze. Ich versuchte Xu Dengs Höhle auszumachen, die irgendwo unter dem Gipfel verborgen sein mußte. In einer Kerbe westlich des Gipfels war gerade noch die weiße Kuppel der Radarstation zu erkennen. Dort hinaufzuklettern war nicht nur verboten, es schien einfach unmöglich. Ich drehte mich um und sah wieder über den Fluß hinweg in die Ordos-Wüste hinaus, wo Tsung Tsai so felsenfest die Gebeine seines Meisters zu finden glaubte. Zweifel stiegen auf: der Leichnam, die Höhle, unser Buch – es schien alles so unwahrscheinlich, die Gralssuche eines Narren, die einzig wahre Art der Suche, die einzige, die zu verfolgen sich lohnte.

Fangfang kam aus der Eingangstür und ging schräg über den Hof. Ihr Haar glänzte in der Sonne. Aus einem strohgedeckten Schuppen, der sich an die Rückwand des Nachbarhauses lehnte, holte sie zwei hölzerne Eimer, die an den beiden Enden einer langen Stange hingen. Sie schwenkte die Stange so um sich herum, daß deren Mitte genau an ihrem Nacken anlag und sie auf ihren schmalen Schultern ruhte. Dann ging sie durch den Hof und öffnete das Tor. Ihre schwarzen Lederstiefel waren an den Hacken abgetragen, verschlissen und von Dung verkrustet. Die chinesischen Frauen schienen auf Schuhe fixiert zu sein. Sie konnten ansonsten die langweiligsten ausgebeulten Jacken und Hosen anhaben, aber an den Füßen trugen sie hohe Absätze, auf denen sie so anmutig es eben ging über das abenteuerlichste Gelände trippelten. Ich fragte mich, ob diese Besessenheit von Schuhen von dem Einbinden der Füße herkam, mit dem die Chinesen früher die »Lilienfüße« und jenen Trippelgang erzeugt hatten, den die chinesischen Männer so erotisch finden.

Lanhu sah aus und fühlte sich an wie eine Geisterstadt. An jenem Morgen waren die Straßen leer, bis auf eine alte Frau, deren Kopf und Beine wie bei einer Mumie mit Lumpen umwickelt waren, und einen kleinen Jungen auf einem Fahrrad. Ich sah mehr Schweine als Menschen. Tsung Tsai kam aus dem Haus und setzte sich auf der offenen Veranda in die Sonne.

»Wo sind sie nur alle?« rief ich zu ihm hinunter. »Die Straßen sind leergefegt.«

Tsung Tsai zuckte mit den Schultern. »Leben hier sehr arm. Hart. Sie müssen arbeiten.«

Er schlug sein zerfleddertes Buch der Kräuter und Heilmittel auf. Ich blickte über Lanhu. Der Ort sah mittelalterlich aus: auf den Dächern überall Wälle und Befestigungsanlagen aus Mais, Sonnenblumenstengeln, Strauchwerk, Zuckerrohr und Ästen; die Gassen und Höfe waren mit Heu und Stroh verbarrikadiert.

Nach Norden, zur Straße hin, standen Strommasten verloren in den brachliegenden Feldern, aber schon seit über einem Jahr war der Strom abgestellt.

»Viele Menschen haben kein Geld für Strom«, hatte Tsung Tsai mir erzählt. »Kann nur einer nicht bezahlen, sie sperren Strom für ganzes Dorf.«

Dennoch schmückte sich fast jedes Haus optimistisch mit einer Fernsehantenne, phantastischen Konstruktionen aus Bambusstangen, Schrott und Draht.

Unten im Hof schlug Tsung Tsai eine Seite um und tippte mit elegant gekrümmtem Zeigefinger rhythmisch auf ein Diagramm.

Ich schirmte die Augen mit der Hand gegen das Licht ab. Im Norden schwebten die Berge in der klaren Luft. Südwärts, jenseits des Deichs, inspizierten Bauern die Felder. Jedes Stöckchen, jeder Stengel, jeder Halm trockenen Grases wurde eingesammelt – alles, womit man bauen, das man essen oder das man verbrennen konnte. Es waren schwere Zeiten für Lanhu. Sonnenblumensamen waren die Haupteinkommensquelle des Dorfes, doch in den letzten Jahren hatte es eine Schwemme von Sonnenblumen auf dem Markt gegeben, und niemand wollte kaufen.

Fangfang marschierte flott die Straße hinunter, wobei die Eimer in sanftem Gleichklang hin- und herschwangen. Am Gemeindebrunnen auf einem ansonsten menschenleeren Platz in der Nähe des Hauses ihrer Familie ließ sie mit dem Beugen einen Knies und einem leichten Hüftschwung die Stange von der Schulter gleiten. Die Eimer kamen sanft auf dem Boden zu stehen. Mit gebeugtem Rücken betätigte sie den schwarzen gußeisernen Schwengel der Pumpe. Wasser gurgelte und schoß dann aus dem Hahn der Pumpe und ergoß sich über die vereisten Pfützen rund um den Brunnen. Fangfang füllte erst einen, dann den anderen Eimer. Sie beugte die Knie, richtete sich auf, die Stange bog sich durch, und die Eimer wippten.

Während ich sie zum Haus zurückkommen sah, den Kopf gesenkt, die Augen auf den Boden gerichtet, überlegte ich mir, wie tief der Brunnen sein mochte, aus dem die Pumpe sich speiste. Wie sauber war wohl das Wasser? Ich nahm an, daß das keine große Rolle spielte; wir tranken sowieso nur abgekochtes Wasser, das sengend heiß serviert wurde. Hier wurde kein Wasser verschwendet. Das warme Wasser, das am Ende des Tages noch in den Thermoskannen verblieb, wurde zum Händewaschen benutzt. Das Handwasser wurde dann in eine weitere, größere Schüssel gekippt, in der man sich die Füße wusch. Das Hand- und Fußwasser wurde in einem Eimer gesammelt, damit man am Morgen die Böden damit wischen konnte.

Ich sah hinaus über die Ebene, auf die aufgewühlten Felder, den von einer weißen Kruste überzogenen Soda-Boden, Salzlaken, aus denen Staub aufwirbelte, und Bewässerungsgräben, die zum Teil halb mit Sand gefüllt waren. Ich konnte mir kaum vorstellen, daß die Landwirtschaft in Lanhu zu irgendeinem Zeitpunkt der Geschichte einmal mehr als das bloße Existenzminimum erbracht hatte. Das war zumindest der jetzige Stand. Die Dorfbewohner konnten nur so viel Land bewirtschaften, wie sie mit Dung und Fäkalien düngen konnten. Selbst zu der Zeit, als Tsung Tsais Großvater hierhergekommen war, muß der Boden schon sehr karg gewesen sein.

Aus meiner Sicht war dieses Land vielleicht für Nomaden, aber nicht für Bauern geeignet. Die Geschichte dieses Ortes konnte man als eine Art Dialektik zwischen den nomadisierenden Mongolen ansehen, die immer wieder aus dem Norden eingebrochen waren und weite Bereiche Chinas erobert hatten, und den Chinesen, die sie wieder zurückgedrängt hatten. Durch die Besiedlung von Land an seinen nördlichen und westlichen Grenzen hatte China riesige Pufferzonen geschaffen, die nominell autonomen Gebiete Innere Mongolei und Tibet. Tsung Tsais Han-chinesische Familie paßte sich ein in die uralte Tradition chinesischer Migration.

Inzwischen hatten sich die Chinesen nahtlos in das Gewebe der Inneren Mongolei eingefügt, wie ich es zu sehen bekam. Abgesehen von wenigen Straßenräubern, die gelegentlich aus der Wüste auftauchten, war die mongolische Bevölkerung auf unserer 250 Kilometer langen Reise zwischen Mund der Westberge und dem Rand der Ordos-Wüste südlich von Baotou praktisch unsichtbar. Ich bekam mehr von der Anpassungen der Han-Chinesen an die mongolische Sensibilität zu sehen als von den Mongolen selbst. Tsung Tsai selbst, das Dorfleben, das Grenzstadtgefühl von Mund der Westberge und Weiße-Blume-Stadt kündeten eher von Chinesen, die wenigstens teilweise zu Mongolen geworden waren, als von Mongolen, die sinisiert wurden. Ich neigte dazu, mir vorzustellen, daß die Mongolen sich in die entlegenste Wildnis zurückgezogen und dort ihre im wesentlichen nomadische Wildheit bewahrt hatten.

Das war zweifellos eine Illusion. Ich hatte mich von der Poesie der Gegend einnehmen lassen. Wie die Poesie des amerikanischen Wilden Westens gewann sie der Ausbeutung, der rassischen Diskriminierung, der ökologischen Verwüstung und der kulturellen Arroganz, die jeder Art von Kolonialisierung innewohnen, noch einen romantischen Reiz ab. Dabei schlichen sich diese dunklen Seiten fast unmerklich in die Landschaft und die Gesellschaft ein, bis sie schließlich für unvermeidlich und selbstverständlich gehalten wurden.

Fangfang drehte sich zur Seite, um durch das Tor zu schlüpfen, wobei die Eimer eine Kreisbahn beschrieben und sie die Stange mit dem rechten Arm stabilisieren mußte. Sie setzte die Eimer ab und trug sie dann, einen nach dem anderen, ins Haus. Tsung Tsai schloß sein Buch.

Vor der Revolution war Analphabetentum in dieser abgelegenen Region praktisch die Regel gewesen. Tsung Tsais Vater war eine seltene Ausnahme gewesen, ein »literarisch gebildeter« Mann, der seinen Söhnen das Lesen beigebracht und ihnen aus den Klassikern vorgelesen hatte. Hätte er das nicht getan, wäre auch Tsung Tsai ungebildet geblieben. Heute hatte Lanhu, wie jedes Dorf in China, eine staatliche Schule; Fangfang hatte ihre wenigen Brocken Englisch dort gelernt.

Der Wind frischte auf. Jeden Tag fühlte er sich mehr nach Winter an; er blies stetig von Westen, zerrte an meinem Parka, schnitt eisig durch meine Jeans und drang durch das Rippenmuster meiner Thermounterwäsche. Ich stieg die wacklige Leiter wieder hinunter in den windgeschützten Hof und nahm Tsung Tsais Platz an der Sonne auf der Veranda ein. Ich hörte, wie er Fangfang drinnen darin unterwies, wie man den Boden aufwischt. Neben dem Kochen von Wasser und der Zubereitung von Tee, hatte Den-Boden-aufwischen-Lernen zu den ersten Schritten seiner Chan-Schulung gehört. All das machte durchaus Sinn – die Aktualisierung des einen wahren Zen-Geistes: »Wenn du hungrig bist, iß; wenn du müde bist, schlafe.« Als sie dann wohl zu seiner Zufriedenheit aufwischte, kam Tsung Tsai wieder heraus und schlug vor, wir sollten zum Fluß hinunterwandern, solange die Sonne noch hoch stand und warm war. Er wollte mir zeigen, wo er als Junge gebadet hatte und geschwommen war.

Wir suchten uns den Weg zum Fluß durch nackte Felder und ein Flickenmuster von überfrorenen Teichen und Gräben, Überbleibsel der Überschwemmung des letzten Sommers.

»Ich schwimme oft auf andere Seite«, erinnerte sich Tsung Tsai. »Leicht für mich. Aber du mußt wissen, Georgie, jeder Fluß ist wie Straße. Wenn du nicht kennst, sie kann dich umbringen. Ich kenne Fluß-Straße. Wenn ich gehe ans Meer, ich lerne Meer-Straße kennen. Ich weiß, was Farbe bedeutet. Auch bei kleinen Wellen ich weiß, wie Wind arbeitet. Ich verstehe Wasser. Nicht nur bei Schwimmen, auch bei Rübergehen im Winter.«

Wir spielten mit dem Gedanken, über das Eis zu wandern und die Gegend des Sandgebirges zu erkunden. Aber es gab keine Straße, der wir folgen konnten. Der Fluß war noch nicht fest zugefroren. Der breite Strom mit seinen flachen Ufern bestand aus verschlungenen Armen, die durch lange, flache Inseln aus Kies und Gestrüpp voneinander getrennt waren. Ich ging so weit aufs Eis hinaus, daß ich die Strömung unter meinen Füßen spüren konnte. Ich dachte an Fangfang, die Stelle an ihrem Nacken, wo die Tragestange angelegen hatte. Sie war so Yin. Ich wagte mich weiter vor auf den Fluß, bis das Eis zu knacken begann.

Der Wind wurde immer stärker. Auf dem Rückweg blies er uns ins Gesicht. Ein Falke griff sich etwas Kleines, Graues von einem Feld. Aus der Ferne sahen die Wälle von Lanhu aus wie aus waberndem Staub gemacht. Ein Meer ausgelaugter Soda-Erde, der versunkenen Häuser und der Steppenläufer erstreckte sich in die Ferne und brandete gegen den Deich, der das Dorf beschützte.

Gänse watschelten über dünnes Eis, paddelten und putzten sich in Pfützen, die in der Nachmittagssonne aufgetaut waren. Ein Gespenst aus zerrauften Federn und tropfenden roten Wunden tauchte hinter einem Ziegelhaufen auf. Es hatte nur noch einen Flügel, der andere war ihr abgebissen worden.

Abseits neben dem verfallenen Mauerwerk stand ein alter Mann mit einem zerfressenen Auge und einem Bündel Strauchwerk auf dem Rücken. Er legte seine Hände zusammen. Seine Knöchel waren geschwollen wie Knödel. Ich wunderte mich, daß er zu stehen, geschweige denn diese Last zu tragen vermochte. Er hatte faulige Zähne und ein glückseliges Lächeln. Tsung Tsai hielt die abgearbeiteten Hände des alten Mannes in seinen. Sie unterhielten sich eine Weile, Stirn an Stirn gelegt; die Worte des Alten pfiffen durch seine verwüsteten Zähne.

»Jugendfreund«, sagte Tsung Tsai, als wir weitergingen. »Wir spielen zusammen. Reiten Bambusstock-Pferd. Er war hübscher Junge.«

Als wir wieder zu Hause waren, redete Fangfang aufgeregt auf Tsung Tsai ein.

»Georgie«, sagte Tsung Tsai, »Fangfang erzählt mir sehr wundervoll. Musiker kommen, wollen mich feiern. Daß ich nach Hause komme. Daß ich noch Leben habe.«

Hatte Lanhu etwa eine örtliche Kapelle?

»Was für eine Art von Musik?« fragte ich.

»Melodien von Westfluß-Mond-Liedern. Kommt aus Shaanxi. Sehr schön.«

Nach dem Tee ruhte Tsung Tsai sich aus. Ich saß draußen gegen eine der Lehmziegelwände des Pferchs gelehnt, in dem Fangfang zwei Schweine, fünf Ziegen, einen Esel und ein Fohlen hielt. An einem Ende des Viehpferchs stand ein Stall, eine merkwürdige Konstruktion aus Stöcken und Lehm, in dem die Tiere Unterschlupf fanden. Er hatte die Form einer Krippe, seine offene Front wies nach Süden, die

Rückseite war dem Wind zugewandt. Ich saß in frischem Heu gegen einen Haufen von sonnengewärmten Kartoffelsäcken gelehnt und versuchte zu meditieren. Ich saß innerlich leer für beinahe eine Stunde; vielleicht schlief ich auch nur.

Plötzlich ein Klatschen.

»Wach auf!« rief Tsung Tsai.

Ich schreckte zusammen.

»Ja. Ich *bin* wach.«

»Nicht übel«, sagte Tsung Tsai. »Aber du kannst besser.«

Abendessen gab es um vier, Gemüse, das in denselben Emailleschüsseln gewaschen worden war, in denen wir uns auch die Füße wuschen. Fangfang ließ uns auf dem warmen Kang in ihrem Zimmer vor einem niedrigen Tisch Platz nehmen und servierte uns dann Schalen mit Nudeln, Kohl und gebratene Kartoffelschnitzel. Hinterher schälte sie Birnen, die von einem der Bäume im Hof kamen, und schnitt sie in Stücke. Die Birnen waren klein, tiefbraun und steinhart.

Grüner Tee in irdenen Gefäßen, das Feuer im Kochherd – der Tag ging zur Neige. Wieder war ein Tag vergangen. Wie viele blieben uns noch? Wann war es denn zu einem Zahlenspiel geworden? Wie viele Tage? Nächte? Jahreszeiten? Ich rechnete wie ein Geizhals. Rückwärts und vorwärts. Bemaß die Zeit.

Und sei es nur aus Neugierde – warum kann ich nicht ewig leben?

Um sieben wurde der Wind heftig. Fangfang zündete eine Kerze an; sie sah müde aus, aber verdammt hübsch. Sie saß auf der Couch vor dem niedrigen Tisch, und das Licht der Kerzenstummel lag flackernd auf ihrem zurückgelehnten Kopf. Ich erinnerte mich, irgendwo gelesen zu haben, daß Kerzenlicht nicht weiter trägt als knappe fünfzig Meter; jenseits davon würde der schwache Schimmer in Fangfangs Fenstern nicht mehr zu sehen sein. Für die Welt da draußen gab es uns nicht.

Der Kettenhund bellte los. Fangfang wandte sich zum Fenster. Tsung Tsai, der gerade dabei war, sich geräuschvoll Kohlfetzen aus seinen Zahnlücken zu saugen, stand auf und zog seine Mönchsrobe über.

»Gut«, sagte er. »Sie kommen.«

Fangfang ging zur Tür. Die drei Musiker trugen verschlissene blaue Jacken und Hosen. Sie machten einen nervösen Eindruck.

»Ich kenne Väter von diesen Jungs. Sie sind Familie und Blutsbrüder«, sagte Tsung Tsai und stellte mich als »Georgie-Freund« vor.

Sie nickten.

»Guten Tag«, sagte ich.

»Dieser Mann hier ist Herr Wang Wazhou. Er ist der Enkel der Schwester meines Großvaters.« Tsung Tsai reckte beide Daumen in die Höhe. »So gut! Herr Musiker Wang. Bester Musiker. Chefmusiker. Spielt Laute.«

Herr Wang zeigte ein ungezwungenes Lächeln und das einzige unversehrte Gebiß, das ich in der Mongolei bei einem Menschen über Vierzig gesehen habe. Seine Laute hing an einer Schnur vor seiner Brust.

»Dieser Mann heißt Yan Jin. Er junger Mann.« Tsung Tsai schürzte die Lippen und blies Luft aus. »Yan spielt Flöte. Bambus. Sehr hübsch.«

Der »junge Mann« schien mir etwa Mitte Sechzig zu sein. Er war kaum größer als einsfünfzig und hatte feingliedrige Hände.

Jing Yu, der dritte Musiker, hatte seine Mütze tief über die Stirn und halb über die Ohren gezogen. Die Finger seiner rechten Hand waren wie Hühnerkrallen gebogen. Er trug einen langen Kinnbart, der von Tabak orangerot gefärbt war, sowie um den Hals einen Zopf leuchtendweißer Knoblauchknollen über einem Kropf von der Größe eines Golfballs.

»Jing selbe Generation wie ich. Sein Papa mein Onkel. Er spielt … wie sagt man?« Tsung Tsai spielte auf einer unsichtbaren Violine.

»Violine.«

»Ja«, sagte er. »Vy-lin.«

Dies sollte das erste Mal seit über dreißig Jahren sein, daß sie wieder zusammen spielten, erzählte mir Tsung Tsai. »Du mußt wissen, Georgie: Viererbande macht viele große Schwierigkeiten. Sie haben viel Angst, spielen nie mehr zusammen. Jetzt Lanhu, Musik, Musiker und Tsung Tsai sind alle fast am Ende. Nahe an Sterben.«

Der Zigarettenrauch war so dicht, daß die Kerzenflammen Halos hatten. Der Kohleofen bullerte. Gungun kam an in Begleitung eines hochgewachsenen Mannes, den Tsung Tsai als »Herr Ling, alter Freund« vorstellte, und eines Alten, der auf einen krummen Stock gestützt hereinhumpelte. Ich hatte den Eindruck, daß es nicht höflich wäre zu fragen, wer er sei. Aus seinem ganzen Verhalten schloß ich, er sei stumm. Die drei setzten sich zu Tsung Tsai und mir auf den Kang. Die Männer rauchten eine Zigarette nach der anderen und schnipsten die glimmenden Zigarettenstummel einfach auf den Fußboden.

Wang legte seine Laute, eher eine Zither, auf den niedrigen Tisch vor der Lastwagensitz-Couch, auf der er saß. Er spielte sie wie ein Xylophon mit dahinfliegenden flexiblen Hämmerchen aus Bambusspänen. Yan saß neben ihm und drehte seine Flöte langsam über einer Kerzenflamme.

»Macht Ton süß«, sagte Tsung Tsai.

Jing jonglierte auf dem Rand eines dreibeinigen Hockers, die Violine gegen die Innenseite seines Oberschenkels gepresst, und geigte wie wild, den Bogen in seine steifen Finger geklemmt.

Fangfang tänzelte zwischen dem Zimmer und der Küche hin und her. Außer mir beachtete sie niemand. Die Musik begann mit einer wenig versprechenden Kakophonie des Stimmens, die sich anhörte wie ein Kampf zwischen Katzen. Sie zog sich immer länger hin, bis es Tsung Tsai zuviel wurde.

Er lehnte sich zu mir herüber und sagte mir ins Ohr: »Zuviel Angst. Ich muß ihnen Do-re-mi-Idee geben.«

Tsung Tsai ging auf die Knie und schrie den Lärm nieder. Dann hob er seine Arme langsam über den Kopf, schwang sie mit wehenden Ärmeln hin und her und sang dabei: »So, so la so, so la so, so la mi so, so mi so … so la so, so so mi la so mi so …«

Die Musiker nahmen die Melodie auf und stimmten ein, die Geige schrill und nervös, die Bambusflöte süß und weich, die Zither mit hellem Klirren und Klimpern. Tsung Tsai schloß die Augen und schwelgte ganz hingegeben in der Musik.

»Sehr schön«, sagte ich.

»Natürlich. Diese Musik wie Wasser, das aus Boden sprudelt.« Er stand auf und begann zu singen. Ich begleitete ihn mit Scat-Gesang und schlug dabei die Trommel meiner Oberschenkel oder trommelte mit Eßstäbchen an die Wand. Ich war so high, daß es mir vorkam, als verstünde ich Chinesisch. In meinem Kopf hörte ich die Worte des Westfluß-Mondes:

Luft gezügelt
Aufgesessen auf dem Meer
Liefern sich Georgie und Tsung Tsai
Tag für Tag
Neuen Risiken aus
Durchsuchen
Eingeschnürt von Winter
Alle vier Richtungen
Der Gelben Windwüste
Tausend Ängste
Zehntausend Gefahren
Nun sitzen wir zusammen
Singen
Georgie, Tsung Tsai und
Rotfuß Wahrheit.

Wir schmachteten, wir schluchzten. Wir improvisierten. Herr Ling fiel ein mit rauhen, schmerzlichen Tönen. Gungun spielte Gitarre auf einem meiner Stiefel – mit einem nasalen »yeah-yeah-yeah«. Fangfang lachte.

Der Tee floß weiter, Zigaretten qualmten weiter, und die Musik ging weiter bis nach Mitternacht. Als die Musiker schließlich ihre Instrumente niederlegten, stand der wortlose alte Mann – der, den ich für stumm gehalten hatte – auf und begann zu singen, mit der hohen und klaren Stimme eines Knaben.

»Er singt von Geburt, Tod und Notwendigkeit von Leiden«, sagte Tsung Tsai, als er geendet hatte.

»Ich weiß. Heute nacht verstehe ich Chinesisch.«

»Wundabaa, Georgie. So Wundabaa!« sagte er, ohne mit der Wimper zu zucken.

»Auf Wiedersehen. Vielen Dank. Schlaft gut«, hörte ich sie rufen, als sie sich im Hof noch einmal umdrehten und uns, die wir in der Tür standen, zuwinkten.

Ich hörte die Angeln des Tores quietschen; sie schlurften aus dem schwachen Lichtkegel hinaus, den die Kerzen warfen. Wir wandten uns um ins Haus. Fangfang war dabei, die Kippen am Boden zusammenzufegen.

»So gut, Georgie. Glücklich. Was denkst du von diesem alten Mönch?«

»Wundervoll. Du bist ein zäher alter Vogel.«

Das gefiel ihm.

»Aiii, du sagst sehr gut. Du kennst meinen Geist.«

»O ja, es ist ein Radargeist.«

»Nein. Nicht wie Radar. Radar fängt nur Signale auf. Buddha-Geist besser als Radar. Buddha-Geist wie Spiegel – Osten, Westen, Erde, Süden Norden, Himmel, Hölle – alles zusammengenommen, das ist Weisheit. Kann man nicht mit Radar vergleichen.«

In jener Nacht war ich zu aufgekratzt, um schlafen zu können. Ich schlich mich allein aus dem Haus und ging an der Pumpe vorbei zum Dorfrand, wanderte auf dem Friedhof umher. Die Gräber waren Schutthaufen. Der zunehmende Halbmond ging unter, und hier in Lanhu, nördlich des Gelben Flusses, waren mir die Sterne so nah wie noch nie.

15.

Fuchs kennt Fuchs

Auf dem pfannenebenen Land westlich des Dorfes stand ein grober Stūpa aus aufgehäuften Steinen mit einer Spitze aus einem dürren Ast. In die Ritzen des Baus waren Opfergaben gesteckt: Brot und ein Apfel, die Reste von Räucherstäbchen. Ein Ziegenbock, dem ein rotes Mal auf den Rükken aufgemalt war, sprang mit klappernden Hufen um den Stūpa herum.

»Dies Fuchs-Stūpa«, sagte Tsung Tsai. »Dörfler bauen. Wenn jemand krank, sie verbrennen Räucherwerk, geben Fuchs Wein und Brot. Dann sie lassen für einen Tag Medizin zurück, Medizin von Regierung. Sie wollen, daß Fuchs sie mächtig macht. Daß Fuchs guten Geist in Medizin gibt. Sie glauben.«

»Und du? Glaubst du auch daran?«

»Ja. Aber ist gefährlich. Fuchs kann dich gesund machen. Aber Fuchs kann dich auch töten.«

»Hungrige Geister, Fuchsgötter – ist das nicht alles bloß Aberglauben? Bloß magisches Getue, das nichts mit Chan zu tun hat?«

»Für Dörfler kein Aberglauben. Es gibt Dinge, die erzähle ich dir nicht. So viele Dinge du kennst nicht. Dinge, die du nicht verstehst. Mongolei ist anderes Land. Du denkst, Dörfler sind dumm. Sind sie nicht. Sie sind einfache Leute. Schmutzleute. Natürliche Leute. Du denkst, sie kriegen Babys, bauen Nahrung an, essen – das ist alles. Aber sie sind wahre Menschen. Sie wissen Dinge, die du nicht kannst wissen. Sie kennen Geister.«

»Hallo. Hallo.« Er winkte dem Ziegenbock zu, so wie man Babys im Kinderwagen zuwinkt: den Kopf zur Seite geneigt und mit vier Fingern vor seiner Nase paddelnd. »Niedlich. So niedlich. Keine Angst, mein Kleiner. Ich dich niemals umbringe.« Er ging auf den Ziegenbock zu und tätschelte ihn zwischen den Hörnern. Dabei sang er.

»Ich mache Mantra.«

»Für die Ziege?«

»Ja, für Ziegenbock. Sein Leben ist zu Ende. Rote Farbe bedeutet, sie bringen bald um. Schneiden Kehle durch. Ich sage ihm, er soll keine Angst haben; mache Mantra, das seinen Geist führt.«

»Und er versteht das?«

»Natürlich. Das ist meine Kraft. Ich kann sprechen mit Insekt. Mit Tier. Mit Hungriger Geist.«

Tsung Tsai zwinkerte mich an und schirmte seine Augen mit leicht zitternder Hand gegen das blendende Licht ab. Er sah zugleich zerbrechlich und unbezwinglich aus. Er hustete, räusperte sich und spuckte aus.

»Ich kann auch mit Fuchs sprechen. Ich kenne Fuchs gut. Hund-Familie. Fuchs ist Inkarnation von zuviel Begierde. Zuviel Sex. Sei vorsichtig!« raunte er mit heiserer Stimme und dunklen Augen.

Begierde ist alles, was ich bin, dachte ich, *vielleicht alles, was ich je sein werde.*

»Wau!« bellte ich.

»Ist kein Scherz!« Mit anklagendem Finger zeigte Tsung Tsai auf meine Brust. »Fuchs steckt dich an. Er macht dich närrisch, manchmal verrückt.«

Närrisch und verrückt – er spielt mein Lied. Sollte das heißen, daß ich alles auf den Fuchs schieben konnte? Der alte Fuchs ließ es mich tun. Er ist es, der lüsterne Anstifter zur Begierde, einer Lust, die durch fast alles – eine trällernde Stimme, einen Dialekt, eine anmutige Handbewegung, eine widerspenstige Haarsträhne, einen bestimmten Gang oder eine Kurvenführung, lang und schlank oder drall, den Rand eines Höschens oder ein Aufblitzen nackter Haut – inspiriert werden kann. Und ist er das nicht hier, in diesem Moment, wie er sich die Schnurrbarthaare leckt und sich duckt, den Bauch am Boden mit zuckendem Schwanz anschleicht?

Zünde die Pfeife an.
Entkorke den Wein.
Stell dir eine Schönheit vor.
Rufe sie zu dir,
Auf deinem Bett zu tanzen.

In der chinesischen Mythologie ist der Fuchs das Tier, auf dem die Dämonen reiten, oder er ist selbst ein Dämon. Eine Kreatur der Nacht mit einer langen Geschichte weiblicher Magie, der Verwandlungen, des Eros, des Reichs der sinnlichen Begierde und des Schöpferischen. Tsung Tsai sagte, im Alter von fünfzig Jahren könne der Fuchs menschliche Gestalt annehmen. Mit hundert könne er ein Zauberer werden oder eine schöne Frau – eine Frau, die letztlich jeden Mann zerstören wird, der das Pech hat, sich in sie zu verlieben.

In Japan spricht man auch vom *Yako*-Zen, dem »Zen des wilden Fuchses«, womit man das Zen von Scharlatanen bezeichnet, die vorgeben, Erleuchtung erlangt zu haben, indem sie Wahrheiten in den Mund nehmen, die sie selbst gar nicht wirklich begriffen haben. *Nennt mich den Yako-Man.*

»In Mongolei man kennt viele Geschichten von Jägern, die eines Tages erfahren, daß ihre Frau Fuchs ist«, sagte Tsung Tsai.

»Das Problem hatte ich auch schon. Mehr als einmal.«

»Fuchsgeist kann drei Formen annehmen«, fuhr Tsung Tsai fort, ohne meine Worte zu beachten. »Drei Inkarnationen. Vom Alter von ein Jahr bis eintausend Jahre Fuchs ist braun. Böser Geist. Macht Leuten nur Schwierigkeiten. Sehr schlimm! Er ruiniert Leben. Nach erste tausend Jahre er wird schwarz. Jetzt Fuchs, der sich selbst macht Schwierigkeiten. Er kennt Dharma-Weg, ist aber voller Begierde. Nur Begehren. In zehntausend Jahren er kann werden weißer Fuchs, wie Gott. Diesen Fuchs ich habe viele Male getroffen mit meinem Lehrer. Kleiner Mann.« Tsung Tsai hielt seine Handfläche etwa in Hüfthöhe. »Etwa so groß.«

»Ein Liliputaner?« Ich war ärgerlich ohne Grund und wollte verletzend sein. *Vielleicht ist das, was er sagt, ja wahr, von A bis Z.*

»Glauben oder nicht glauben – wie du willst. Ich sage dir nur, Georgie, du hast Schwarzer-Fuchs-Problem. Und du mußt verstehen, das ist gefährlich.«

»Zehntausend Jahre? Eine verdammt lange Zeit, die man da auf Erleuchtung warten muß.«

»Wer weiß? Vielleicht du mußt.«

»Kann schon sein. Wer weiß?« entgegnete ich. »Vielleicht solltest du ein Mantra machen.«

»Für dich, Georgie«, sagte er, »ich mache viele.«

Gegen Mittag hatten wir uns in Schale geworfen und waren bereit, nach Mund der Westberge aufzubrechen, wo wir die Hochzeit von Lin Guorens Tochter feiern wollten.

»Keine Zeremonie«, sagte Tsung Tsai. »Sie machen nur Papiere in Regierungsbüro.«

»Es überrascht mich, daß sie dich nicht gebeten haben, eine Zeremonie zu machen.«

»Vater von ihrem neuen Ehemann ist Regierungsperson. Ziemlich empfindlich.« Er zuckte mit den Schulter. »Du kennst mich, ich bin Mönch. Mönch muß geduldig sein.«

Tsung Tsai trug seine festliche tiefbraune Mönchsrobe. Ich hatte mir die schwarzen Ränder unter den Fingernägeln weggekratzt und mir mit der kleinen Schere an meinem Schweizer Armeemesser die Haare geschnitten – es sah aus, als hätte eine Familie Ratten an mir herumgenagt.

Als wir ankamen, war es schon Abend. Nach unseren Tagen in Lanhu fühlte Mund der Westberge sich an wie eine große Stadt. Es gab elektrisches Licht, das Stimmengewirr vieler Menschen, verkehrsreiche Straßen. Gungun fuhr mit dem Jeep vor dem »Besondere Nördliche Köstlichkeit Gelber Fluß Restaurant« vor – das beste Haus am Platze. Ein Feuerwerker war gerade dabei, die Geister zu vertreiben – Schnüre von Krachern knatterten wie ein Maschinengewehr. Die Schnüre sprangen, schlängelten sich, hüpften. Der Feuerwerker, ein kleiner dürrer Mann mit schwarzem Bart, tanzte umher und schwenkte sie an einem Ende im Kreis. Die Kracher explodierten in kurzen Abständen hintereinander mit einem grellen Aufblitzen von Licht, während er sie über seinem Kopf herumwirbelte. Er hatte etwas von einem Vogel – einem glückbringenden Phönix. Tsung Tsai hielt eine Hand wie ein Segel vertikal vor sein Gesicht und beugte sich vor. Mit flatternder Robe bahnte er sich schnellen Schrittes einen Weg durch die herunterrieselnden verkohlten Papierfetzen und einen Regen von Konfetti – wir in seinem Schlepptau.

Drinnen im Restaurant gab es Vorhänge an den Fenstern, Kacheln auf dem Boden, Tapeten mit Bambusmuster und eine Bar aus Marmor. Das Lokal war gerammelt voll mit vielleicht 150 Gästen an 15 großen Tischen – das ganze Spektrum von Lins Welt: seine Familie, Angestellte, Geschäftsfreunde, zu denen auch mein Zechkumpan, der Richter, gehörte, Politiker, Beamte und Polizisten. Die Party hatte schon Stunden vor unserer Ankunft begonnen, und die meisten der Männer waren bereits betrunken. Der Fußboden war mit abgenagten Knochen und leeren Weinflaschen übersät.

Mein Ruf als Säufer war mir vorausgeeilt. Bevor wir noch zu unserem Tisch vorgedrungen waren, hatte mir schon jemand ein leeres Glas in die Hand gedrückt und es bis an den Rand gefüllt. Der süßliche Weingeruch schnürte mir die Kehle zusammen. Der Raum war heiß und verraucht, und ich begann zu schwitzen. *O nein,* dachte ich, *jetzt geht das wie-*

der los mit »*ihnen Gesicht geben*«. Ich hob mein Glas und leerte es mit einem Zug, sagte irgend etwas über Ehre und Familie. Man rief mir zu, klatschte in die Hände, und ehe ich mich versah, war das Glas schon wieder voll. Nach den ersten zwei oder drei hatte ich keine Probleme mehr.

Hallo. Hallo.

Sie stand am anderen Ende des Raums, aufreizend, tapfer, wie ich meinte, gegen die Bar gelehnt. Unsere Augen hielten sich gegenseitig fest. Ich hob mein Glas für den Saal, aber in Wirklichkeit für sie, nur für sie.

»Georgie, sie wollen amerikanische Musik für dich spielen. Sie haben besondere Ehrung für dich gefunden.«

Aus einem Lautsprecher, der in einer Ecke des Raumes hing, dröhnte eine verkratzte Version von *Rudolph the Red-Nosed Reindeer* (»Rudolf das rotnasige Rentier« – eine amerikanische Weihnachtsschnulze; A.d.Ü.).

»Kennst du Stück?«

»Ja. Kenne ich«, sagte ich und sang: »*Rudolph the red-nosed reindeer – had a very shiny nose – and if you ever saw him – you would even say it glows ...*«

»Prrrrima«, sagte Tsung Tsai und hörte sich an wie Tony der Tiger. »Du gibst ihnen sehr glücklich.«

»Prrrrima«, machte ich ihn nach, trank ein weiteres Glas gelblichen Weins und machte mich daran, Hände zu schütteln und Schultern zu klopfen.

Für uns war ein Tisch in einem Nebenraum gedeckt, der sich zum Hauptraum hin öffnete. Dieser Ehrenplatz war zwei Stufen erhöht, so daß wir über der Menge, dem Fleisch, dem Wein saßen. Eine Kellnerin brachte uns kalte Gewürzgurken und Sojasprossen. Es gab ein Dutzend verschiedene Gerichte, warmes Bier, gekochte Erdnüsse und Orangen.

Schon beschwipst, trank ich weitere drei Gläser mit dem Bräutigam, um auf die Hochzeit anzustoßen. Die Braut erstrahlte in einem seidig roten Kleid. Rot, die Farbe der Festlichkeit, des Glücks. Sie goß wieder ein.

»Mach Trinkspruch, Georgie. Ich übersetze.«

»Möge euer erstes Kind ein Sohn sein.«

Tsung Tsai übersetzte, und im ganzen Saal ertönten Hochrufe. Ich hatte ins Schwarze getroffen. Alle reagierten ungemein fröhlich. Alle warfen die Hände in die Luft, und jemand stieß mich in die Rippen. Süßer Wein ergoß sich über meine Hand – die Braut füllte nach.

»Das war guter«, sagte Tsung Tsai. »Alle mögen.«

Ich hob mein Glas. »L'chaim«, brachte ich aus und kippte das Glas hinunter. »Das heißt ›Auf das Leben‹«, sagte ich zu Tsung Tsai. »Ein jüdischer Spruch.«

»Deine Leute sind wie meine. Juden und Chinesen haben ähnlichen Geist.«

Noch ein Glas, und der einstmals ernste und distanzierte Bräutigam und ich stießen mit klirrenden Gläsern auf die Braut an, die den Kopf senkte und züchtig errötete.

Es muß ihre wunderbare Herzensfreundlichkeit gewesen sein, ihre Lust am Leben, die mir dieses »L'chaim« in Erinnerung gerufen hatte – auf den Wein und auf die Frau am anderen Ende des Raums, die mich unverwandt ansah. Wie meine Familie, wie die Juden Osteuropas, hatten auch diese Menschen einen Holocaust erlebt. Zwischen 1959 und 1969 wurden aus fast allen Familien Mitglieder geschlagen, gefoltert, in Arbeitslager geschickt. Die Mönche wurden wie die Rabbis ermordet oder ins Exil verjagt. Ihre Bücher, Tempel und Kultgegenstände wurden zerstört. All dieses Leid und Blutvergießen hatten sie durchgestanden. Und sie sangen immer noch, tanzten, umarmten das Leben.

»L'chaim«, sagte ich und kippte noch ein Glas Wein.

Die Frau nahm die zuvor verschränkten Arme auseinander und legte die Hände auf ihre Hüften. Sie setzte einen Fuß nach vorn, und ihr geschlitzter Rock klaffte auf und enthüllte einen von langer Unterwäsche eingehüllten Oberschenkel.

Ich dachte an meinen Großvater, einen Mann von großer Leidenschaft und mit großen Fehlern – wie ich ein »Schwarzer Hund«, auch eine dieser getriebenen Kreaturen.

Der Vater meines Vaters,
Mein Zeyde, liebte seinen Appetit,
Seine Verdauung;
Liebte das Schmalz,
Ausjelassenes Hiehnerfett,
Dick jeschmiert auf Brot,
Drieber rohe Zwiebelchen
Und grobes Salz;
Ein hibsches Gläschen Whiskey;
Und das Prosit des Jids,
L'chaim,
Auf das Leben,
Das er stets als Schlußpunkt
Mit einem langsamen,
Zufriedenen »Aach Guut« abschloß.
Er liebte fette schwarze Zigarren,
Tanzen-Singen-Beten-Hochzeiten-Babys und
Frauen jeglicher Statur und jeden Alters
Zum Herzen.
Er liebte sich selbst,
Seine Söhne und Gott im Übermaß,
Und starb als glücklicher,
Verbrauchter alter Mann mit achtundachtzig,
Mit einem geseufzten »L'chaim«
Und einem letzten langen
Zufriedenen »Aach Guut«.
Auf das Leben. Auf das Leben.

Das war *meine* Religion. Das ist, woran *ich* glaube – dachte ich. Nicht wie dieser asketische Mönch neben mir mit seinem Zölibat, seinem Buddha-Atem und seiner Metaphysik. Ich prostete wieder, verschüttete mit großer Geste meinen Wein, so daß er mir in den Ärmel lief. »Auf alles, was zählt«, johlte ich. »Auf die Jahreszeiten, auf das Kochen, auf Frauen und Kinder, auf die Dichtung, auf alles, was schwängert, auf-das-Besoffensein-und-Gott-verdammt-aufs-Altwerden.«

Tsung Tsai legte den Kopf schräg, warf mir einen seiner O-weh-Georgie-bißchen-verrückt-Blicke zu und übersetzte dann. Und siehe da, Hochrufe brandeten durch den Raum.

Bin verdammt gut drauf.
Jeder Same,
Den ich ausspucke,
Wächst.

Ich stellte das Glas ab und leckte mir den Wein von den Fingern. Das Mädchen kam auf mich zu, mit ihren langen Beinen, vom anderen Ende des Raums. Und ich wußte, nichts konnte sie aufhalten. Bei ihr gab es keinen Bremshebel, war keine Zensur am Werk. Ihr Haar, so schwarz, daß es schon wieder blau war, hochgesteckt, gehalten von zwei rotlackierten Eßstäbchen. Sie kam geradewegs auf mich zu, in lüsterner Zeitlupe, wickelte ein kleines Karamellbonbon aus und hielt es zwischen Daumen und Zeigefinger. Und dann, vor Braut und Bräutigam und vor Tsung Tsai, führte sie die Süßigkeit schamlos zu meinem Mund. Ihre Finger streiften meine Lippen. Ich nahm das Bonbon mit den Zähnen an. Sie zögerte, drehte sich um und war im Nu davongehuscht.

Warte doch! Geh nicht!

Ich hielt das Bonbon im Mund, lutsche es, ohne zu kauen. Es sollte so lange vorhalten wie irgend möglich, und während ich genüßlich spürte, wie es auf meiner Zunge zerschmolz, fuhr ich mit der Hand in die Hosentasche und betastete die Gebetskette des alten Lamas. Sie war warm. Ich fühlte die glatte Oberfläche der Perlen, weich und rutschig vom Fett seiner Finger. Ich bezweifelte, daß ich jemals die Welt würde aufgeben können.

Ich drehte mich zu Tsung Tsai um.

»Sie hat Fuchs-Problem«, war alles, was er sagte.

»Jahh. Jahh«, flüsterte ich. »Jahh, ich weiß!« Mein Herz schlug mir bis zum Hals. Und dann, unfähig mich zu zügeln, grinste ich von Ohr zu Ohr.

»Ich habe ein Auge für Füchse.«

»Füchse immer haben das Auge«, sagte Tsung Tsai langsam und schüttelte den Kopf. »Fuchs kennt Fuchs.«

Unsere Kellnerin tippte mir auf die Schulter. Als ich mich zu ihr umdrehte, sagte sie »Student« und zeigte dabei auf sich. »Ich.«

»Wunderbar. Was studieren Sie?«

»Englisch lernen.«

»Sie sprechen es sehr gut.«

»Sehr schlecht.«

Sie errötete.

Ich trug Schwarz – Rollkragenpullover, Anorak, Weste; meine saubersten Jeans; abgetragene Bergstiefel, in deren Profil Stallmist klebte.

»Sind Sie Priester?«

»Nein-nein-nein.«

»Was tun Sie hier. Welche Art Geschäft?«

»Ich schule mich zum Heiligen.«

Sie schien zu verstehen.

»Gutes Geschäft«, sagte sie.

16.

Handauflegen

Nachdem wir die Nacht in Lins Lagerraum verbracht hatten, fuhren wir nach Lanhu zurück. Auf der Fahrt legte Tsung Tsai immer wieder das Ohr ans Armaturenbrett und lauschte.

»Jeep komisch heute«, sagte er.

»Für mich hört er sich okay an.«

Er schüttelte den Kopf. »Georgie, du weißt nicht. Ich kann verstehen jede Art von Ding, selbst Computer, selbst Diski.«

Ich mußte lachen.

Wir kamen gegen Mittag an. Tsung Tsai wollte den Motor inspizieren. Gungun, der nie mit ihm diskutiert hätte, klappte vor Fangfangs Eingangstor die Motorhaube hoch und beobachtete mit ehrfurchtsvollem Gesicht, wie Tsung Tsai den Kopf unter die Haube steckte. »Ich kenne Herz von Jeep.«

In Woodstock hatte er mir verraten, daß er sich gern einen »Traktor« gekauft hätte, mit dem er den Berg rauf und runter ins Dorf fahren könnte, um Vorräte einzukaufen.

»Tsung Tsai, dann mußt du eine Fahrprüfung machen, einen Führerschein erwerben ...«

Er hatte mir mit einer Handbewegung das Wort abgeschnitten. »Okay, vergiß es.«

Er fummelte am Motor herum und murmelte vor sich hin, »Jetzt ich kann verstehen.« Ich warf mir den Rucksack über die Schulter, hängte mir meine Kamera um und ging den staubigen Pfad zum Haus hinüber. Die Tür stand offen, und ich ging hinein.

Wie ich gehofft hatte, war Fangfang da.

»Hallo, da sind wir wieder«, sagte ich und ließ meine Hand, nur für einen Augenblick, die ihre berühren, nur die Fingerspitzen.

Sie füllte den Teetopf. Ich ließ meinen Rucksack auf den Kang fallen und war gerade dabei, mir die Kamera vom Hals zu nehmen, um es mir gemütlich zu machen und Fangfang zu beobachten, als Tsung Tsai hereinkam. Er schien es sehr eilig zu haben und hob indigniert die Augenbrauen. Er war erregt, das Gesicht gerötet.

»Ich repariere«, sagte er.

»Tatsächlich? Was war kaputt?«

»Aiii, Georgie, du kannst nicht verstehen. Warum du stehst bloß herum? Was denkst du? Wir müssen gehen. Jetzt. Mein Cousin Gunyun lädt uns alle ein.« Er fuchtelte sich mit dem Handrücken vor dem Gesicht herum, als wolle er eine Mücke verscheuchen oder die Reste eines schlechten Traums. »Er ist armer Junge. Solche Schwierigkeiten. Ich erfahre eben.«

Es war nicht weit zu Fuß. Lanhu am Mittag war menschenleer. Viele Hühner liefen herum, aber der einzige Mensch, den ich sah, war von Kopf bis Fuß mit Schlamm bedeckt und duckte sich hinter eine Mauer, als er uns sah.

Gunyun und seine Frau lebten in einem armseligen, von einem Zaun aus Zweigen und Gesträuch umgebenen Anwesen am Ende eines der Wege, die sich in den Außenbezirken von Lanhu zum Deich hinschlängelten. Auf dem Hof sah ich eine Ziege, einen leeren Schweinestall, einen kleinen Haufen Kohlen und die unvermeidlichen Säcke voller Sonnenblumenkerne, die niemand kaufen wollte. In einem Anbau aus Lehm war ein Pferd angebunden. An seinen fliegenzuckenden Hinterflanken vorbei sah ich ein Kind am Boden hocken, fast unsichtbar im Schatten, das sein Gesicht in eine Ecke des Verschlags drückte.

»Li Roro. Ihre Tochter«, sagte Tsung Tsai. Sie versteckt vor allen unbekannten Menschen. Bleibt bei Tieren. Kind elend.«

Bevor er noch erklären konnte, was es mit ihr auf sich hatte, ging die Tür des Hauses auf, und Gunyun und seine Frau kamen heraus, um uns in ihr Heim zu winken. Sie waren ein seltsames junges Paar, sahen erschöpft und abgemagert aus. Sie trug einen abgewetzten roten Sweater und graue wollene Männerhosen, die ihr viel zu groß waren und von einem Seil als Gürtel gehalten wurden, dessen Enden über ihre Knie hinabhingen. An den Füßen hatte sie Turnschuhe mit roten Schnürsenkeln. Sie hatte stumpfes, kurzgeschorenes Haar und trübe, rotumränderte Augen. Gunyun trug die zerfledderten Reste einer Armeeuniform. Er hatte einen Schnurrbart und die Andeutung eines Kinnbartes.

In ihrem aus einem Raum bestehenden Haus, das zur Hälfte von einem Kang ausgefüllt war, gab es ein Fenster, einen Kohleofen, zwei Wasserkrüge und einen geziegelten Kochherd für einen Wok, auf dem ein Topf mit Essen dampfte. Auf einem Bord gegenüber dem Kang befand sich alles, was sie auf dieser Welt besaßen: einige Küchenutensilien, ein halbes Dutzend Eßschalen und alle möglichen Schnüre, Drähte und Werkzeuge. Auf einer Truhe vor einem Spiegel mit einem Sprung stand eingerahmt der Schnappschuß eines Säuglings, eines pausbäckigen Cherubs.

Der Boden aus gestampftem Lehm war frisch gefegt und mit Wasser besprüht. Auf dem Kang stand ein niedriger gelber Tisch. Ihr Haus war so klein, daß ich, wenn ich auf dem Rand des Kang sitzend die Beine ausgestreckt hätte, die gegenüberliegende Wand mit den Zehen hätte berühren können.

»Iß viel, Georgie«, sagte Tsung Tsai. »Gut oder schlecht spielt keine Rolle. Gib ihnen glücklich. Gib ihnen Gesicht.«

Zum Essen saßen wir alle auf dem Kang. Tsung Tsais Direktive folgend, aß ich viele Schalen mit öligen Kartoffeln und Kohlsuppe mit Dampfklößen. Das Essen war eine ernste Angelegenheit. Wir aßen schweigend, und ich stopfte in mich hinein, was ging, bis ich das Gefühl hatte, gleich platzen oder ersticken zu müssen.

Beim Tee nach dem Essen erzählte mir Tsung Tsai von ihrer Tochter; Gunyun und seine Frau starrten unterdessen auf ihre Schuhe. Fangfang bedeckte ihren Mund.

»Li Roro war noch Baby. Konnte noch nicht sprechen. Es war selbe Jahreszeit wie jetzt. Jeder muß arbeiten. Mama und Papa sind auf Dach, stapeln Mais, trockene Samen. Oma in Haus mit Baby. Aber sie hört nicht gut – zu alt, zu müde ... also sie schläft. Sie bindet Baby an ... wie sagt man ... wie Hund?«

»An einer Leine?«

»Ja, genauso. Es tut mir leid. So leid. Aber du schläfst nicht. Du hörst nicht, wenn Baby schreit. Du kümmerst nicht um ... nicht gut ... tut mir so leid.«

Alle hatten begonnen zu schluchzen. Gunyun lautlos, aber Li Roros Mama wehklagte mit einem dumpfen, langgezogenen Stöhnen.

»Baby, du weißt, wie sie sind. Spielt. Immer nur spielen ... Kerze ... Vorhang brennt ... fällt auf ihren Kopf ... ihr Gesicht verbrennt ganz wie ...«

Tsung Tsai schwieg, ihm fehlten die Worte.

»Aber sie schreit nicht. Still. Baby einfach sitzt da. Sie kommen zurück. Finden sie. Schreit nie. Einfach sitzt.«

»Vielleicht können wir helfen«, platzte ich heraus, ohne nachzudenken. »Amerikanische Ärzte haben viel Erfahrung mit so etwas. Vielleicht können wir ein Wunder für sie arrangieren.«

»So etwas wirkliches Bodhisattva-Werk. Kann retten ihr Leben. Nicht mehr lange, vielleicht zwei, drei Jahre ... sie ist tot.« Tsung Tsai zog an der losen Haut an seinem Hals. »Bringt selbst um, wie Oma getan. So viel schämt. So viel leidet.«

»Ich müßte ein Foto machen.«

Li Roro trug eine schlechtsitzende Perücke und schien

etwa im Alter meiner Tochter zu sein. Sie war winzig und geschmeidig, und ihr Gesicht war eine Horrormaske. Ihre Ohren und der größte Teil ihrer Nase waren weggebrannt. Die Gesichtshaut war fleckig rosa und tiefrot, glänzend und zerknittert wie dünne Plastikfolie. Das Innere ihrer Augenlider war nach außen gekehrt und geschwollen und feuerrot. Ihre Ohren waren kleine Knoten von geschmolzenem Fleisch, die Oberlippe dünn und zu einem Dauerlächeln verzerrt, die Unterlippe dagegen voll und lieblich. Als ich meine Kamera hob, um ein Foto von ihr zu machen, begann sie zu weinen; nur aus einem Auge liefen Tränen.

»Danke, Großvater«, sagte Li Roro, als ich die Kamera wieder senkte. Dann vergrub sie ihr Gesicht in den Händen, drehte sich um und rannte zurück ins Halbdunkel.

Gunyun rang um Atem. Er küßte meine Hände. Er fiel zu Boden und küßte meine Füße.

Ich war entsetzt.

»Tsung Tsai«, flehte ich.

Gunyun weinte. Und Fangfang. Und Tsung Tsai. Wie eine Woge schlugen Schuldgefühle über mir zusammen. *Was habe ich da angerichtet?* Hatte ich nicht schon genug Versprechungen gemacht, die ich vielleicht gar nicht einhalten konnte – gegenüber Tsung Tsai, meiner Familie, meinen Freunden, meinem Verleger, und nun, was das allerschlimmste war, gegenüber einem unschuldigen, einem leidenden kleinen Mädchen.

»Tsung Tsai«, murmelte ich, »das kann lange dauern. Sag es ihnen. Sehr schwierig …«

»Sie warten auf dich, Georgie. Kein Problem.«

In den nächsten Tagen stellte sich eine beunruhigende, betäubende Routine bei uns ein. Nach dem Aufwachen aßen wir etwas und brachen dann mit Gungun im Jeep auf zu Erkundungsfahrten in die Umgebung, auf der Suche nach Hinweisen auf den Verbleib von Xu Dengs Leichnam. All diese Touren erwiesen sich als ergebnislos. In der Abenddämmerung kehrten wir müde und frustriert nach Lanhu zurück. Tsung Tsais Husten hielt sich hartnäckig.

Dann gab es den ersten Lichtblick. Eines Tages erzählte man Tsung Tsai in einer kleinen Stadt am Fuß des Gebirges von einer alten Medizinfrau, die, wenn sie noch lebte, nicht nur ein Foto von Xu Deng besaß, sondern auch wußte, wo sein Leichnam versteckt war. Das war alles. Kein Name, kein Dorf, keine anderen Hinweise – nur diese Geschichte:

»Sie ist noch Baby, vielleicht elf oder zwölf Jahre. Genau wie deine Tochter, Georgie, und o weh, sie ist dabei, grausamen Tod zu sterben. Ihr Leben nur Tränen, wie ein vergehender Schatten. Bis, so sagen Dorfleute, mein Lehrer seine Gebetskette schenkt, sein Buddha-Herz, und ihr langes Leben wünscht. Ihre Krankheit ist vorbei, und sie wird Medizinfrau. Sie kann nicht lesen. Sie kann nicht schreiben. Aber mit Gebetskette meines Lehrers in der Hand sie kann sprechen mit Fuchs und wundervolle Rezepte machen. Sie kann Leuten Leben schenken.«

»Glaubst du wirklich, daß sie Leben schenken kann?«

Tsung Tsai zuckte mit den Schultern. »Hier alles noch wie vor tausend Jahren. Hühner sagen Uhrzeit.« Er ging auf und ab und sah dabei auf den Boden. »Glauben? Nicht glauben? Ist nicht wichtig. Sie kann tun, oder sie kann nicht tun.«

So geschah es denn, daß wir am nächsten Morgen, sobald der Umriß der Berge sich gegen den Himmel abzeichnete, aufbrachen, um die alte Medizinfrau zu suchen. »Hier fragen. Da fragen. Langsam. Langsam wir finden«, war Tsung Tsais Plan.

Wohin wir auch kamen, erregte Tsung Tsai, der Mönch, Aufsehen. Die Leute kamen aus ihren Häusern, um ihn zu berühren, mit ehrfürchtig geneigtem Oberkörper. Sie drängten ihm Geld oder Nahrungsmittel auf. Er nahm gewöhnlich nichts an, gab aber immer tröstende Worte, Rat, Segnung. Sie traten ganz dicht an ihn heran und erzählten ihm von Hochwasser, Dürre, Unfällen, Krankheiten, den Gebrechen des Alters, vorzeitigem Tod. Sie vertrauten ihm die intimsten Details ihres Lebens an – die Säufer, die Ehebrecher, Männer, die ihre Frauen schlugen, Diebe, Verfluchte –, und es belastete ihn.

»Ich mag nicht erzählen, Georgie. Ich mag nichts Schlechtes sagen.«

Nach vielen Tagen durchquerten wir sechzig Kilometer westlich von Lanhu gerade ein trockenes Flußbett. Der Wind wehte jetzt von Norden, und es wurde von Tag zu Tag kälter. Staubige Schafe kauerten sich in den Windschatten der Weiden am jenseitigen Ufer. Sie zuckten mit den Nasen, senkten ihre Köpfe und grasten weiter. In ihrer Mitte stießen wir auf einen hageren, lehmfarbenen Mann, der im Windschatten eines kleinen Hügels unter einem Schaffell kauerte. In einem Korb an seinem Fahrrad lag ein Ziegenkopf.

Selbst unser plötzliches, von einer röhrenden Staubwolke angekündigtes Auftauchen brachte den hageren Mann nicht aus der Ruhe. Er beobachtete uns gleichgültig, bis Tsung Tsai aus dem Jeep stieg. Da ging ein Ruck durch ihn. Er sprang auf, griff nach Tsung Tsais Hand und hielt sie fest. Er flüsterte ihm etwas zu, scharrte dabei mit den Füßen. Und wirklich, er kannte die Medizinfrau.

»Ihr Name ist Su Yin«, übersetzte Tsung Tsai aufgeregt. »Jetzt frage ich, wo sie lebt.«

Der hagere Mann sagte einige Worte und zeigte dabei nach Süden. Dann schwang er sich auf sein Rad, winkte uns mit einer knochigen Hand zu und strampelte langsam davon.

Wir fuhren nach Süden, folgten den Spuren der Schafe durch die Überflutungsmarschen. Eine Stunde später ging es durch Felder mit Sonnenblumen, so hoch wie der Jeep. Die toten Köpfe der Sonnenblumen hingen herab, ihre Stengel klapperten wie Schlangen. Ein Mann mit ausdruckslosem Gesicht, gekleidet in eine erstaunliche Sammlung von Bettlerlumpen und Fellen, schlug auf einen Esel ein. Er hielt gerade lange genug inne, um auf Gunguns Fragen mit einem nickenden »dui-dui-dui« antworten zu können, und winkte uns dann weiter.

Gegen Mittag kamen wir zu einem niedrigen Ziegelhaus, das hinter den Lehmmauern eines verfallenen Bauwerks versteckt lag, welches vor langer Zeit einmal eine Art Festung gewesen sein mochte. In der Luft hing dicker Rauch. Es stank, als hätte man ein Scheißhaus angezündet. Tsung Tsai rief und rüttelte am Eisentor zum Hof. Wir warteten. Es gab keinen Wachhund. An einem Dreifuß in der Mitte des Hofs aus festgestampftem Lehm hing ein Kessel. Man sah einen Korb voller frischgewaschener kleiner Kartoffeln, die noch naß in der Sonne glänzten, und einen Kreis geschwärzter Steine, wo ein Feuer gebrannt hatte. Wieder rief Tsung Tsai. Eine dickbäuchige, pausbäckige Frau stürzte aus dem Haus und kam das Tor öffnen. Sie trug einen schwarzen Männermantel, hatte ein braun und rot gestreiftes Kopftuch umgebunden und trug rote Kunstfasersocken. Kaum sah sie Tsung Tsai, warf sie sich zu Boden und küßte seine Schuhe.

»Medizinfrau«, sagte Tsung Tsai und half ihr auf die Füße. »Sie weiß, wer ich bin. Sie hat mich geträumt.«

»Geträumt, daß du kommst?«

»Ja. Sie träumt.«

Medizinfrau führte uns in einen großen staubigen Raum, dessen Decke ganz mit flachgedrückten Blechdosen verkleidet war. Bis auf einen niedrigen Tisch und einen Kang war der Raum leer. Sie legte ein Kissen an beide Enden des Tischs, klopfte darauf, um uns zum Sitzen aufzufordern, legte Kohlen nach und verließ den Raum.

»Erst wir trinken bißchen Tee«, sagte Tsung Tsai.

Nach einigen Minuten war sie zurück und trug ein Tablett mit zwei Marmeladengläsern und einer blauen Thermoskanne. Mit einer lässigen Handbewegung leerte sie den Bodensatz kalten Tees aus einem der Gläser aus; er landete zischend auf dem Herd. Dampf stieg auf und verbreitete einen schwachen Meeresgeruch. Sie goß uns den traditionellen mongolischen Salztee ein; so brühend heiß, daß ich ihn nicht trinken konnte. Tsung Tsai trank seinen Tee in einem Zug und begann schon sein zweites Glas zu schlürfen, als ich immer noch über das gegen mein Kinn gedrückte Glas blies.

»Sie hat kein Foto«, berichtete Tsung Tsai. »Früher sie hatte eins. Jetzt sie hat Gemälde von meinem Lehrer.«

Medizinfrau stand auf. Sie zog einen Vorhang am hinteren Ende des Raums beiseite und enthüllte eine Nische. In der Nische befand sich ihr Schrein. Eine Kiste diente als Altar. Auf dem Altar standen ein bronzenes Räuchergefäß mit Drachenfüßen, eine Schachtel Streichhölzer, eine verblaßte rote Papierblume, eine Kerze in einer zerbeulten durchgeschnittenen Konservendose und ein kleines gerahmtes Bild von Mao Zedong. Über dem Altar an die Wand genagelt war ein Stück zerknitterte Pappe mit ihrem Bild von Xu Deng. Der Meister hatte entfernt menschliche Züge.

»Ihr Ehemann hat gemalt. Er ist tot. Schon viele Jahre tot«, sagte Tsung Tsai. »Nicht gut. Sieht nach nichts aus.«

»Sieht aus wie ein Außerirdischer«, sagte ich.

»Was bedeutet?«

»Wie ein Marsmensch.«

»Bißchen wie Mars. Mehr wie Mondmensch«, meinte er.

Ich sah näher hin. »Richtig. Ganz entschieden Mondmensch.«

»Foto von Lehrer hat Ehemann verbrannt. Er mußte verbrennen, als Rote Garden kamen. Zuviel ängstlich. Aber sie töten. Sie bringen ihn um.«

Er schnitt mit einer schnellen Bewegung der flachen Hand durch die Luft.

»Shiren Bang... wie sagt man?«

»Viererbande.«

»Ja Viererbande. Sie töten. Töten viele.«

Er schloß die Augen und rieb sich die Stirn.

Medizinfrau ging in die Küche und kam mit einer Schale voller Sonnenblumenkerne zurück.

»Sie weiß, wann mein Lehrer gestorben«, sagte Tsung Tsai.

Mit der Gebetskette, dem Geschenk von Xu Deng, in den Händen stand Medizinfrau vor ihrem Schrein. Sie hob das Kinn, ihre Augäpfel rollten nach oben, und sie begann schnell mit ausdrucksloser Stimme zu sprechen. Tsung Tsai übersetzte.

»›Heute ich muß nach Hause gehen‹, sagt Xu Deng. ›Aber Meister, Ihr wohnt doch hier!‹ sagt sie.«

Die Stimme, die aus Medizinfrau sprach, wurde zu einem Knurren. »›Dies nicht mein Zuhause‹, sagt er. ›Mein Zuhause ist Reines Land.‹«

Während sie sprach, brach sie in Tränen aus und war ebenso plötzlich wieder still. Ihr Gesichtsausdruck und auch ihre Stimme änderten sich ständig.

»›Sei nicht traurig. Mach dir keine Sorgen. Sei ruhig‹, sagt mein Meister. ›Sag jedermann, daß die Mönche nach China zurückkommen werden. Niemand kann den Dharma kontrollieren.‹

Dann mein Lehrer ist weggegangen. Einfach gegangen. Sie sieht ihn nie wieder.«

»Wann war das?«

»Gelbe Jahreszeit, eins-neun-sechs-sieben.«

Xu Deng ging hinaus in die Wüste und saß im Wind, der unablässig wehte. Er saß und ließ sein Leben gehen.

»Er geht einfach zu sterben«, sagte Tsung Tsai, schloß die Augen und atmete langsam und sanft aus. »Shhhh-hhhh«, seufzte er und atmete nicht mehr. Er sah wirklich aus, als sei er tot.

»Dieser Augenblick ist sehr alt«, sagte er endlich. »Dieser Moment, das ist meine Wurzel.«

Die Nachricht von Tsung Tsais Rückkehr hatte sich über die Ebene verbreitet. Wohin wir auch kamen, gleich in welchen abgelegenen Winkel, warteten die Menschen schon auf seine Hilfe; auf heilende Kräuter, auf die spirituelle Führung, die er immer bereitwillig gab. Und überall wußten sie auch, daß er nach Informationen über »den Barfüßigen« suchte, wie Xu Deng bei den Menschen nördlich des Gelben Flusses genannt wurde.

»Bald wir finden jemand, der weiß, wo mein Lehrer ist«, meinte Tsung Tsai zuversichtlich.

In einem Dorf, zu klein, um einen Namen zu haben, winkte uns ein alter Mann mit seiner Krücke zu, wir sollten anhalten.

»Ein Mädchen hier ist in Not; braucht meine Hilfe«, sagte Tsung Tsai.

Wir folgten dem Mann zu einem weiteren armseligen Hof mit einer Lehmhütte. Ein schmutziger kleiner Junge hockte neben der Tür. Eine böse Narbe verlief über sein Gesicht und seinen Nacken. Er hob die Hände. Die Finger an beiden Händen fehlten bis auf das erste Glied. Tsung Tsai tätschelte seine Schultern, stieß die Tür auf und betrat das abgedunkelte Haus. Die Fenster waren mit Sackleinen verhängt. Der Raum stank nach Schweiß und Urin.

Das Mädchen in Not stand mitten im Raum, gestützt von zwei Frauen, die ich für ihre Mutter und ihre Großmutter hielt. Sie war im späten Teenageralter, die Haare zu Rattenschwänzen geflochten, nur das Weiße ihrer Augen war zu sehen. Speichel floß ihr übers Kinn hinab. Sie schüttelte sich, zuckte und spuckte – eine einzige Woge von Alpträumen und Ausscheidungen. Als sie Tsung Tsai gewahrte, benäßte sie sich und schrie.

Tsung Tsai berührte sie an der Schulter, und sie beruhigte sich. Er gab mir ein Zeichen zu gehen.

»Georgie, du machst Spaziergang. Ich muß meine Macht benutzen. Sie sehr elend. Ich muß helfen. Geh jetzt.«

Ich hängte mir meine Kamera um und ging erst nach Westen, dann nach Norden. Einige Kilometer außerhalb des Ortes schnitten ein Mann und ein Knabe, die aus der Ferne aussahen wie van Goghs Bauern, an einem modrigen Teich mit einem rechteckigen Spaten Ziegelblöcke aus dem feuchten Lehm. Sie erstarrten, als ich ein Foto von ihnen machte. Und dann, ohne besonderen Grund, begann ich zu rennen. Ich rannte, als würde ich von bösen Geistern gejagt, die hinter mir durch den Sand schlurften. Ich rannte, bis ich mit brennenden Lungen zur dachlosen Ruine einer Lehmhütte kam. Ich ging hinein und kletterte auf die Überreste des Kangs, sah durch das Westfenster hinaus und versuchte mir das Leben der Menschen vorzustellen, die hier gelebt hatten. Ich bekam keinen Kontakt. Kein Geist erzählte mir ihre Geschichte. Ich rollte meinen Parka zu einem Kissen zusammen, legte mich mit hinter dem Kopf verschränkten Händen nieder und starrte in den wolkenlosen blauen Himmel. Ich weiß nicht, wie lange ich geschlafen hatte. Als ich aufwachte, war es halb fünf. Ich schrieb ein Haiku in mein Tagebuch, alles, was mir aus dem Schlaf noch in Erinnerung war:

> *Im Nachmittagstraum*
> *Schiß ich mir in die Hose*
> *Zwei schöne Goldfische*

In der Abenddämmerung wanderte ich zum Dorf zurück. Gungun stand vor dem Haus und rauchte. Als er mich sah, lächelte er. »Okay.«

»Okay?« fragte ich und zeigte auf die Tür.

»Gut.« Er nickte.

Drinnen fand ich eine völlig veränderte Szene vor. Ein Kessel mit kochendem Wasser blubberte auf dem Herd. Die Sackleinenvorhänge an den Fenstern waren entfernt. Das verrückte Mädchen saß neben Tsung Tsai und hielt still seine Hand. Um den Hals trug sie eine rote Geisterschnur mit schützenden Knoten gegen die Dämonen.

Tsung Tsai strahlte. »Jetzt du siehst diesen Mönch. Jetzt du weißt, Philosophie ist meine Macht. Geist macht Hungrige Geister und macht Buddha, beides. Geist macht verrückt und macht glücklich. Nur Geist.«

»Nun gut, aber was hast du gemacht? Wie hast du sie ge-heilt?«

»Ich benutze meine Macht. Spreche einfach mit Hungri-gem Geist.«

»Nur sprechen? Erstaunlich.«

»Nicht erstaunlich. Wahr.«

»Wie auch immer, das ist ein großer Fortschritt gegenüber dem Brandpfahl.«

»Was bedeutet Brandpfahl?«

»Ein in den Boden gerammter Pfosten.«

»Ein Pfosten?«

»Das ist ein Scherz, Tsung Tsai. Ein schlechter Scherz. Hat eine historische Bedeutung. Früher hat die Kirche He-xen verbrannt, Menschen, die von Hungrigen Geistern, von Dämonen besessen waren. Sie wurden an den Brandpfahl gebunden und bei lebendigem Leib verbrannt.«

»Aiii, sehr schlechter Scherz.«

»Was hast du gesagt?«

Tsung Tsai schaute mich verwirrt an. »Gesagt?«

»Zu den Hungrigen Geistern. Den Dämonen. Um sie los-zuwerden.«

Er klatschte die Hände zusammen und schrie: »Geht weg!«

Ein weiterer Tag. Ein weiteres Dorf. Immer noch keine Spur von Xu Deng.

Die Männer, die im Hof warteten, sanken alle auf die Knie, als sie Tsung Tsai sahen, berührten den Boden mit der Stirn und murmelten etwas. Er trat zwischen sie, hob sie auf und schalt sie sanft. Sie standen da, blickten ängstlich auf ihre Füße; einige hatten Tränen in den Augen, andere griffen nach seiner Robe.

»Zuviel Respekt nicht gut«, sagte Tsung Tsai. Ich möch-te, sie das nicht tun. Respekt hat Grenzen.«

Ein Kleinkind in einem wattierten roten Anzug und einer Strickmütze pinkelte in den Dreck und spielte dann Backe-backe-Kuchen mit dem Matsch, der dadurch entstand.

Mit einem Kosewort beugte Tsung Tsai sich hinab, um den Kopf des Kleinen zu küssen.

»Schmutzig. Zu schmutzig«, sagte er.

Drinnen im Haus warteten etwa zwanzig Frauen und Mädchen. Die besonders alten und kranken saßen auf dem Kang. Die anderen standen dichtgedrängt bis in die Küche. Ich sah ein elfengleiches kleines Mädchen mit laufender Nase, das sich hinter seiner Mutter versteckte. Ein Knabe mit rotweißen Turnschuhen warf mir ein scheues Lächeln zu, hockte sich nieder und schob ein paar Zweige in den Ofen.

»Dieses kleine Mädchen ist schwarzes Kind«, sagte Tsung Tsai.

»Schwarzes Kind?«

»Schwarz ist nicht schwarz. Heißt geheimes Kind. Zweites Kind. Du kennst China.«

»Und was geschieht, wenn die Regierung Wind davon bekommt?«

»Müssen zahlen Geld. Für sie zuviel.«

Tsung Tsai nahm seinen Platz auf dem Kang ein; er saß im Halblotossitz, von den Kranken umgeben.

»Ich muß helfen. Keine Wahl. Sie haben viele-viele Armer-Platz-Krankheiten. Viel schlecht. Kopfschmerzen, schwindlig, hoher Blutdruck, Rheuma, Infektionen, Husten, Magen. Ich muß schnell arbeiten. Keine Zeit für Tasse Tee.«

Er schnaubte die Nase.

»Auch spirituell. Sie hungrig nach Buddhismus. Sie haben nie vergessen. Sie glauben, mein Lehrer ist Buddha geworden. Sie verehren wie Buddha.«

Er machte Pulsdiagnose, hob ihre Augenlider an, inspizierte ihre herausgestreckten Zungen, hörte sich die Beschreibung ihrer Symptome an.

»Körper heiß.«

»Gesicht wird feuerrot.«

»Knochenschmerzen.«

»Stechender Schmerz in Kopf.«

»Harnverhalten.«

»Verschwommenes Sehen.«

»Taube Arme.«

»Zerstreuter Geist.«

Er konsultierte sein Buch über Heilmethoden und schrieb Rezepte auf hauchdünne Schnipsel Luftpostpapier, die er von zuvor sorgfältig dreifach gefalzten Blättern abriß. Seine Patienten nahmen die Zettel entgegen wie heilige Reliquien, berührten Stirn und Lippen damit.

Am Spätnachmittag humpelte eine Frau auf selbstgemachten Krücken herein. Ihr Bein war vom Knie bis zum Fußgelenk purpurrot geschwollen und mit eiternden und stinkenden Geschwüren bedeckt.

»Tut ihr sehr weh. Hart wie Holz. Wie Stein. Infektion. Sehr tief. Aber ich kann behandeln.«

»Bist du dir sicher? Das sieht ziemlich übel aus. Ich glaube, ihr Bein ist tot. Sie könnte daran sterben.«

»Noch nicht tot.«

»Gungun sollte sie ins Krankenhaus fahren. Sie braucht Antibiotika. Mir scheint, ihr Bein muß amputiert werden.«

Er schnaubte verächtlich und zeigte mit kreiselndem Zeigefinger auf meine Brust. »Nicht schneiden. Schneiden. Schneiden. Ihr Westler macht immer. Nicht nötig. Ich behandle viele Fälle wie diesen. Schlimmer.«

Aus seiner Aktentasche kramte er eine Dose mit Medizin, die er vor unserer Abfahrt nach China zubereitet hatte. Er hatte Vaseline mit einer Mischung aus pulverisierten Kräutern, Knochen, Blumen, Pilzen, Blättern, Zweigen und Rinden vermischt. Das ganze ergab eine Salbe von der Konsistenz und Farbe von Radachsenschmiere.

»Riech mal. Hmm-mmm, so süß! Aber stark. Wirkt. Medizin saugt Infektion heraus. Morgen kommt viel schwarze Flüssigkeit heraus. Durch Haut-Löcher … wie sagt man?«

»Poren.«

»Genau, Poren. Giftiges Wasser kommt heraus.«

Er schüttelte sich und hielt sich die Nase zu.

»Schwarzes Wasser stinkt. Sie muß meine Medizin jeden

Tag auftragen. Kommt immer wieder heraus. Bald viel besser. Aber braucht lange Zeit, bis wird wie früher besser. Jetzt du glaubst diesem Mann.«

Er tippte mir mehrfach mit dem Mittelfinger gegen das Brustbein.

»Jetzt du glaubst mir. Schwarzes Wasser kommt.«

»Ich gebe mir Mühe.«

»Buddhistische Idee ist, alles kann sich verändern.«

Nicht ein Wundbrand, lag mir auf der Zunge, aber ich hielt mich zurück. Die Sache lag nicht in meiner Hand. Jedermann war glücklich und zuversichtlich. Wer war ich denn, der ich keine Ahnung von Medizin hatte, etwas anderes zu behaupten? Man half ihr vom Kang herunter, und sie humpelte, gestützt auf ihren Mann und glücklich die Dose mit Salbe festhaltend, hinaus. Sie schien keine Schmerzen mehr zu haben, war in Frieden, gewiß, daß sie bald geheilt sein würde.

Die letzten Patienten des Tages kamen um drei Uhr an. »Sie kommen von Westdorf«, sagte er. »Weit weg. Sehr weit für sie.«

Sie hatten sich leergeweint und kamen, um Trost zu suchen.

»Sie weinen«, sagte Tsung Tsai. »Weinen, weil ihr Sohn stirbt. Getroffen von Blitz. Eben vergangener Sommer. Sie haben nur einen Sohn, also sie müssen weinen.«

Als Tsung Tsai mit ihnen gesprochen hatte, begannen sie wieder zu weinen, dann zu lachen. Sie küßten seine Hände, den Saum seiner Robe, seine Schuhe. Er hatte Mühe, sie dazu zu bringen, damit aufzuhören und zu gehen.

»Was war *das* denn?« fragte ich, nachdem sie endlich rückwärts durch die Tür verschwunden waren.

»Nachdem ihr Junge stirbt, sein ganzer Körper glüht. Viele Stunden lang, er strahlt helles Licht. Alle Leute sehen.«

Durch das Westfenster glitt ein Streifen orangefarbenen Lichts über Tsung Tsais Hände. Er sprach leise. Und die um uns versammelten Menschen nickten und murmelten, während er berichtete, sie kannten die Geschichte, die er mir berichtete.

»Und mehr seltsam. Auch nachdem er zwei Tage tot, er ist noch warm. Weich.«

Tsung Tsai rollte seine Ärmel auf und streckte mir seine Arme entgegen. Er kniff in das weiche Fleisch seiner Unterarme, zog daran, bohrte den Finger hinein.

»Wie bei mir, genau so. Alle haben Angst. Angst zu reden. Trauen sich nicht einmal flüstern. Aber kommt noch seltsamer. Auf Weg zum Friedhof, sein Sarg fängt an brennen – alle müssen zittern und laufen weg. Als Feuer zu Ende, nichts, nicht Junge, nicht Sarg ist angebrannt. Jetzt seine Familie leidet. Sie denken, Dämonen haben ihren Jungen gefangen. Mama kann nicht schlafen, nicht essen. Nur weinen. Ich sage ihnen ganz klar, ihr müßt nicht traurig sein, nicht klagen. Euer Junge war armer Mönch, ganz besonderer Mönch in letztem Leben. Er ist nicht Eine-Generation-Inkarnation. Er hat viele, viele Generationen. So wunderbare Nachricht für sie. Sie gehen weg und weinen nicht mehr.«

Tsung Tsai grinste.

»Ich sage ihnen, ähnlich wie bei Dalai Lama. Dalai Lama kann erinnern sechzig oder siebzig vergangene Generationen.«

»Wirklich?«

»Ja. Er weiß viele Jahre. Viele Jahre. Viele Generationen kennt völlig. Ja, ich sage dir. Sehr stark. Sehr tief. Machtvoller Mönch. Er ist nicht Betrügerperson. Wenn da nicht wären Kommunisten, er würde bleiben in China. Wen könnte er betrügen?«

»Wie steht es mit dir, Tsung Tsai? Kannst du dich an vergangene Leben erinnern?«

»Nein. Ich bin einfacher, armer Mönch. Ich bleibe einfach Mönch. Ist mir egal. Letztes Leben ich kann nicht erinnern.«

»Nun komm schon. Gar nichts? Nicht ein kleines bißchen?«

Er schmunzelte. »Ich erinnere kleines bißchen.«

»Was?«

»Kann ich nicht sagen.«

»Na komm. *Eine* Geschichte.«

»Ich glaube, letztes Mal ich war auch Mönch. So glücklich. Georgie, erkennst du mich?«

»Das tue ich, Tsung Tsai. Ich liebe dich.«

»Das ist besonders genug.«

Das letzte Tageslicht war vergangen. Tsung Tsai hatte den ganzen Tag lang keine Pause gemacht. Er hatte Ratschläge erteilt und Rezepte geschrieben, Mantras gemacht und Menschen berührt. Er hatte gelacht, geweint und Trost gespendet. Nun sah er blaß und eingefallen aus; tiefe Falten zerfurchten sein Gesicht. Er sah zerbrechlich aus, kleiner als sonst. Krampfartiger Husten schüttelte ihn. Er zog seine Mütze bis auf die Augenbrauen herab. Ich wollte ihn an der Hand und am Ellbogen halten, um ihm in den Jeep zu helfen.

»Müde. Bißchen krank. Ich werde älter. Auch ein Zahn macht Problem.«

Er schenkte mir sein sanftestes Lächeln. Sein Zahnfleisch blutete.

17.

Die Geister von Lanhu

*I*ch nahm meinen zweiten Becher Tee mit hinaus in Fangfangs Hof. Die Frühmorgensonne schien weißlich und wärmte nicht. Tsung Tsais Gesicht war grau; er saß auf der Veranda, geschäftig wie immer, und stopfte eine aufgerissene Naht am Hosenboden seiner zimtfarbenen Kulihose. Die Hose und die dazu passende kragenlose Jacke waren vielfach geflickt und wie viele seiner Kleidungsstücke von einem Netzwerk von Sicherheitsnadeln zusammengehalten. Die Hosenbeine waren abgeschnitten, ihre Aufschläge schlotterten mit gelben Seidenlitzen um seine Schienbeine. Die Litze war sein einziges Zugeständnis an Eleganz. Seine Socken gingen bis unter die Aufschläge hinauf, und die Litze sollte sie daran hindern, hinunterzurutschen; aber wie eng er die Litze auch zusammenschnürte, der eine oder der andere Socken rutschte unweigerlich. Er sah aus wie ein Eremitenmönch, ein zerlumpter Exzentriker. Trug er jedoch seine Mönchsrobe, war er verwandelt, wieder ein buddhistischer Meister, elegant und schmucklos, Arzt und Weiser, Vermittler zwischen den Lebenden und den Toten.

Heute morgen trug er seine schwarze gefütterte Polarweste, das einzige Stück der Ausrüstung, die wir vor unserer Abreise nach China für ihn gekauft hatten, das ihm noch blieb. Die Patagonia-Parka, die Technic-Wanderstiefel, die Thermounterwäsche und die Norwegersocken – die ich ihm gekauft hatte, damit er für die für einen Siebzigjährigen vermutlich anstrengende Reise mit warmen Sachen ausgerüstet wäre – hatte er in Mund der Westberge schon kurz nach unserer Ankunft verschenkt. Ich war eines Morgens aus dem Badezimmer von Lins Lagerraum gekommen, nur um zu sehen, wie eine alte Frau mit seinem Parka unter dem Arm fortging. Bald hatte er nichts mehr als seine Lumpen. Er hatte die Armbanduhr verschenkt, den leichten Rucksack, seine Skihandschuhe und den Fotoapparat, von dem er zuvor gemeint hatte, er brauche ihn unbedingt. Er hatte die gefütterte Weste behalten, weil sie, wie er meinte, »gut für die Meditation« sei. Ich gebot dem erst Einhalt, als er sich daranmachte, auch meine Ausrüstung wegzuschenken, einem alten Bauern meine Kamera anbot.

Die Nähnadel tanzte in seiner Hand. Die Nadelspitze tauchte in das dünne Gewebe ein, die Nadel verschwand und tauchte wieder auf, alles in einem gleichmäßigen, schnellen Rhythmus. Er betrachtete das Flickenmuster seiner Kleidung. »Georgie, meine Kultur ist ganz Konfuzius … und Daoismus gemischt mit Buddha. Sehr bescheiden.«

»Ich habe Konfuzius einmal getroffen«, sagte ich.

»Tatsächlich?«

»Ja. In Marrakesch. Marokko.«

»Afrika.« Er nickte.

»Das war 1971.«

Ich erzählte ihm nicht, daß ich mich damals gerade von einem Unfall in der westlichen Sahara erholte, seit Wochen Blut im Urin hatte und mich selbst behandelte, indem ich mich ständig mit einer Mischung aus Haschisch und Opium volldröhnte. Es war kurz nach Sonnenaufgang. Ich saß auf der Terrasse des Hotels Tangier, eingehüllt in eine Berber-Djellaba, und schlürfte süßen Pfefferminztee. Der Platz unter mir füllte sich langsam – Kamelhändler, Jongleure, Wahrsager, Bettler und Schreiber.

»Ich habe ihn in einem Traum gesehen.«

»Konfuzius?«

»Ich habe meditiert.«

»Meditation?«

»Er hat zu mir gesprochen.«

»Konfuzius spricht zu Georgie? Seltsam.«

»Ja, sehr. Er sagte zu mir: ›Von den Vögeln weiß ich, daß sie Flügel haben zum Fliegen, von den Fischen, daß sie Flossen haben zum Schwimmen, von den wilden Tieren, daß sie Beine haben zum Rennen. Für Beine gibt es Fallen; für Flossen Netze; für Flügel Pfeile. Aber wer weiß schon, wie die Drachen auf Wind und Wolken in den Himmel reiten.‹«

Tsung Tsai legte den Kopf schräg und schloß ein Auge. Dann lachte er. »So gute Georgie-Geschichte.«

»Du bist mein Drache.«

»Da ist Wahres dran.«

Der Rhythmus wurde plötzlich unterbrochen und er hielt mitten in der Bewegung inne; dann hustete er hart in seine Faust. Sein Kopf lief rot an, und die Hose rutschte ihm von den Hüften in die Kniekehlen. Er zog sie hoch, hielt seine Nase zwischen Daumen und Zeigefinger und rotzte eine doppelte Ladung Schnodder in den Staub. Ein Huhn trippelte herbei und pickte sie mit komisch schräg gelegtem Kopf auf, während er zusah.

Ich ging ins Haus, goß ihm einen weiteren Becher heißes Wasser ein und brachte es ihm.

»Georgie«, sagte er, während er auf seine Füße starrte. »Höhle meines Lehrers ist sehr weit. Sehr, sehr hoch. Wenn ich lebend zurückkomme, ich bin sehr froh.«

»Tsung Tsai, vielleicht sollten wir den Aufstieg sein lassen.«

»Ist mir egal, was du machst. Gehen. Nicht gehen. Spielt keine Rolle. Ich gehe. Keine Wahl. Ich habe Ziel. Ich habe Pflicht. Leicht. Schwer. Spielt keine Rolle. Ich gehe zu Höhle meines Lehrers. Und ich spreche mit Osten, Westen, Norden, Süden. Aber du weißt, ich bin älter. Einundsiebzig. Ich sehe stark aus wie Baum. Aber man weiß nie. Man weiß nie, wann Baum fallen wird.«

»Ich mache mir nur Sorgen um dich«, sagte ich. »Wenn du gehst, gehe ich auch.«

»Mache keine Sorgen. Ich sage dir immer wieder. Ich höre nie auf. Niemals. Langes Leben ist nicht wichtig. Auch wenn du lebst bis zweihundert. Dreihundert. Selbst langes Leben ist kurzes Leben.«

Sollte ich versuchen, ihn aufzuhalten? War das meine Rolle? Als Freund? Der Sohn, den er nie gehabt hatte? Er handelte mit einer Zielstrebigkeit, die mir völlig fremd war. Er hatte das Wort *Pflicht* benutzt, um seine Mission zu beschreiben. *Pflicht* und *Mission* – für mich waren das beides häßliche Wörter. Sie hatten den Beigeschmack von Zwang, Frömmigkeit und lästigen Verpflichtungen. Was war wirklich wichtig? Sein Wohlergehen, oder die Höhle zu erreichen?

Tsung Tsai nahm schweigend seine Näharbeit wieder auf.

Später am Vormittag kam Ling Yujiu, ein Jugendfreund von Tsung Tsai, zu Besuch. Es war Ling, so hatte Tsung Tsai mir erzählt, den er in jener dunklen Nacht vor so vielen Jahren auf dem Friedhof getroffen hatte, nachdem er aus dem Pu Ji geflohen war.

»Herr Ling mir sagt, Armee ist in Nähe und ich muß weglaufen.«

Ling war schmächtig und hochgewachsen; an seinen Armen hingen die Hände und wulstigen Handgelenke eines viel korpulenteren Mannes. Als er Tsung Tsai sah, wurden seine Gesichtszüge weicher. Während sie miteinander sprachen, tätschelte Tsung Tsai sanft Lings Hände.

»Jetzt du siehst, Georgie. Jetzt du bekommst Beweis. Ich bin besonderer Arzt. Ich muß Heilmeditation machen für meinen alten Freund Ling Yujiu. Er ist krank.«

»Er sieht eigentlich ganz gesund aus.«

»Nein, sehr elend. Er träumt, daß freundliche Menschen ihm Essen geben. Er ißt mit ihnen und trinkt Tee, viele Tassen. Und dann er erschlägt sie mit Axt. Haut und haut.«

»Herr Ling hat geträumt, er sei ein Axtmörder?«

»Ja. Und er auch aufhustet Lehm: schwarz und rot. Dieses Problem kann Menschen umbringen.«

Herr Ling saß mit gesenkten Augen da.

»Ich kann viel helfen. Nicht weinen, nicht träumen, nichts mehr.«

Auf dem Kang sitzend, verknotete Tsung Tsai seine Beine zur vollen Lotosstellung. Wie die Atmosphäre um ihn herum schien er elektrisch aufgeladen. Ling saß auf einem Stuhl unterhalb von ihm und kniff die Augen zu. Er stieß kleine Schreie aus. Ein Fliege summte in hektischen Kreisen um seinen Kopf. Er hatte die Hände im Schoß zu Fäusten geballt, so daß die Knöchel weiß hervortraten, und überkreuzte mal in der einen, mal in der anderen Richtung die Daumen. Während ich ihn beobachtete, erschien ein walnußgroßes Geschwür in seinem Nacken und begann anzuschwellen und sich zu röten.

Würde das Geschwür aufplatzen, und würden Teufel aus dem Axtmörder Ling herausspritzen? Ich traute meinen Augen nicht. War Tsung Tsai ein Mönch oder ein Schamane? Oder vielleicht beides? Er bewegte sich fließend und von den Widersprüchen scheinbar unbeeindruckt zwischen seinem aus Zahlen geschaffenen Universum, dem strikten Rationalismus des Zen und der noch älteren Welt der Besessenheit von Geistern und des Voodoo – des Aberglaubens, der Orakel und der Verwünschungen.

Fangfang kam auf Zehenspitzen herein und brachte eine der chinesischen Birnen, die ich lieben gelernt hatte, sorgfältig geschält und in Scheiben geschnitten. Tsung Tsai öffnete ein Auge.

»Iß, Georgie.«

Ich spießte eine Scheibe mit der Spitze meines Schweizer Armeemessers auf. Der süße Saft spritzte, und beim Kauen knirschte das holzige Fruchtfleisch lauter als Lings Schluchzen. Er saß da mit in die Hände vergrabenem Gesicht. Das Geschwür pulsierte heftig.

Es sollte sich zeigen, daß Lings Geisteszustand nicht das einzige Verfaulte in Lanhu war. Eine Abordnung von drei stattlichen »Großtanten« kam Tsung Tsai besuchen. Sie trugen weiße Pudelmützen, graue Wollhosen, Pullover und ölige Westen aus Schafsfell, die bis zum Hals zugeknöpft waren.

»Witwen. Ihre gesamte Familie ist fort«, erzählte mit Tsung Tsai. »Ehemann, Kinder, alle.«

Die Frauen waren übertrieben unterwürfig, wie sie da, dem Kang gegenüber, zusammengedrängt auf dem Lastwagensitz-Sofa unter dem Fenster saßen. Tsung Tsai hörte mit gesenkten Kopf zu, während sie ihm ihre Situation schilderten. Sie tupften sich die Tränen mit zusammengeknüllten Lumpen ab. Es war offensichtlich, was in ihnen vorging, auch wenn ich kein Wort verstand.

»Übel wächst hier wie Unkraut«, sagte Tsung Tsai.

Eine wahre Flut von Mißgeschicken war über die Menschen von Lanhu hereingebrochen. Ein Cousin aus Tsung Tsais Familie hatte sich eines Tages zur Fötushaltung zusammengekrümmt und war an Lungenembolie gestorben. Die Frau von Lin Guoren war aufgrund eines Schlaganfalls gelähmt. Der Ehemann einer Nichte von Tsung Tsai erwies sich nach der Hochzeit als Trunkenbold und Dieb, der seine Frau schlug. Fangfangs Mutter war vom Karren gefallen. Im vergangenen Sommer hatte es eine schwere Überschwemmung gegeben. Nichts wuchs mehr auf der Ebene außer Sonnenblumen. Und dann war der Markt für Sonnenblumenkerne zusammengebrochen. Es hatte eine Rattenplage gegeben. Die Ackerkrume war dünn geworden.

Ein Wahrsager war aus der Wüste aufgetaucht, ein Mongole in einem Schaffellmantel und mit Sonnenbrille. Er war auf einem Motorrad in die Stadt eingefahren, blieb für drei Tage und kampierte neben dem Friedhof. Unter Verwendung von zwölf Steinen hatte er ein Orakel geworfen und herausgefunden, daß der Friedhof von Kuei verflucht war, von den ruhelosen Geistern jener, die eines gewaltsamen Todes gestorben waren. Die Geister lebten in einer Art Vorhölle und weigerten sich weiterzugehen. Stöhnend und klagend suchten sie das Dorf bei Nacht heim, eine Armee von Schreckgespenstern, Hunderte an der Zahl.

»Viele, viele, kommen von Friedhof«, sagte Tsung Tsai.

»Kannst du sie hören?«

»Ich kann mit ihnen sprechen. Sie können nicht zu Knochen werden. Nicht zu Staub werden. Sie nur werden schwarz, wie ägyptischer Körper«, sagte er.

»Du meinst Mumien? Du sprichst in der Nacht mit Mumien?«

»Mumie, genau.«

Von irgendwo jenseits der Mauer hörte ich eine Stimme. Ich schaute hinaus auf die Ebene, konnte aber niemanden sehen. Die Stimmen riefen erneut.

»Ich höre sie.«

Tsung Tsai grinste. »Georgie, sei kein Narr. Du hörst Kinder spielen. Geister wie Wind; du kannst nicht fassen.«

»Kannst du ihnen helfen?«

»Ich muß Zeremonie machen, mit Geist sprechen. Ihnen Ruhe geben. Ihnen für Weile Frieden schenken. Ich gebe ihnen Gedicht, das ich letzte Nacht im Schlaf höre.«

»Wird der Friedhof dann in Ordnung sein?«

»Nein. Hilft nur bißchen. Boden wird giftig. Darum Friedhof muß verlegt werden. Im Frühling sie können machen. Dann wird alles besser. Körper können werden zu Staub.

Der Friedhof lag ein paar hundert Meter westlich des Dorfes, nach Süden hin von einem Deich abgegrenzt. Die Gräber waren unmarkierte Hügel aus Sand und Steinen. Ich ging hinter Tsung Tsai her. Er zeigte: »Mama und meine beiden Brüder sind hier.« Er beugte sich hinab und legte kleine Stücke Pfannkuchen vom Frühstück auf jedes Grab. Dann holte er eine Handvoll Räucherstäbchen hervor, die Fangfang ihm beim Aufbruch gegeben hatte. Ich zog den Reißverschluß meines Parkas auf und hielt ihn mit ausgestreckten Armen nach vorn, um Tsung Tsai Windschutz zu geben. Wieder und wieder versuchte er, die Stäbchen anzuzünden, aber es hatte keinen Zweck: Der Wind war einfach zu stark.

»Vergiß einfach«, sagte er und steckte ein paar Räucherstäbchen auf jedes Grab. Er schloß die Augen, und seine Lippen bewegten sich.

Als nächstes gingen wir zum Grab seines Vaters und seines Großvaters und wiederholten dieselbe Zeremonie. Als er
fertig war, biß er sich auf den Daumen und schluchzte, ergab er sich endlich seinem Kummer – über den Verlust seiner Familie, seiner alten Welt.

Ich schaute hinab auf den groben Hügel, der das Grab sei-
nes Vaters darstellte. Ich fühlte nichts. Keine reinkarnierten
Seelen. Keine Hungrigen Geister. Noch ein Dichter, dessen
Gebeine nicht zu Staub verfallen wollten.

Gelbe Wolken wälzten sich über die Berge. Ein einsamer
Radfahrer strampelte über den Deich, eine Silhouette gegen
den Himmel. Der Wind biß mir in die Wangen, ich kniff
meine Augen zu Schlitzen zusammen. Tsung Tsais Robe
flatterte um seine Schienbeine, und ich sah, daß seine Waden über seinen heruntergerutschten Strümpfen nackt waren. Er knöpfte den grünen Armeemantel zu, den er sich von
Fangfang am Morgen widerwillig hatte aufdrängen lassen,
und zog seine Mütze über die Ohren. In dem vergeblichen
Versuch, mich warm zu halten, ruderte ich mit den Armen
und schlug mir auf die Schenkel, während ich Tsung Tsai
von ferne beobachtete, wie er im Uhrzeigersinn den Friedhof umwandelte und Mantras rezitierte, um die Mumien zu
befrieden, den Lebenden und den Toten Trost zu spenden.

Als wir zum Haus zurückkehrten, war er erschöpft, geschüttelt von diesem trockenen Husten. Er kippte eine ganze Flasche mit Pillen hinunter, ließ sich auf den warmen
Kang fallen und schlief den ganzen Rest des Nachmittags.
Fangfang heizte den Kohleofen für ihn an. Ich schrieb und
ölte meine Stiefel ein. Als Tsung Tsai erwachte, war seine
Farbe besser, und er hatte einen kräftigen Appetit. Fangfang
hatte eine besondere Suppe aus Lotoswurzeln mit frischen
Nudeln zum Abendbrot zubereitet; sie enthielt schwarze,
rauchig schmeckende Baumpilze, blasse gebutterte Pilze,

feuerrote herzförmige Pfefferschoten, die nur fingerhutgroß, aber höllisch scharf waren.

An diesem Abend stellte ich meinen bronzenen Taschen-Buddha auf eine Truhe und Tsung Tsai klatschte in die Hände.

»Wundabaa! So gut, daß du hast. Guten Abend, Buddha!«

Wir saßen bei Kerzenlicht neben dem Kohleofen, und Tsung Tsai bat mich, das Gedicht zu übersetzen, das ihm im Schlaf gekommen war. Ich war mir sehr bewußt, daß Fangfang uns still bei unserer Arbeit zusah. Als wir fertig waren, war ich bester Stimmung. Der Wind pfiff ums Haus, und Tsung Tsai rollte sich auf dem Kang zusammen; sein Husten hatte sich beruhigt, und er schlief ein. Ich blieb beim Ofen sitzen und bastelte an dem Gedicht herum.

»Kannst du mir vorlesen?« fragte Fangfang, und das tat ich dann, wiederholte die Zeilen, bis der Rhythmus stimmte und die Worte genau zu passen schienen.

Ach, weißer Schädel,
Trauriger Reisekumpan,
Wer bist du?
Wer kennt deinen Namen?
Wie lange ist es her,
Daß du dein Land verließt?
Als du verschwandest,
Hat deine Familie
Blutige Tränen geweint und
Den Herd damit besprengt?
Jetzt lebst du
An diesem düsteren Ort
In einem Grenzbereich,
Als Schatten in einer Schattenwelt,
Als flüchtiger,
Als mißgestalteter Geist.
Wasser fließt und Wind heult.
Traurige und arme Seele,

Laß dir von mir sagen:
Ruhe,
Und hast du Durst,
Dann trinke Tau und Dunst und Regen,
Hast du Hunger,
Schlucke den Wind und Sand und Staub.

Sie schloß die Augen und warf den Kopf zurück, während ich vorlas.

»Traurig«, sagte sie, als ich geendet hatte.

»Ja.«

Es entstand eine lange Pause. Wir sahen uns an im Kerzenlicht.

»Mehr Kohlen?« fragte sie.

Ich schüttelte den Kopf, gerührt von ihrer Großzügigkeit.

»Jetzt schlafen?«

»Ja.«

Sie feuchtete ihre Fingerspitzen an und drückte die Kerzendochte aus. Raschelnd und warmen Atem pustend, nahmen wir unsere Plätze unter Bergen von Decken zu beiden Seiten von Tsung Tsai ein, der ruhig weiterschlief. Der Wind brauste über das Dorf. Der Raum war dunkel wie ein Grab. Als ich die Augen schloß, sah ich den Gipfel des Wulashan, wie er in einen schwarzen Himmel stach. Geister erhoben sich aus den Gräbern, lehnten sich vor und aßen den Wind. Es dauerte lange, bis ich endlich eingeschlafen war.

18.

Das Omen der Höhle

*I*ch erwachte im Dunkeln. Der Wind hatte sich gelegt. Der bronzene Buddha, den ich auf die Truhe gestellt hatte, erstrahlte in hellrotem Licht. Schwaden von süß duftendem Räucherwerk lagen in der Luft.

»Ich beginne zu halluzinieren«, sagte ich in die Nacht.

»Du träumst«, sagte Tsung Tsai. Ich hatte keine Ahnung, woher seine Stimme kam. »Schlaf weiter.«

Am Morgen war ich verstört, aus dem Gleichgewicht. Zu viele Tage in Lanhu. Zu viele Tage, an denen wir ziellos in der Gegend herumgefahren waren, auf der Suche nach einem Leichnam, der endgültig verloren schien.

»Kannst du es wirklich?« fragte ich Tsung Tsai. »Magie wirken?«

»Nur kleiner Geist, wie Baby, spielt mit Magie. Wirklich einfach.«

»Aber tust du es?«

»Nein. Und du?«

Vor lauter Frustration über seine rätselhafte Art hätte ich ihn am liebsten angeschrien. Er behauptete, der Buddhismus beruhe auf einer rationalen, wissenschaftlichen Grundlage. Er sagte stets, das Dao sei vollkommen leer und das Chan frei von aller Magie; und doch glaubte er an Fuchsgötter, und wenn man einen verhexten Friedhof hatte, war Tsung Tsai der richtige Mann. Er war ein Exorzist, ein Wunderheiler, ein Zauberer.

Als ich mich abwandte, schlug Tsung Tsai vor, wir sollten nach einer Höhle am Wulashan suchen, wo er als junger Mönch eine Reliquie, den Wadenknochen eines tibetischen Lamas, versteckt hatte.

»Dieser Lama liebt Magie«, sagte Tsung Tsai. »Er geht auf Wasser.«

»Wie Jesus?« fragte ich.

»Ja, er ist auch einer.«

»Wann fahren wir los?«

»Jetzt. Ich schon Gungun bestellt. Wir fahren zu Maumau. Ihr Ehemann führt uns. Er früher kennt meinen Lehrer. Ich benutze Esel.«

»Du willst auf einem Esel reiten?«

»Sicher. Ich bin guter Reiter. Wie ist mit dir, Georgie? Willst du reiten?«

»Nein. Ich gehe lieber. Das ist sicherer.«

Sein Gelächter kippte um in einen Hustenanfall. Er spuckte rosa Schaum aus und schüttelte den Kopf. Dann trank er heißes Wasser und schluckte vier grüne Pillen. Gungun klopfte an die Tür, und schon waren wir unterwegs.

Bei Maumau war niemand zu Hause.

»Bald sie kommt zurück«, sagte Tsung Tsai und hockte sich, der Sonne zugewandt, in den Windschatten an die äußere Mauer des Gehöfts. Gungun stand wie üblich rauchend an den Jeep gelehnt. Hinter dem Bauernhof erhob sich der Wulashan, mit scharfkantigen, schartigen Graten schnitt er in den Himmel. Die Berge schwebten über mir im gleißenden Licht, so scharf und klar, und doch so traumartig, daß ich, ohne irgendeine Absicht, plötzlich laut rufend losrannte bis an den Rand eines Felsvorsprungs. Dort stand ich, keuchend, und sah draußen in der Ebene, ein paar hundert Meter gerade vor mir, eine Herde Wildpferde. Ihre Mähnen waren lang und fließend.

»Mein Lehrer spricht zu dir«, sagte Tsung Tsai, als ich zurückkehrte. »Macht dich glücklich. Gut für dein Leben.«

»Ich habe Pferde gesehen.«

»Sicher. Wildes Pferd ist frei. Frei wie Chan-Mönch. Wie Gott.

Maumau kehrte heim, ein riesiges Bündel Strauchwerk auf dem Rücken. Sie war eine rundliche Frau mittleren Alters mit einem roten Gesicht. Ihr Ehemann, so dünn, wie sie rund war, ging hinter ihr; er führte zwei Esel, die ebenfalls mit Strauchwerk beladen waren. Als sie näher kamen, schoß eine Elster unter einem der Dachbalken des Hauses hervor.

»Oh, sehr gut!« sagte Tsung Tsai. »Bedeutet Glück. Dieser Vogel sagt mir, wir werden unser Ziel erreichen.«

»Ich schätze, das heißt, wir werden die Gebeine finden?«

Er zuckte die Schultern. »Wer weiß.«

Während wir brühendheiße Schalen Salztee mit Tzumi, harten gerösteten Reiskörnern, tranken, beschrieb Tsung Tsai die Umgebung der Höhle, wo er den Knochen des Auf-dem-Wasser-wandelnden-Lamas versteckt hatte.

Maumaus Ehemann nickte zustimmend.

»Dui. Dui.«

Maumau goß noch einen Tee ein.

Tsung Tsai rührte um und gab löffelweise Tzumi in unseren Tee. Unsere Schalen dampften. Maumaus Ehemann zeichnete eine Karte in den Staub neben dem Ofen.

»Maumau-Ehemann weiß genau, wo ist. Er bringt uns. Nicht sehr weit. Nicht sehr hoch. Und leicht für mich. Ich reite Esel.«

Wir ließen Gungun mit dem Jeep zurück und machten uns auf den Weg, einen engen Canyon aufwärts. Wir folgten einem ausgetretenen Schäferpfad, der sich, von Schafskötteln gesprenkelt, oberhalb eines rauschenden Bachs dahinschlängelte. Maumaus Ehemann und ich gingen zu Fuß. Tsung Tsai ritt ohne Sattel. Er saß auf wie der geborene Reiter. Er war in bester Laune und sprach sanft gleichzeitig zu dem Esel und zu mir.

»So gutes Tier. So freundlich. Ja, ich kenne diesen Ort. Jetzt ich erinnere, Georgie.«

Der Duft von Wacholder lag in der Luft. Im Canyon war es windgeschützt, und die Sonne brannte kräftig herab, reflektiert von den roten Felswänden, die zu beiden Seiten aufsteilten. Es war Apachen-Land.

Der Canyon öffnete sich zu einem kleinen Joch hin, auf dem verkrüppelte Pappeln, Kiefern und etwas, das wie kleine, buschartige Bergweiden aussah, ein vom Wind gekrümmtes und zerzaustes Dasein fristeten. Ziegen unter den Bäumen blökten und stoben auseinander, als ich mich ihnen mit ausgestreckter Hand näherte. Als der Bach sich gabelte, folgten wir dem linken Arm und begannen wieder zu klettern. Mit einem Schnalzen der Zunge gegen den Gaumen trieb Tsung Tsai seinen Esel voran. Der Bach stürzte steil herab, ein reißendes Mahlen, das sich in die Bergflanke fraß – schnell und klar und mit funkelnder Leichtigkeit. Als wir am oberen Ende eines steilen Hangs angelangt waren, sahen wir den Bach unter einer türkisfarbenen Eiswand verschwinden, die uns den Weg versperrte.

Tsung Tsai stieg ab und beriet sich mit Maumaus Ehemann. »Er sagt, Eis kommt letzte Nacht oder heute morgen. Gestern noch wie nichts. Sie holen Ziegen und kommen hier vorbei. Wirklich Leere. Nun ist geworden wie dies. Wasser unberechenbar. Macht Eis. Problem für uns.«

Es hatte nicht geregnet, und die höchsten Gipfel schienen nur leicht mit Schnee überzuckert.

»Unmöglich.«

»Muß möglich sein. Du siehst selbst. Da ist.«

»Aber in nur einem Tag … zuviel … zu schnell … Tsung Tsai, das ist ein richtiger Gletscher. Wo ist der so schnell hergekommen?«

»Himālaya. Genau wie Gelber Wind.«

Wir standen da und starrten hinauf auf den glitzernden grünen Eistrichter, der hinter der Schulter des Berges verschwand. Maumaus Ehemann band Tsung Tsais Esel an einen Baumstumpf, hockte sich hin und begann eine große Zwiebel zu essen wie einen Apfel. Der Esel stand mit hängendem Kopf.

Tsung Tsai studierte den Berghang. Plötzlich schoß sein Arm vor, und er zeigte mit einem wie ein Schnabel gekrümmten Finger auf etwas.

»Sieh«, sagte er. »Dort ist.«

Ich suchte das Gewirr von Felsblöcken und zerrissenen Graten über dem Eisfall ab. Dann sah ich es auch: Etwa fünfzig Meter höher lag, im Schatten kaum sichtbar, der Eingang zu einer Höhle. Mein Auge suchte einen Pfad am Rande des Eises entlang bis hinauf zur Höhle. Es war ein tückischer Aufstieg.

»Na ja, das war's dann wohl«, sagte ich.

Tsung Tsai drehte sich zu mir um, und zum ersten Mal in unserer langen Bekanntschaft waren seine Augen hart.

»Nein«, sagte er. »Du machst. Du willst den Knochen? Geh und finde ihn. Sammle deinen Geist.«

»Ich weiß nicht, Tsung Tsai. Das sieht ziemlich gefährlich aus. Vielleicht kann er ihn holen«, sagte ich und zeigte auf Maumaus Ehemann.

»Rede nicht«, sagte Tsung Tsai. »Geh!«

Maumaus Ehemann hockte da, blinzelte durch seinen Zigarettenrauch und taxierte mich. Ich holte tief Luft und inspizierte den Hang. Er war tückisch. Wie war ich nur in diesen Kult von Knochen und Reliquien hineingeraten? Was hatte diese Höhle überhaupt mit mir zu tun?

Ich begann zu klettern, zögernd zuerst, dann mit wachsendem Selbstvertrauen, immer an der Kante des Eises entlang. Die Felsen waren glitschig, mit wenig Halt für Hände oder Füße. Zum Glück hatte Unterholz seine Wurzeln tief in die Felsspalten gesenkt. An den knorrigen Stämmen und Ästen konnte ich mich vorwärtshangeln.

Die Sonne stand hoch und schien jetzt direkt auf das Eis. Ein dünner Film klaren Wassers floß über die Oberfläche hinab. Ich streckte den Arm aus und berührte das Wasser, es war seidig weich und beinahe heiß. Ich sah zu Tsung Tsai hinab. Mit locker hängenden Armen starrte er zu mir herauf, sein Blick teilnahmslos.

Ich wandte mich wieder zur Felswand, um weiterzuklettern, als mein rechter Fuß abrutschte. Ich begann zu fallen, beide Füße rutschten unter mir weg. Verzweifelt griff ich nach einem kleinen Baum und klammerte mich fest. Unter mir kreiselte die Welt.

Wenn ich hinaufschaute, sah ich, keine zehn Meter über mir, den Eingang der Höhle – aber ich war gelähmt vor Furcht.

»Mein Knie ist schwach«, rief ich hinab. »Ich hab' es mir verdreht; es hält nicht mehr.«

Ich arbeitete mich langsam, schmachvoll wieder abwärts, wobei ich praktisch auf dem Hinterteil hinabrutschte. Wieder unten angekommen, konnte ich Tsung Tsai nicht in die Augen sehen.

»Tsung Tsai, es tut mir leid. Ich bin einfach erstarrt … völlig durchgedreht … ich konnte nicht …«

Er schnitt mir das Wort ab. »Nicht reden. Reden funktioniert nicht.«

Zurück bei Maumau, blieben wir nicht einmal auf einen Tee. Gungun wartete. Eine Stunde später, an einem Bahnübergang, lag ein verkrümmtes Fahrrad, dessen Vorderrad sich langsam drehte. Zwei Meter weiter lag ein Mann auf den Boden hingestreckt, Arme und Beine in seltsam verquerer Position. Die Straße war leer, bis auf ein paar Gestalten, die von jenseits der Geleise in völliger Stille auf den Körper zu rannten. Es war offensichtlich, daß er tot war.

19.

Klar wie Schlamm

*F*angfang servierte das Abendbrot; es gab Fladenbrot, Gläser mit grünem Tee, Schalen mit welkem Kohl, Kartoffeln und Ingwer mit einem Schuß Huma, dem stark riechenden, dunkelbraunen Sesamöl aus der Region. Ich war total fertig von meinem Fiasko am Eisfall. Ich hätte mich gern bei Tsung Tsai entschuldigt für mein Versagen auf dem Berg, dafür daß ich ihn wegen der Magie bedrängt hatte und für viele andere Gelegenheiten, bei denen ich ihm zu nahe getreten war – aber ich brachte es nicht übers Herz. Wir aßen schweigend. Nach dem Abendessen meditierte Tsung Tsai eine Stunde lang und ging dann hinaus zum Graben. Als er zurückkam, hatte er einen angespannten Gesichtsausdruck. »Morgen wir gehen zurück nach Mund der Westberge. Trockene Eingeweide«, erklärte er mir. Dann ging er zu Bett und schlief sofort ein, ohne ein weiteres Wort.

Sein Husten war schlimmer geworden, er brauchte Erholung und ein Bad, aber in der Hauptsache, so sagte mir mein Gefühl, war mein alter Freund es leid, seinen nackten Mönchsarsch über die stinkenden Gräben von Lanhu zu hängen. Verglichen mit Fangfangs Haus war der Lagerraum seines Neffen eine Suite im Plaza Hotel.

Es war weit über Mittag hinaus, als wir uns von Fangfang verabschiedeten – Tsung Tsai hatte den Vormittag gebraucht, um sich auszuruhen. Auf der holperigen vierstündigen Fahrt zurück nach Mund der Westberge war sein Husten immer schlimmer geworden. Nun saß er im Lagerraum über dem Motorradladen und hustete Schleim auf. Kein Mensch zeigte sich, und das Wasser in der Thermoskanne auf dem Tisch war lauwarm.

»Nicht gut«, sagte Tsung Tsai. »Kann man nicht trinken. Muß heiß sein.« In seiner Stimme lag ein ärgerliches Knurren. »Schlechte Arbeit. Mönch darf nicht so sein. Mönch und Pflicht sind eins.«

Ich fragte mich, wie er von den Leuten hier erwarten konnten, daß sie um unsere Rückkehr wußten. Magie?

Ich ging zum Nordfenster und sah hinaus. Aus dem Kamin des Küchenhäuschens stieg ein dünner Rauchfaden auf. Ich zog meine Stiefel an, griff mir die beiden Thermoskannen und ging hinunter. Niemand bewegte sich im Küchenhäuschen. Ich schob den Riegel zurück und ging hinein. Der kleine Raum war warm und gemütlich. Ein großer Eisenkessel summte auf dem Kohleofen neben den beiden Tischen, an denen Lin und seine Angestellten ihr Fleisch aßen. Meine Brillengläser beschlugen. Ich hatte gerade den Rest des Wassers vom Morgen in den irdenen Krug geleert und war dabei, die Thermoskannen zu füllen, als Li Yi, unsere Köchin, auftauchte und mich aus der Küche scheuchte.

Als sie uns die beiden Thermoskannen heraufbrachte, machte sie einen ängstlichen und besorgten Eindruck. Tsung Tsai kippte zwei Tassen brühendheißen Wassers hinunter und nahm dazu ein ganzes Fläschchen seiner kleinen braunen Pillen. Li brachte das Abendessen – Suppe, eingelegten Kohl und zum Nachtisch Pfannkuchen und eine Schale mit Äpfeln und kleinen Bitterorangen. Wir aßen schweigend.

Um fünf Uhr am nächsten Morgen nahmen wir die Übung der Gehmeditation wieder auf. Ich stolperte aus dem Bett und schloß mich Tsung Tsai an. Er hatte sein Schrittempo noch verlangsamt und machte nun rhythmisch alle acht

Schritte eine Pause für acht Takte. Es war geradezu schmerzhaft langweilig. Ich hatte vergessen, wie sehr ich die Gehmeditation haßte.

Tsung Tsai schien ärgerlich, angespannt zu sein. Plötzlich drehte er sich um. »Ich muß allein üben. Du gehst weiter hinten oder vorn.«

Er wollte mich nicht gleich neben sich spüren. Von jetzt an, so instruierte er mich, sollte ich bei der Übung wenigstens zehn Schritte hinter ihm gehen. Wir versuchten es mit den zehn Schritten, aber nach wenigen Minuten hatte ich meinen Gang so weit beschleunigt, daß ich ihn fast über den Haufen lief.

»Genug«, sagte er. »Du bist zu nah.«

Ich war auf dem Weg in mein Zimmer. Durch das Fenster sah ich im ersten Morgenlicht pulvrigen Schnee und Abfall herumwirbeln – fliegende Heerscharen geisterhafter Plastikeinkaufstüten, aufgebläht wie irgendwelche reifen außerirdischen Früchte; ein Sturm von blassem Blau, Gelb, Orange und Rosa.

»Waschen. Händewaschen. Wieder und wieder. Einmal nicht genug.« Plötzlich wurde mir klar, daß Tsung Tsai mit mir sprach.

»Ich soll mir die Hände waschen?«

»Ja. Ja. Ich sage doch gerade. Üben, und du kannst Buddha werden. Heute schlecht. Morgen gut. Buddhistische Idee ist, alles kann sich ändern. Das bedeutet Güte. Besonderes Fühlen. Besonderes Auge. Besonderes Herz.«

Er drehte sich um und wollte weitergehen, wandte sich mir dann aber noch einmal zu.

»Jetzt du waschen. Wieder waschen.«

»Ich werde waschen. Ich werde waschen.«

»Hier ziemlich schmutzig«, sagte er.

Tsung Tsai hatte die Ellbogen auf den Tisch und seinen Kopf in die Hände gestützt. Er war grau. Seine Teetasse

241

dampfte. Zum Frühstück hatten wir faden Brei und Fladenbrot gehabt.

»Weißt du noch, was du nach der Meditation sagen
sollst?« fragte Tsung Tsai.

Ich hatte keine Ahnung, wovon er sprach. »Nein.«

»Du hast wirklich vergessen?«

»Scheint so.«

»Dein Geist nicht klar. *Ka-laar. Ka-laar.* Du mußt sein kla-
rer Geist. Du mußt sehen wie Spiegel. Das am besten.«

Ich strich mir über den Bart und murmelte, um ihn zum
Schweigen zu bringen, hinter meiner Hand: »Ich verstehe.«

»Na sicher du sagst!« Er sprang auf, und ich dachte, er
würde mir eine Ohrfeige geben.

»Sicher du sagst. Heißt gar nichts. Weil du keinen Chan-
Geist hast. Was heißt Chan?« Ich antwortete nicht, und er
wartete gar nicht erst auf eine Antwort.

»Ganz und gar nicht wissen. Du liest nur. Benutzt Form.
Begreifst du? Du benutzt Form. Du kopierst nur. Nur Spiel.«

Ich goß mir noch eine Tasse heißes Wasser ein, nahm einen viel zu großen Schluck und verbrannte mir die Kehle.
Am liebsten hätte ich ihm ein ›Verpiß dich‹ entgegen-
geschleudert.

Er setzte sich wieder, und seine Stimme dröhnte. Ich hörte kaum hin auf das, was er sagte. »… funktioniert … Meditation funktioniert für Chan. Ist auch Chan. Ich bewege meinen Körper und stehe auf. Das ist ›Aufstehen-Chan‹. Essen
ist ›Essen-Chan‹. Gehen, hinsetzen, schlafen und reden, alles ist Chan. Was bedeutet? Das ist Frage.«

»In der Tat, das ist die Frage«, murmelte ich.

»Was bedeutet, ist, ich niemals verliere Geistesgegenwart.
Chan ist reiner Geist. Immer behalten, und du kannst sehen
Osten, Westen, Himmel, Erde. Alles rein. Alles, was kommt,
du kannst sehen. Auch im Schatten du kannst sehen. Das
ist Chan. Nichts kann Chan-Geist erschüttern. Begreifst
du?«

»Klar wie Schlamm.«

Er lächelte, wie mir schien, zum ersten Mal seit Tagen. »Gute Antwort, Georgie. Chan-Geist-Rede. Jetzt du hast es wirklich. Bitte, du mußt lernen.«

20.

Das Grab

Xu Dengs Grab war ein flacher Hügel aus Schutt und Glasscherben.

»Elend.«

Tsung Tsai kniete nieder, küßte die kalten Steine und legte seine Wange dagegen. Ich vergaß zu atmen.

»Ich habe keine Räucherstäbchen. Nichts.«

Tsung Tsai wischte eine Stelle am unteren Ende des Grabes frei von Schutt und legte dort ein Stück Tausend-Blätter-Brot nieder. Dann begann er zu rezitieren, sich mit dem »Herz-Sūtra« tief in die Prajñāpāramitā (die »transzendente Weisheit«; A.d.Ü.) zu ergehen:

Also überwand er alles Übel und alles Leiden. ...

O Shāriputra, Form ist nicht verschieden von Leere und Leere ist nicht verschieden von Form. Form ist Leere und Leere ist Form. ...

Kein Auge, kein Ohr, keine Nase, keine Zunge, kein Körper noch Geist. ...

Keine Unwissenheit und kein Ende der Unwissenheit, bis wir kommen zu kein Alter und kein Tod und kein Ende von Alter und Tod. ...

*Es gibt keine Wahrheit vom Leiden noch von der Ursache des
Leidens noch vom Ende des Leidens, noch vom Pfad.*

Meine Zähne schmerzten vom eisigen Wind. Tsung Tsai
hatte sich Gunguns Mantel über Kopf und Schultern geworfen.

Er erhob sich und umwandelte langsam den Grabhügel.

Als wir am Morgen aufgebrochen waren, dachte ich, wir sei-
en mal wieder auf der Jagd nach irgendwelchen Hirngespin-
sten. Am Abend zuvor hatte Neffe auf einen Tee hereinge-
schaut. Während er dasaß und sich über seinen langen
manikürten Fingernagel strich, berichtete er, er habe von einer seiner unzähligen Kontaktpersonen gehört, Xu Dengs
Großneffe Chen Song lebe in Alt-Baotou. Das war alles. Wir
hatten keine Ahnung, wo genau Chen lebte oder arbeitete und
ob er überhaupt wissen würde, wo Xu Deng begraben lag.

»Wir fahren einfach hin«, sagte Tsung Tsai. »Fragen alle
Leute. Bald wir finden.«

Von Mund der Westberge aus rasten wir ostwärts über die
Fernstraße. Tsung Tsai war gut gelaunt. »Fahren nach Alt-
Baotou. Ahahaha-halt Bauwau-tau ...«, summte er vor sich
hin.

Es war, so unwahrscheinlich es sich anhört, ein wunder-
schöner Tag. Der Wind war schwach, beinahe eine Brise, und
ziemlich mild.

Außerhalb von Baotou staute sich der Verkehr. Die Straße erstickte an Bussen, Motorrädern, Fahrradkarren und
Eselskarren. Die Schornsteine kamen als erstes in Sicht; sie
spuckten Wolken von grünlichem und orangefarbenem
Dreck. Ein riesiger Komplex von mit Kohlekraft betriebenen
Fabriken dräute am Horizont. Die Luft war voller Schwefel,
und es regnete Ruß. Dies war das Industriezeitalter in seiner übelsten Erscheinungsform, eine Höllenvision, Bosch
mal Dickens. Kilometerlange Schlangen von hoch mit Kohle beladenen Lastwagen säumten die Straße. Alles, was sich

bewegte, spie Dreck, Wolken von sauren Kohlenwasserstoffen. Durch hohe Metallzäune sahen wir Berge von Braunkohle; die Lastwagen fuhren rückwärts heran und kippten. Geschwärzte Gestalten kletterten auf den Ladungen herum und schrien sich irgend etwas zu. Kohlehamsterer mit großen Körben auf dem Rücken oder Kartoffelsäcken über der Schulter trotteten die Straße entlang und sammelten Kohlen auf, die von den Lastwagen gefallen waren. Eine Schicht von Asche und Kohlenstaub bedeckte die Welt. Die Lastwagen dröhnten und ratterten. Die Sonne war eine kleine Scheibe, blaß wie der Mond am Tageshimmel.

»Schau, Georgie«, sagte Tsung Tsai. »China sehr reich!«

Jenseits der Fabrik lag die rußgesäumte Skyline der Stadt – graue sozialistische Monolithen, Wohnblocks aus Beton. Wir überquerten die Brücke über den Gelben Fluß und kamen in den alten Teil der Stadt. Auch Alt-Baotou hatte nicht den geringsten Charme; es bestand aus einem Durcheinander von Abbruchschutt und ein- oder zweigeschossigen Bauten aus Ziegeln oder Beton. Knallige rote und gelbe Schriftzeichen waren auf nackte Ziegelwände gepinselt, und die Straßen pulsierten von Wand zu Wand von Menschen und Geschäftemacherei.

»Wir werden all deine Magie brauchen, um diesen Mann zu finden«, sagte ich.

»Du glaubst, ich brauche Magie? Nein. Leicht für mich. Ich mir hole Information. Leute erzählen mir alles.«

Die schlechte Luft von Baotou hatte ihn erwischt. Er hustete und hustete und konnte gar nicht mehr aufhören.

Mit Tsung Tsai als Navigator kurvte Gungun durch die Straßen.

»Hier lang ... dort fahren ... Gungun so guter Fahrer ... da lang ... ich einfach rate Richtung. Ich bin guter Lotse.«

Er war es. Nach weniger als einer Stunde deuteten fünf Kartenspieler, die in einem Hauseingang hockten, zu einem Mann mit einem von einer Plastikplane bedeckten Karren hinüber; er verkaufte Zigaretten und Streichhölzer.

246

»Ok-kaay! Grrr-ayit!« Tsung Tsai sah zwar fürchterlich schlecht aus, aber er hüpfte wie ein kleiner Junge. »Ich sage dir, Georgie. Jetzt du glaubst. Leicht. Schnell. Dieser Mann sagt mir, Chen Song hat gerade eben Zigaretten bei ihm gekauft.«

Wir kletterten die Stufen zu Chens winzigem Büro hinauf. Er saß hinter einem leeren Schreibtisch, ein Parteibonze, ein Sekretär des Landwirtschaftsministeriums. Mit einem Blick hatte er die Situation erfaßt – ich hatte das komische Gefühl, daß er genau wußte, was wir wollten. Und daß er Geld roch.

Wir führten ihn zum Mittagessen aus in ein Restaurant mit großen Wasserbecken vor der Tür. In schlammig-grünem Wasser hingen bewegungslos einige Fische mit schwarzen, starren Augen. Chen setzte sich mit Gungun an einen separaten Tisch; sie wollten Fleisch essen.

»Er weiß, wo mein Lehrer begraben ist«, sagte Tsung Tsai, während er seine Nudeln schlürfte. »Nicht weit von seinem Haus. Er bringt uns nach Essen hin.«

Als wir zum Jeep zurückgingen, schlug das Wetter um. Der Wind frischte auf und wehte in Böen pulvrigen Schnee, Sandteufel und Müll vor sich her. An der Windschutzscheibe klebte etwas, das wie ein Stück mit Scheiße beschmiertes Zeitungspapier aussah.

Tsung Tsai wurde von Hustenanfällen geschüttelt. In einem Mundwinkel hing ihm ein blutgefleckter Speichelfaden.

»Wind macht mir zu schaffen«, sagte er. »Gungun macht Sorgen. Denkt, ich bin zu schwach. Krank. Er will, wir warten.«

»Hört sich vernünftig an«, sagte ich. »Guter Ratschlag.«

»Nein. Mir egal, ob irgendein Wind kommt, irgendein Kälte, irgendein Schreckliches. Wir gehen zu meinem Lehrer.«

Tsung Tsai klopfte sich auf die Brust.

»Hier ich habe Feuer.«

Chen saß mit mir auf dem Rücksitz des Jeeps, während wir nach Südosten aus der Stadt herausfuhren zum Nordrand der Ordos-Wüste. Er preßte sich an mich und kniff zuerst in meine Jeans, streichelte sie dann. Mit Daumen und Zeigefinger machte er einen Kreis. »Okay. Okay«, sagte er mit einem gelben Grinsen. Ich war nicht sicher, ob er damit meine Jeans oder meine Schenkel meinte. Er war ekelhaft, weich und ölig. Ich sagte ihm nicht, er solle seine Hände bei sich behalten.

Nach einer halben Stunde Fahrt auf Feldwegen kamen wir zu einer kleinen Bauernkommune, etwa einem Dutzend weit verstreuter Häuser. Chen lebte hier. Wenige Kilometer weiter nach Osten lag ein ausgelaugtes Feld, Lehm und ein paar Büsche, an dessen Rand eine Linie von Hochspannungsmasten nach Westen marschierte. Der Friedhof war unbrauchbar gewordenes Ackerland, übersät mit Abfällen und buckligen Grabhügeln. Ziegen knabberten an den spärlichen Gräsern; ein Schwein wühlte mit der Schnauze in der Erde. Am Rand des Friedhofs hockte ein Mann und kackte. Xu Dengs Grab war erbärmlich, ein Haufen Steine, einige Glasscherben, Staub und der ständig wehende Wind.

Ich leckte Eis von meinem Schnurrbart. Tsung Tsai stimmte das Herz-Sūtra an. Chen Song stand kettenrauchend beim Jeep. Tsung Tsai beugte sich hinab und berührte das Grab mit der Stirn. Ich fragte mich, wie er sich durch den gefrorenen Boden graben und bei diesem Wind ein Feuer in Gang bringen wollte, um die Knochen zu verbrennen.

»Jetzt wir gehen«, sagte Tsung Tsai. »Gehen zum Haus von Chen.«

Wir arbeiteten uns gegen den Wind zu einem Ziegelbau am westlichen Ende des Friedhofs vor. Ein Mädchen brachte uns heißes Wasser und schürte den Ofen an. Aus einer Truhe voller Stoffe und Garne holte sie einen kleinen Umschlag hervor. Chen händigte Tsung Tsai den Umschlag aus.

»Bild von meinem Lehrer. Wundervoll«, sagte Tsung Tsai. Ich beugte mich über seine Schulter, um es näher zu inspizieren. Das kleine Schwarzweißfoto war brüchig und vergilbt. Es war mit kleinen Streifen Klebeband auf der Rückseite zusammengeflickt.

Tsung Tsai hielt das Foto mit zitternden Händen. Ich hörte, wie er schwer atmete.

»Mein Lehrer. Du nimmst.«

Ich sah mir das Foto näher an. Xu Deng stand da, umgeben, wie mir schien, von einer Familie armer Bauern. Er starrte geradewegs in die Kamera. Er schien zwischen vierzig und fünfzig Jahre alt zu sein, trug eine schwarze Robe und eine schlichte wollene Kappe. Er hatte einen Schnurrbart und Kinnbart; seine Wangenknochen lagen hoch, und er hatte eine dünne gerade Nase.

»Wie Römer«, sagte Tsung Tsai.

Mehr wie ein mongolischer Feldherr, dachte ich. Aber selbst auf diesem brüchigen und verblichenen Foto konnte ich seine Kraft sehen – den spirituellen Krieger, Asketen, Zauberer und Heiligen.

Tsung Tsai wandte sich Chen wieder zu.

»Entschuldige, Georgie, aber ich muß mit ihm reden. Sehr wichtig für mein Leben.«

Sie redeten – wie ich vermutete darüber, wie wir den Leichnam würden ausgraben können. Der Tonfall ihrer Unterredung war zuerst herzlich, wurde dann aber immer gereizter. Chen schrie und fuchtelte mit den Armen. Tsung Tsai verschränkte seine Hände auf dem Kopf. Während Chen kochte, ließ ich das Foto von Xu Deng zwischen den Seiten meines Passes und den Paß in meiner Tasche verschwinden.

Chen verließ den Raum, und Tsung Tsai drehte sich zu mir um. Seine Stimme war beinahe ein Zischen.

»Dumm. Sehr dumm. Dieser Mann sagt, er will nicht irgend jemandem seinen Großonkel geben. Ich sehr traurig; zu sehr, berührt mich zu sehr. Dieser Mann hat keine Weisheit. Aber mach keine Sorgen. Ich werde ihm Honig geben.«

»Überraschung, Überraschung! Ich schätze, das heißt ›Geld‹.«

Tsung Tsai legte seinen Zeigefinger an die Lippen.

»Du kennst Honig. Honig süß. Ich sage ihm sehr freundlich, ich will bauen Stūpa für meinen Lehrer, seinen Großonkel. Vielleicht du kannst mir geben ein, zwei Knochen von seinem Kopf; oder vielleicht Hand. Auch ich ihm gebe bißchen Geld. Ihm gefällt das. Er mag Geld. Hi-hi-hi. Ihm nur Süßes geben. Langsam, langsam. Er sehr verkrampft. Er will sagen nein. Geht weg. Aber ich habe Methode. Langsam, langsam reden. Leicht reden.«

»Leicht verdientes Geld«, sagte ich.

Tsung Tsai nickte und streichelte dabei seinen Unterarm, wie man eine Katze streicheln würde.

»Genau so. Genau so. Genau so. So sanfte Berührung. Langsam, langsam. Jetzt er sagt, okay ich gebe dir.«

»Wieviel?«

»Bißchen Geld. Mach keine Sorgen.«

»Ein paar Knochen? Eine Hand?«

»Gut genug. Selbst ein Knochen, ein Stück genug.«

»Wie? Wann? Bekommen wir die Knochen jetzt?«

»Nicht jetzt. Zu kalt. Falsche Zeit. Es muß nach Neujahr sein, im Frühling. Vielleicht Sommer. Dann mit Familie zusammen wir bereiten vor meinen Lehrer verbrennen. Zeremonie machen. Ist Tradition, chinesische Familiensitte.«

»Traust du ihm?«

»Er ist okay. Er nur will Stūpa bauen. Auch gut. Ich zahle ihm Geld.«

»Werden wir deinen Lehrer hier verbrennen?«

Er zuckte die Schultern. »Sicher hier.«

In der ganzen Mongolei gab es nicht genug Holz, um einen Hund zu verbrennen. Und die Polizisten? Er war schließlich »Mönch«, und es lag ihm nicht, um Erlaubnis zu fragen. Ich versuchte mir vorzustellen, wie eine Armeepatrouille reagieren würde, wenn sie auf einen zerlumpten Mönch und einen schmutzigen graubärtigen Ausländer stoßen würden, die auf einem chinesischen Friedhof um einen Scheiterhaufen herumtanzten. Ich schüttelte den Kopf und lachte.

»Wie?«

»Georgie, du stellst Fragen«, sagte er, amüsiert über meine Inkompetenz. »So leicht. Brennen. Einfach verbrennen. Wir benutzen Kohle.«

»Viel Kohle.«

»Natürlich viel. O ja, sehr viel.« Er stellte sich auf Zehenspitzen und hob die Arme so hoch über seinen Kopf, wie er nur konnte, um mir zu zeigen, wieviel Kohle wir brauchen würden. »Dann ich verbrenne. Verbrenne ... verbrenne. Wird Asche. Danach ich siebe und siebe«, sagte er und fuhr mit den Fingern durch die Asche seines Meisters. »Dann brauche ich nicht irgendeinen Knochen, keine Hand, keinen Kopf. Ich kann finden sein Besonderes, sein Konzentriertes, seinen Diamant. Du mußt wissen, Georgie, Samen und Blut. Seine Energie im Feuer wird zu Diamant – sehr schön, schwarz, gelb und weiß – wie Himmel, wie Stern. Werden zu Geist meines Lehrers selbst. Seiner Kraft selbst. Seinem Buddha-Zentrum.«

Er öffnete die Hand, als präsentiere er mir Xu Dengs Diamanten auf seinem Handteller.

»Wie nennt man auf englisch?« fragte er. »Alle Wahren Menschen haben dies. Notwendig.«

»Seine Essenz.«

»Gutes Wort. Essenz. Genau. In Frühling, Sommer wir können machen. Bringen dann zum Pu Ji. Bauen Stūpa. Dort wir legen ihn hinein.«

»Und was machen wir jetzt?«

»Jetzt wir können auf Berg steigen. Zur Höhle meines Lehrers gehen. Jetzt wir können gehen. Ich finde, wo mein Lehrer ist. Ich bin glücklich. Ich habe Ziel erreicht. Ich muß sagen Hallo zu Felsen und Baum und Himmel. Wir müssen jetzt gehen. Ich kann niemals wieder da hinaufsteigen. Nächstes Mal zu spät. Ich bin zu alt.«

21.

Ein Fehlstart

Als wir zum Lagerraum in Mund der Westberge zurück-
kamen, war es zwei Uhr morgens. Tsung Tsai wollte sich einen Tag lang ausruhen, um Kräfte für den Aufstieg zu sam-
meln. Er war erschöpft und fiebrig und ging schnurstracks
zu Bett. Ich ging auf und ab – meine eigene nächtliche Form
der Gehmeditation, die nichts mit einer Kontemplation der
Leere zu tun hatte. Ich machte mir Sorgen um Tsung Tsais
Gesundheit und mußte an den keuchenden Husten meiner
Mutter denken, wie sie in Phoenix um Luft rang. Ich war er-
leichtert gewesen, daß wir im immer strenger werdenden
Winter nicht auf der windigen Ebene stehen und den gefrorenen Grund aufhacken mußten, um die Gebeine des Meisters zu exhumieren. Aber ich war auch enttäuscht. Nun waren wir den ganzen weiten Weg gekommen – und wozu?
Würde Tsung Tsai überhaupt in der Lage sein, im nächsten
Frühling oder Sommer zurückzukehren? Ich hatte da meine Zweifel.

Ich ging auf und ab. Buddha sah zu. Hustenanfälle unter-
brachen Tsung Tsais Schlaf. Ich konnte ihn nicht davon ab-
bringen, zur Höhle aufzusteigen, selbst wenn ich es gewollt
hätte: Wenn er sich einmal zu etwas entschlossen hatte, dann
war an diesem Entschluß nicht mehr zu rütteln. Durch das
Nordfenster des Lagerraums sah ich in die eiskalte Nacht
und auf die schwarze Masse des Berges im Sternenlicht hinaus.

Mir war klar, daß ich ein Auge voll Schlaf bekommen sollte. Denn wenn Tsung Tsai nicht gerade im Koma lag oder tot sein sollte, dann würden wir um fünf mit der Übung beginnen. Ich döste einige Stunden und traf ihn dann am Buddha. Schon mehrfach hatte er mir mit gesenkter Stimme gestanden, daß er Vorahnungen vom Tod auf dem Berg hatte; also erzählte ich ihm von dem Traum, den ich kurz vor dem Aufwachen gehabt hatte: Ein Löwe und ich umkreisten einander, immer enger und enger, bis wir uns berührten. Dann wurde ich zu Tode gebissen.

»Hao! Ich auch. Gestern hatte ich selben. Denselben Traum. Wundabaa! Bedeutet, du findest bald deine Kraft.«

Dein Wort in Gottes Ohr, dachte ich. Meine Großmutter sagte das immer, wenn ich aufschnitt.

Nach dem Frühstück sagte Tsung Tsai, er müsse sich ausruhen. »Kleine Weile, Georgie«, sagte er. »Bald geht besser. Du wirst sehen.« Er kroch zurück ins Bett und schlief fast den ganzen Tag.

Kalt. Kalte Wände. Kalter Fußboden. Um vier Uhr nachmittags saß Tsung Tsai in seinem Stuhl in der Sonne, eine kleine Insel der Behaglichkeit. Selbst nach seinem langen Nickerchen sah er müde aus. Sehr müde.

»Wie kalt ist es auf dem Berg?«

»Nicht zu schlimm. Georgie, mach keine Sorgen.«

Als er an diesem Abend nach dem Abendessen über eine Tasse heißes Wasser gekauert dasaß, eröffnete er mir, ich solle das Diamant-Sūtra übersetzen, bevor wir auf den Berg stiegen.

»Diamant kann vieles schneiden, viel hartes Material. Aber Material kann Diamant nicht schneiden. Bedeutet, Weisheit kann Dummheit schneiden. Dummheit kann Weisheit nicht schneiden. Ich sage dir ganz klar die Philosophie und Natur von Diamant-Sūtra. Von Buddha-Geist.«

Ich hatte schon mehrfach versucht, das Diamant-Sūtra zu lesen, hatte es aber nie bis zum Ende geschafft. Es langweilte mich. Die Übersetzungen, die ich gefunden hatte, waren ohne Poesie – wortreich und unverständlich. Die Herausforderung reizte mich.

»Bevor wir auf den Berg steigen? Aber dazu haben wir keine Zeit«, meinte ich.

»Du brauchst keine Zeit. Ich gebe dir Idee. Höre ganz gerade zu. Nur fünf Sätze, aber darin du hast alle Weisheit von Welt.«

»Weniger ist mehr – der Gedanke gefällt mir.«

Ich glaubte an das kurze Gedicht – zum Beispiel die siebzehn Silben des Haiku, oder das Ku, meine eigene Erfindung, ein Gedicht von nur fünf Wörtern, die ohne »wenn« oder »und« oder »aber« übereinandergestellt waren.

Üppige
Brüste
Milchige
Monde
Lippen

»Ja, Georgie, aber du mußt finden Reine-Wahrheit-Worte. Niemals schlafen. Immer weiter lernen und spielen. Du mußt wissen, jede Erziehung muß Spiel sein. Weisheit hat keine Grenze. Aber sei einfach. Kompliziert macht Durcheinander. Schreibe einfach ganz gerade. Schreibe so, daß auch Baby verstehen kann.«

Ich muß wohl gelächelt haben, denn er fuhr mich an.

»Das kein Scherz. Sammle dich. Nur ein Geist. Ein Punkt. Bitte wirf deinen selbstsüchtigen Geist weg. Schreiben und dann lesen. Lesen, wieder und wieder. Begreifst du meine Sūtra-Worte ein einziges Mal, dann du kennst Buddha-Geist.«

»Ich kann es kaum erwarten.«

»Chanzai! Chanzai!« sagte Tsung Tsai. »Bedeutet: Sehr gut! Sehr gut! oder Hervorragend, hervorragend! Außerordentlich gut! Bestens! oder So gut! So überaus gut!«

Er schüttelte enthusiastisch beide Fäuste mit nach oben gestreckten Daumen. »Werde Buddha. Werde wirklich.«

Das gefiel mir; es war die Poesie, in der Tsung Tsai und ich uns immer begegnen konnten. Poesie war das einzige, das immer klar war.

»Wenn ich also diese Übersetzung mache, wenn ich diese fünf Sätze verstehe, dann werde ich augenblicklich Buddha?«

»Chanzai! Chanzai!« Tsung Tsai lächelte. »Beste Idee.«
Er diktierte. Ich schrieb.

Die Natur des Diamant-Sūtra ist leere Natur.
Der Sinn eines jeden Dharma ist Nicht-Natur.
Alles, was wir sehen, ist Natur.
Natur ist nicht verschieden von Leere, und Leere ist nicht verschieden von Natur.
Die Lösung:
Leere und Nicht-Leere gehören beide zur Natur.

»Jeder Mensch hat diese Weisheit«, sagte er. »Genau wie Buddha. Dies ist das ganze Chan, das ganze Zen. Dies ist die Leere-Wahrheit.«

»Hört sich an wie Physik. Quantentheorie. Quarks.«

»Genau, Wissenschaft. Chan-Physik.«

Tsung Tsai saß ganz still auf seinem Stuhl. Er starrte mich an, lange, eine ganze Minute, vielleicht länger. Dann durchbrach er die Stille mit einem Schrei.

»Sieh!«

Er sprang auf, stand plötzlich.

»Jetzt du wirst Buddha. Du bist nicht durstig; bist gar nichts. Du brauchst nicht: heute ich übe, morgen ich übe – ein Jahr, zwei Jahre, zehn Jahre, hundert Jahre, eine Million Jahre. Nein. Du mußt nicht gehen durch Zeit und Luft.«

Ich fühlte mich der Erleuchtung kein bißchen näher. Und es gefiel mir, durch Zeit und Luft zu gehen. Tsung Tsai setzte sich wieder auf seinen Stuhl.

»Sieh noch einmal her.« Er nahm einen Schluck Tee. Seine Augen wurden rund vor Begreifen, vor Erstaunen.

»Jetzt du bist Buddha«, sagte er.

Wieder war ich grundlos ärgerlich. »Ist ja schön, daß du das meinst. Aber was ist mit Sex?«

»Sex ist wichtig.«

Halb zwei. Ich wachte plötzlich auf, dachte, der Morgen sei schon angebrochen, rappelte mich hastig auf. Nackte Füße auf eiskaltem Fußboden. Die Nacht war reines Schwarz.

Leere und Nicht-Leere gehören beide zur Natur.

Heute sollten wir unsere Führer treffen, den jüngeren Bruder des alten Wang Gueiru und seinen Freund, einen Hirten, der den Berg kannte. Ich goß mir eine Tasse heißes Wasser ein, schlürfte es und schlief im Sitzen wieder ein, eingehüllt in den Kokon, den ich aus meinem Schlafsack gemacht hatte.

Das vertraute Schlurfen von Füßen.

Der Morgen ist die beste Zeit, um den Buddha zu treffen.

»Guten Morgen, Tsung Tsai.«

»Zu früh. Nicht sprechen.«

Es war halb vier.

»Magen macht Probleme«, sagte er um vier.

Um fünf sagte er: »Wasserproblem.«

Um sechs unterbrach er die Übung.

»Komisch. Ich habe wirklich zwei Flaschen genommen. Heilpillen.«

Er sah grün um die Nase aus.

»Ich habe auch eine Medizin«, sagte ich. »Sie wirkt sehr gut.«

»Heilpillen wirken.«

»Nicht so wie Imodium.«

»Ich versuche deine Medizin«, sagte er nach einem weiteren hastigen Ausflug zur Toilette.

Um zehn war er wieder obenauf.

»Pille wirkt. Wir gehen.«

»Besonderer Arzt«, sagte ich und klopfte mir dabei auf die Brust. »Ich!«

»Ich war dreimal krank, Georgie. Du nie! Du bist stärker als ich.«

»Wirklich? Stärker als du?«

»Wirklich.«

»Großartig. Wunderbar. Ich werde schreiben, was du sagst. ›Georgie ist stärker als ich.‹«

»Nein, tu das nicht.« Er lachte. »Vielleicht nicht wirklich wahr.«

Gungun schalte in den langsamen Allradantrieb um. Er bog von der tief zerfurchten Sandpiste ab und quälte den Jeep auf einem Ziegenpfad, der auf einen nackten Sandberg zulief, durch eine felsige Schlucht. Wir folgten einer flachen Senke, ein ehemaliges Flußbett, jetzt eine dünne Kieshaut, zu einem ausgedörrten, ärmlich aussehenden Bauernhof. Einige Dutzend Ziegen und drei zottlige breitbäuchige mongolische Ponys grasten. Ein Stück weiter weg schichteten ein Mann und eine Frau Heu auf. Ringsumher war die Landschaft in Bewegung – ruhelose Dünen und Hügel. Der Wind wehte uns unablässig eine gute Ladung Sand ins Gesicht.

Wir stellten den Jeep an einem Schutthaufen ab, der einmal Wang Gueirus Vorratskammer gewesen war, und traten durch das Tor in seinen Hof. Wang war zu Hause und begrüßte uns. Er berichtete, unsere Führer, der Vierte Bruder und Zhao Fo, der Hirte, seien auf dem Berg und suchten nach dem Pfad zu Xu Dengs Höhle. Tsung Tsai wärmte seine Hände in den Ärmeln. Auf dem Flachdach waren Wangs Söhne beim Dreschen; sie worfelten das Korn, indem sie es mit Schaufeln hoch über ihre Köpfe in den Wind warfen. Die Spreu ließ Halos in der Sonne aufleuchten. Wang rief zu ihnen hinauf, und sie winkten uns zu.

»Wann brechen wir auf?« fragte ich.

»In fünf Tagen. Sie müssen erst Arbeit fertig machen. Wir treffen dort«, sagte Tsung Tsai mit einer nach Norden auf den Berg weisenden Geste. »Nähe von Maumaus Haus. Früh. Erstes Morgenlicht.«

Wangs Frau rief uns ins Haus und servierte uns mit Öl besprenkelte Nudeln.

»Alle essen voll«, sagte Tsung Tsai. »Essen glücklich. Danach wir wieder sprechen.«

Aber der alte Wang bedrängte Tsung Tsai. Er war sichtlich besorgt.

»Gibt es ein Problem?«

»Kleines Problem. Weg bißchen lang. Bißchen gefährlich. Mach keine Sorgen.«

»Wie lang?«

»Fünfunddreißig Meilen.«

»Fünfunddreißig Meilen? Ist er sicher? Er muß fünfunddreißig Kilometer meinen. Chinesische Meilen. Hin und zurück. Er meint doch wohl rauf und wieder runter?«

»Ja, beides zusammen. Chinesische Meilen.«

»Bist du sicher?«

Tsung Tsai war sich sicher. »Einhundert Prozent.«

Ich bekam langsam ein ungutes Gefühl. »Wie gefährlich?«

»Bißchen gefährlich. Letztes Jahr hat Erdbeben Durcheinander angerichtet. Pfad bißchen kaputt. Kein Problem.«

»Ist es zu schaffen?«

»Wir schaffen. Aber es gibt noch anderen Weg. Vielleicht.«

»Was für einen Weg?«

»Soldatenstraße.«

»Was ist das?«

»Wangs vierter Bruder hilft Soldaten Straße bauen. Für das Radar. Er kennt. Wir können benutzen.«

Der Plan war, vor Morgengrauen die Hälfte des Weges bis zu dem Punkt hinaufzufahren, wo die Militärstraße die Westflanke des Wulashan berührte. Von da aus sollten wir dann auf einem Pfad, den Zhao Fo kannte, quer über den Berg zur Höhle aufsteigen.

»Hilft sehr viel. Spart viele Stunden.«

»Und was ist mit den Militärs?«

»Kleines Problem. Gungun fährt schnell zurück. Er kann nicht warten. Er trifft uns vor Dunkelheit hinter Mei Le Geng Zhao. Wir gehen einfach langen Weg abwärts. Sehr gefährlich. Aber wir haben keine Wahl.«

»Also, ich weiß nicht. Ich bin allergisch gegen Militärs.«

»Soldaten können uns nicht sehen. Mach keine Sorgen. Wir versuchen einfach. Pfad sehr kaputt. Schwierig.«

»Nun, wenn du meinst, das sei der beste Weg.«

»Der beste.«

Wang Gueiru schien zu verstehen. Er nickte bejahend und murmelte »Dui, dui, dui«.

Also dann: Vor Morgengrauen, in fünf Tagen, die Militärstraße. So war es beschlossen.

»Gut«, sagte Tsung Tsai. »Jetzt wir können gehen.«

»Ich bin bereit.«

»Ich auch«, sagte Tsung Tsai. »Mönch ist immer bereit.«

Gungun wartete auf uns. Er hatte seine Nudeln aufgegessen und stand da, an seinen geliebten Jeep gelehnt. Jenseits der niedrigen Mauer aus gestampftem Lehm flog eine rote Papierblume mit grünen Blättern im Wind, trudelte von West nach Ost über die Straße und war verschwunden.

»Ein Omen«, sagte Tsung Tsai. »Bedeutet Erfolg. Buddha gibt sie uns. Ein Geschenk.«

Noch ein Omen, dachte ich. Ich mußte daran denken, wie wir an seinem Küchentisch in Woodstock die Münzen geworfen hatten. *Kiën / Das Schöpferische.* Sechs ungebrochene Linien: die Stärke ohne jede Schwäche; die Urkraft in ihrer Essenz.

Aber ich erinnerte mich auch daran, in Wilhelms Interpretation des ersten Hexagramms ein ominöses Flüstern gefunden zu haben – vielleicht eine Warnung davor, mich, wie ich das immer zu tun pflegte, auf meine Unbesiegbarkeit, mein Glück zu verlassen – *irgend etwas über das Sterben auf einem Berg.*

Ich glaubte mit der gleichen Zuversicht an das *Yijing*, mit der ich an Tarotkarten oder Astrologie glaubte – das heißt, überhaupt nicht. Und dennoch, die alten Orakelsprüche besaßen Poesie, und darin liegt immer Wahrheit.

Hochmütiger Drache wird zu bereuen haben. – Hier liegt eine Warnung gegen ein titanisches Emporstreben, das über die Kraft geht. Ein Sturz zur Tiefe würde die Folge sein.

Ein nervöser und aufgebrachter Neffe erwartete uns, als wir nach Mund der Westberge zurückkehrten. Er versuchte fast eine Stunde lang, uns davon zu überzeugen, von dem Aufstieg Abstand zu nehmen.

»Neffe hat Angst. Auch Familie. Sie denken, ich bin zu alt. Fürchtet, daß Regierung Schwierigkeiten machen wird.«

Natürlich war Tsung Tsai nicht zu überzeugen. Lin ging.

»Er sehr ärgerlich. Kann man nichts machen. Du kennst mich. Machen wir Spaziergang«, sagte er. »Gut für uns. Bißchen Philosophie-Gespräch.«

Wir gingen spazieren.

»Georgie, kannst du mich sehen?«

»Ja.«

»Kannst du nicht. Du kannst nur Schatten sehen.«

Ja, ich sah den Schatten, seine Zerbrechlichkeit, die Sterblichkeit, die hinter seinem Rücken lauerte.

»Tsung Tsai, geht es dir wirklich gut genug, um den Aufstieg zu schaffen?«

Er antworte nicht, drehte mir den Rücken zu.

Es war kurz nach neun, Samstag abend, Feten-Abend in Mund der Westberge, Innere Mongolei. Auf der anderen Straßenseite rotierten rote, weiße und blaue Discolichter in der »Große Nördliche Wein Bar«, und durch die Fenster wummerte so etwas ähnliches wie Musik, ein heiser krächzendes mongo-sino-amerikanisches Pop-Rock-Gemisch. Absurderweise versuchten die Partygäste einen Walzer gegen den Beat der Musik zu tanzen, unbeholfen wie Zehnjährige in der Tanzstunde. Langsam. Im Kreis herum. Im Kreis herum. Von irgendwoher schrie eine Stimme, vielleicht eine weibliche, etwas in ein kaputtes Megaphon, das sich anhörte wie *Jingle Bells*. Motorradtaxis ohne Schalldämpfer und ununterbrochen hupende Jeeps patrouillierten die Straße auf und ab.

Mittwoch. Mood indigo. Ein geisterhaft blasser Mond ging unter. Ein Ort des schwebenden Lichts. Aber keine Führer. Ich ging auf und ab. Tsung Tsai summte vor sich hin. Gungun rauchte, an den Hang gelehnt.

Tsung Tsai tanzte.

»He, es geht los!«

Er jauchzte.

»Wundabaa! Besonderer Berg. Besonderer Ort. Besondere Situation. Du weißt, was ich sage.«

»Ich weiß.«

Er platzte vor Vorfreude.

»Ja, ja. Es geht los!«

Aber es ging nicht los.

Wir warteten in der Nähe der Militärstraße, aber von unseren Führern, Wangs viertem Bruder und dem Schäfer Zhao Fo, keine Spur.

Wir warteten, bis es zu spät war, um den Aufstieg anzugehen. Dann, mit dem ersten Morgenlicht über unserer linken Schulter, holperten wir in unserem Jeep über die Bahngeleise in Richtung Fluß zu der verstreuten Gruppe von Lehmhütten, um neue Pläne zu machen.

Tsung Tsai murmelte verärgert.

»Leben sehr seltsam.«

Beim alten Wang war die Tür verschlossen. Wir warteten, schmiegten uns wie Katzen an eine sonnenbeschienene Lehmmauer. Ein kleiner Junge auf einem rostigen Fahrrad kam vorbei. Wir schickten ihn los, Wang und den Vierten Bruder zu finden.

»Wahrscheinlich er arbeitet auf Feld«, sagte Tsung Tsai.

Nach ein paar Minuten tauchte Wang auf, gefolgt von einem Schwanz von Dorfkindern. Sein Gruß pfiff durch seine Zahnlücken.

»Mitofo. Mitofo.«

Tsung Tsai rappelte sich auf und ging ihm entgehen.

»Amitofo.«

Er hielt Wangs Hände fest, während sie sich angeregt, offenbar amüsiert unterhielten. Tsung Tsai drehte sich zu mir um.

»Morgen. Nicht heute. Ich mache Fehler.«

»Tatsächlich morgen?«

»Wer weiß? Zahlen können falsch sein. Eins-zwei-drei-vier könnte fünf sein.« Er grinste und schlug sich mit dem Handballen an die Stirn: »Aiii«, stöhnte er. »Beinahe Mathematik.«

22.

Der Aufstieg

Wir trafen Wangs vierten Bruder und Zhao Fo um halb vier Uhr morgens am Bahnübergang, zehn Kilometer südlich von Mei Le Geng Zhao. Die beiden waren klein, sehnig und voller Vitalität, mit vom Alter wie Walnüsse verschrumpelten Gesichtern, die Augen schmal vom ewigen Blinzeln in die Sonne. Beide trugen Stoffschuhe mit aus Hanf geflochtenen Sohlen. Zhao Fo hatte einen dünnen Kinnbart und Schnurrbart aus spärlichen, einzeln stehenden Barthaaren. Ihm fehlten die meisten Zähne, und seine Wangen, das Kinn und die Stirn waren von Warzen gezeichnet. Rote lange Wollunterwäsche blitzte unter seinen fadenscheinigen Kunstfaserhosen und einem schäbigen Wollpullover hervor. Vierter Bruder war glattrasiert und rotbackig. Er machte einen wohlhabenderen Eindruck als Zhao Fo, war weniger abgerissen. Er trug eine Baseballjacke, und der Rand seiner braunen Wollmütze war bis auf die Augenbrauen heruntergezogen.

Um vier Uhr hatten wir endlich entschieden, nicht die Militärstraße zu benutzen. Die Soldatenstraße war verboten.

»Wir laufen«, sagte Tsung Tsai. »Beste Idee.«

»Dui, dui, dui«, sagte Vierter Bruder.

»Okay, okay, okay«, echote ich. *Bleib locker* war mein Mantra.

263

Wir bestiegen den Jeep, Vierter Bruder und Zhao Fo quetschten sich neben mich auf die Rückbank. Gungun, der mit der Ausrüstung des Wagens angeben wollte, drehte die Heizung voll auf, und bald schwitzten wir alle. Wir stanken nach Ziegen- und Männerfett, der Geruch von ungewaschenem Fleisch und schmutziger Kleidung. Mir gefiel es.

Während wir durch die Dunkelheit fuhren, schwatzten Gungun, Tsung Tsai und die Führer ununterbrochen – schnelle, klickende Silben. Tsung Tsai drehte sich zu mir um. »Sie sagen, Weg ist anstrengend. Sie machen Sorgen wegen mir. Ich sage ihnen dasselbe, was ich dir sage.« Er schlug sich mit der offenen Hand gegen die Brust und sagte mit geschlossenen Augen weise nickend: »Mönch.«

Wir fuhren bis zum Rand der Ebene, hinauf auf den Sattel, auf dem das Lamakloster Mei Le Geng Zhao thronte, und folgten dann einem nur schwach sichtbaren Pfad der hinter der nördlichen Mauer des Klosters verlief. Wo der Pfad begann, in das Vorgebirge mit seinen runden Kuppen anzusteigen, schaltete Gungun in den langsamen Vierradantrieb um. Der Jeep schwankte und rumpelte und quälte sich über einen unwegsamen Pfad vorwärts, der für Menschen, Bergziegen und Maultiere gedacht war, kroch hinein in den Tunnel, den seine Scheinwerfer in die Dunkelheit bohrten. Bei allen im Wagen herrschte angespannte Stille, nur Tsung Tsai schien unbeeindruckt.

»Jeep kann in Himmel steigen!« jubelte er.

Wir parkten, wo der Pfad von einem reißenden Bach durchtrennt wurde. Tsung Tsai stand im frostigen Morgengrauen und schlug sich die Arme kreuzweise auf Brust und Schultern. Er hatte, natürlich, seine gelbe Pudelmütze auf. Unter seiner alten Reiserobe trug er einen dicken Trainingsanzug der Roten Armee. Und seine dünnen Kulihosen waren für diese besondere Gelegenheit an den Fußgelenken mit schwarzen Wickelgamaschen umschnürt. Seine Kletterausrüstung bestand aus einer gefütterten Weste und einer Art von Deckschuhen, leichten Halbschuhen aus Leinen mit einer Gummisohle, die er in Mund der Westberge speziell für die Klettertour gekauft hatte. »Gut«, hatte er gesagt, als er sie aussuchte. »Besser als deine Stiefel.«

Jenseits des Bachs wurde der Pfad schmaler und stieg steil an.

»Wie weit?« fragte ich wieder.

Tsung Tsai beriet sich mit unseren Führern. »Sehr lang«, sagte er. »Sie sagen gefährlich. Pfad kaputt und rutschig.«

»Und, schaffst du das?«

»Für mich ist leicht. Ich sage Gungun, er soll uns hier um drei Uhr wieder treffen.«

»Ist das denn genug Zeit. Ich dachte, sie haben gesagt, der Weg sei sehr lang?«

»Nicht zu lang. Wir gehen.«

Er überquerte als erster den Bach und hüpfte dabei geschickt und anmutig von Stein zu Stein. Ich folgte ihm und wäre beinahe in das kalte reißende Wasser gefallen. Der Himmel war blaß, und in der Luft hing der scharfe harzige Geruch von Zypressen.

Tsung Tsai rief: »Wir kommen, Meister!«

Ich griff in meine Jacke und rieb, auf daß es mir Glück bringe und wegen der Liebe, mit der es aufgeladen war, das Amulett, das meine Tochter mir kurz vor unserer Abreise geschenkt hatte. Es war ein Vishnu, der hinduistische Bewahrer des Universums. Im Schatten des Lama-Klosters hatte ich einen konischen Steinhaufen ausgemacht, der von einem groben Davidsstern aus Zweigen gekrönt war. Das Grab eines anderen reisenden Juden?

Der erste Anstieg war hart; das Wetter war kalt und garstig und der Pfad verdammt steil. Während ich mich mühen mußte, nicht den Anschluß zu verlieren, dachte ich an meine Tochter. Jetzt hätte ich sie gern im Arm gehalten, ihr warmes Haar gerochen. Ich stellte sie mir vor, wie sie mit ihrem Kuschelbären im Schoß im Schneidersitz auf ihrem Bett saß und eine Kassette für mich besprach. Sie hatte mir eingeschärft, sie erst dann anzuhören, wenn ich mich in China einsam fühlen sollte. Ich hatte bis zur vergangenen Nacht damit gewartet, sie abzuspielen. Ihre Stimme auf dem Band war voller Tränen.

»Papa, ich sitze zusammen mit Där-Bär auf dem Bett in meinem Zimmer. Mein Zimmer sieht heute richtig gut aus und hoppla da ist ein Groschen auf dem Fußboden. Du hörst dieses Band wahrscheinlich nicht bevor du in der Mongolei bist und deshalb sollst du einfach nur wissen daß ich dich wirklich sehr lieb habe und daß ich dich ganz doll vermisse und wenn du noch einmal weggehen solltest dann bekommst du es mit mir zu tun. Okay? Also geh nicht wieder weg ohne mich mitzunehmen. Und … ich werde mir keine Sorgen um dich machen weil du ja den Anhänger hast den ich dir gegeben habe also ich liebe dich so sehr …«

Der Bach rauschte und gurgelte an unserer Seite. Die Dunkelheit hob sich langsam, kaum merklich, Schatten um Schatten. Vierter Bruder – der kaum einssechzig groß war und wohl nicht viel mehr als fünfzig Kilo wog – trug vier Liter Imperial Mineralwasser und achtzehn Tausend-Schichten-Pfannkuchen in einem Sack über seiner Schulter. Das waren unsere ganzen Vorräte. Ich hatte nur meine Kamera und Filmmaterial bei mir. Tsung Tsai trug seine schwarze Aktentasche. Es wäre sinnlos gewesen, ihn zu fragen, wozu er die brauchte. Zhao Fo ging voraus, und ich machte die Nachhut. Sie gingen leicht hin- und herschwankend wie Seeleute, nach vorn gebeugt und mit locker auf dem Rücken zusammengelegten Händen. Der Bach blieb rechts unter uns zurück, immer tiefer, während wir schräg über die Wand der Schlucht aufstiegen. Ein Falke zog seine Flügel ein, stieß durch einen Spalt beunruhigend blauen Himmels herab und tauchte in den Schatten ein.

Zhao Fo zeigte auf eine kleine Pflanze mit dunkelgrünen Blättern.

»Chinesischer Poison Ivy«, sagte Tsung Tsai. »Macht geschwollen.«

Die Pflanze sah gar nicht nach dem Giftsumach aus, den ich von zu Hause kannte, aber ich wußte, daß sie natürlich recht haben würden, und so sparte ich mir jeden Kommentar.

Auf einem flachen Felsen neben dem Pfad lagen Stücke von Schalotten, einige Sonnenblumenkerne und verstreute Zigarettenstummel. Überall fanden wir den beruhigenden Dung von Tieren vor. Ziegen, Schafe und Packesel. Um acht Uhr sah ich auf das an meine Jacke angesteckte Thermometer. Es waren minus acht Grad, eine angenehme Temperatur zum Klettern. Tsung Tsai schien in guter Verfassung zu sein: Er schwebte geradezu dahin.

Die Schlucht öffnete sich auf ein kleines abschüssiges Feld voller Steine, die mit sternförmigen Flecken blauer und gelber Flechten übersät waren. Mitten auf dem Feld stand die dachlose Ruine einer Hirtenkate. Es war nicht auszumachen, wo der Pfad jenseits des Feldes weiterging. Wie sich herausstellte, hatten Zhao Fo und Vierter Bruder sich damit begnügt, den Pfad bis hierher zu erkunden. Oberhalb der Hütte endete das Feld vor einer nackten Granitfelswand, die unmöglich zu erklimmen war.

»Muß richtiger Weg sein«, sagte Tsung Tsai, und wir verteilten uns am Fuß der Felswand. Zhao Fo fand eine Lücke in der Wand, eine steile Bresche, die so schmal war, daß wir beim Klettern mit den Schultern links und rechts anstießen. An ihrem Scheitelpunkt öffnete sich die Bresche in eine mit Espen bewaldete Schlucht; die glatten Stämme glänzten silbrig in der Sonne.

Wir pausierten, um zu Atem zu kommen. Die Luft wurde wärmer, und meine Beine fühlten sich kräftig an. Ich nahm meine Gletscherbrille aus der Westentasche und streifte sie mir über. Der Pfad schlängelte sich elegant durch die Espen. Mit dem Rascheln unserer Füße in trockenen goldenen Blättern schreckten wir kleine Vögel auf; sie zwitscherten und zeterten.

Dann stieg der Pfad wieder an. Er war zwischen dreißig

Zentimeter und einem Meter breit und wand sich um die steile Schulter des Berges. Links von uns stieg eine Felswand auf, zur Rechten ging es steil hinab in eine tiefe Schlucht mit trockenem, steinigem Grund. Die Höhe machte sich bemerkbar. Die Luft war dünn, und die Sonne brannte mir ins Gesicht. Ich hatte einen unangenehmen Druck auf der Brust, und die Atemzüge brannten mir hoch und heiß in der Kehle. Ich mußte mit Anfällen von Höhenangst kämpfen, sah mich fallen und fallen in überdeutlicher Zeitlupe.

Mit zehn Jahren in Chicago war ich in der Stadt von Dach zu Dach gesprungen, der Fall war Flug für mich. Doch dann eines Tages rutschte ein Junge namens Floyd aus. Er stürzte in die Gassenschlucht und schlug dabei auf beiden Seiten gegen die Hauswände an. Der Rausch der Höhe wurde zu dem blutigen Klumpen, der unten auf dem Asphalt lag.

Tsung Tsai rief zurück zu mir: »Vorsicht, Georgie. Nicht runtersehen. Mach kleine Schritte.«

So gegen zehn Uhr hatten wir uns verirrt.

»Mach keine Sorgen. Diese Männer waren über zwanzig Jahre nicht hier oben. Sie vergessen einfach.«

»Besser, sie vergessen nicht allzuoft einfach so.«

Wir überquerten ein dünnes Bachgeriesel.

»Aiii! Hier ist Weg wirklich. Erinnerung. So gut.«

Wir waren jetzt seit fünf Stunden unterwegs. Tsung Tsai lief immer noch leichtfüßig. Ich war erschöpft. Es war schwer abzuschätzen, wie weit wir vorangekommen und wie hoch wir aufgestiegen waren. Wir waren inzwischen tief im Gebirge, scharfe Grate erhoben sich wie Brecher vor und hinter uns. Wir kletterten in einen Flecken blauen Himmels hinauf zu einer kaum Armeslänge breiten Kerbe im Fels.

In der Sicherheit der Bresche konnte ich verschnaufen, und plötzlich fiel die Beklemmung von mir ab, als sei irgendein essentieller Moment der Erinnerung und Angst einfach weggespült worden. Von diesem Scheitelpunkt fiel der Pfad steil zu einem schmalen, treppenförmigen Berggrat ab, auf dem ein Dutzend zottelige Ziegen grasten; wie Akrobaten balancierten sie auf winzigen Vorsprüngen. Ein Hirtenmädchen mit rotem Schal um den Hals hütete sie. Als sie Tsung Tsai bemerkte, senkte sie den Kopf auf die vor der Brust zusammengelegten Hände hinab und kam dann auf uns zu, als seien ein Mönch in Roben und ein bärtiger Barbar mit Gletscherbrille am Wulashan nichts Besonderes. Sie schien zu wissen, wer Tsung Tsai war und warum er hier war. Sie begannen sich zu unterhalten. Es stellte sich heraus, daß ihr Großvater Xu Deng gelegentlich Nahrungsmittel geschenkt hatte.

»Sie nennt meinen Lehrer ›Der Barfüßige‹«, sagte Tsung Tsai. »Hier. Dort. Überall. Alle Leute meinen, er ist Gott. Buddha.«

»Kennt sie seine Höhle?«

»Sie kennt. Weit weg. Ihr Papa erzählt ihr. Noch vier, vielleicht fünf Stunden. Pfad ist schlecht. Sie war niemals dort, aber weiß bestimmt.«

»Fünf Stunden?«

»Noch weit. Geduld.«

Tsung Tsai segnete sie, indem er beide Hände auf ihren gesenkten Kopf legte und vor sich hin flüsterte. Als er geendet hatte, drehte sie sich um und schleuderte einige Steine auf ihre Ziegen.

»Sss-yiii!« pfiff sie.

Die Ziegen tanzten auf dem Pfad an uns vorbei. Sie folgte ihnen und verschwand über den Buckel des Grates.

Tsung Tsai stand bewegungslos. Er griff unter seine Pudelmütze und fuhr sich mit der Hand einige Male über die Haarstoppel, die auf seinem rasierten Schädel sprossen. Schließlich erzählte er.

»Vater von diesem Mädchen Kommunist. Er zerschlägt Gong von meinem Lehrer. Aber danach sein ganzes Leben wird miserabel. Verrückt. Er stirbt. Bringt sich selbst um. Elender Mensch.«

Vierter Bruder wandte sich an Tsung Tsai und drängte uns weiterzugehen. Es war schon nach elf. Wir kletterten über die Kante des Felsgrates aufwärts. Zu beiden Seiten ging es bedrohlich steil abwärts. Meine Zunge war klebrig, dick und fühlte sich zwischen meinen rissigen Lippen an wie Gummi.

»Geduld«, sagte Tsung Tsai wieder zu allen und zu sich selbst. »Seid vorsichtig. Viel gefährlich. Langsam. Langsam.«

Der Abgrund zur rechten schwang sich nach Norden in die Ferne und eröffnete großartige Ausblicke auf im Dunst gestaffelte Gipfel. Wir drückten uns flach gegen die Felswand, um zwei mit Ästen beladene Lastesel passieren zu lassen; die Glocken um ihren Hals bimmelten. Ich ließ mich auf alle viere fallen, holte tief Luft und schaute über die Kante des Pfades. Ein Schwarm Vögel huschte davon, aufgeschreckt von einem Hagel von Steinchen, die ich versehentlich über den Rand gewischt hatte. Aufgedunsen und gespenstisch hing der Kadaver eines Lastesels auf einem mit Büschen bewachsenen Felsvorsprung in der Wand unter mir.

Der Pfad machte eine Kehre und ging weiter abwärts. Wir waren jetzt wieder in den Schluchten, hohe Felswände ringsumher. Wir umwanderten eine runde Bergkuppe. Ein-, zweihundert Meter unter uns stand in einer Bergwiese eine steinerne Hütte, umgeben von einem Labyrinth von Pferchen aus Ästen und Zweigen. Rote Stoffetzen flatterten knatternd im Wind. Es war ein Ort unerreichbarer Abgeschiedenheit, ein Miniatur-Shangrila.

»Wir machen bald Pause«, sagte Tsung Tsai. »An meinem besonderen Platz.«

Wir kletterten weiter über eine Serie von steilen Serpentinen, bis wir auf einer hochgelegenen Wiese anlangten. Quellwasser rieselte durch einen Hain kleiner knorriger Zypressen. Mitten im Gehölz lag eine flache Granitplatte. Ein runder Stein lag an ihrem Kopfende. Das Ganze sah aus wie das Bett eines Riesen.

»Mein Mönchsbett«, sagte Tsung Tsai. »Vor vielen Jahren habe ich diesen Stein hingelegt. Als Kopfkissen.«

»Diesen Stein? Der muß doch einen Zentner wiegen!«

»Ja. Da ist er. Ich mache einfach. Kein Problem.«

Ich schwang mich auf Tsung Tsais Bett und lehnte mich, das Gesicht zur Sonne gewandt, gegen sein Kopfkissen.

»Elstern?« Ich zeigte auf die schwarzschnäbligen Vögel, die auf Abstand blieben und rauh und zänkisch zeterten.

»Pica pica«, sagte Tsung Tsai.

»Dein Bett ist bequem. Ich mag es.«

»Ist wahr. Ich benutze viele Male. Esse hier. Meditiere.«

Zhao Fo packte unser Wasser und unsere Pfannkuchen aus. Tsung Tsai blieb stehen.

»Setz dich doch hin, Tsung Tsai.« Ich klopfte auf den Fels neben mir. »Ruh dich aus auf deinem Bett.«

»Wenn ich sitze, nicht wieder aufstehe.«

Ich bemerkte, wie sehr seine Hände zitterten. War er wirklich zu schwach, um wieder aufstehen zu können, wenn er sich erst einmal hingesetzt hatte? Ich griff mir eine Flasche Wasser und kippte die Hälfte in einem Zug hinunter. In meinem Kopf pochte es.

Vierter Bruder schüttelte warnend einen Finger.

»Langsam, langsam«, sagte Tsung Tsai.

Vierter Bruder und Zhao Fo bissen herzhaft in die Pfannkuchen.

»Besser … nicht … trinken.« Tsung Tsais Worte kamen abgehackt. Er kam einfach nicht zu Atem. »Einmal du fängst an, du kannst nicht mehr aufhören. Brauchst immer mehr.«

Ich nahm noch einen Schluck Wasser, spülte Multivitaminpillen, achthundert Milligramm Ibuprofen und zwei Hundert-Milligramm-Koffeintabletten hinunter. »Geht nicht anders«, sagte ich. »Sonst kann ich nicht schlucken. Ganz ausgetrocknet.«

Ich brachte es fertig, etwas von dem Pfannkuchen durch meine trockene Kehle hinunterzuwürgen und warf die Krümel den Elstern als Opfergabe zu. Am liebsten hätte ich mich hier unter den raschelnden Zypressen neben dieser Quelle und mit dem Wasser, das sie ja nicht zu trinken brauchte, gegen den Stein zurückgelegt und hätte ein Schläfchen gemacht, während sie weiterzogen. Ich fühlte mich ganz behaglich in meiner langen Polypropylen-Unterwäsche, die den Schweiß von der Haut wegsaugte, aber Tsung Tsai fröstelte. Ich sah, daß die Bündchen seiner langen Armeeunterwäsche naß waren. Er war offenbar in Schweiß gebadet. Mein Thermometer zeigte knapp vier Grad über Null an.

Ich muß weggedöst sein. Vierter Bruder schüttelte mich sanft. Ich rappelte mich mit steifen Gliedern wieder auf.

Das Plateau ging in eine weitere Steigung über, die nach Westen zur Wetterseite um den Berghang herumführte. Hier gab es weniger Tierdung, weniger Vegetation. Unsere Führer hatten ein strammes Tempo angeschlagen, wie bei einem Gewaltmarsch. Es war gegen Mittag, und wir waren jetzt sieben Stunden unterwegs. Wenn das Hirtenmädchen recht hatte, standen uns noch vier Stunden Aufstieg bis zur Höhle bevor. Die Sonne ging um sechs Uhr unter. Wir sollten wir den Rückweg in der Dunkelheit schaffen? Ich hatte erste Ahnungen, daß es Wahnsinn sein könnte weiterzugehen. Aber es fiel kein Wort über die Möglichkeit umzukehren. Ich wußte, das Tsung Tsai absolut entschlossen war. Er würde zur Höhle seines Lehrers hinaufklettern, ganz gleich, welche Konsequenzen das haben könnte.

Wir stiegen unablässig höher und nach Norden und kamen schließlich unter einer riesigen überhängenden Felsplatte in den Schatten. Die Temperatur sank deutlich. Der Wind war eisig und schneidend. Tsung Tsai hielt für einen Moment bei einer flachen Höhle inne.

»Wenn Wetter schlecht, ich hier schlafe. Viele gute Geister.«

Sein Atem ging keuchend, seine Schritte waren unsicher. Beinahe wäre er gefallen. Ich fing ihn am Arm auf, aber er schüttelte meine Hand ab. Er summte vor sich hin. Zhao Fo zeigte den Hang hinauf auf einen Baum mit schwarzer Rinde. An seinen trockenen Ästen hingen verschrumpelte rote Beeren. Zhao Fo hastete zum Baum hinauf und pflückte sämtliche Früchte ab. Tsung Tsai und Vierter Bruder strahlten. Offenbar hatten wir hier so etwas wie Manna vom Himmel gefunden.

»Medizin«, sagte Tsung Tsai. »Beeren. Selten und ganz besonders.«

»Was für eine Art von Beeren?«

»Besser-fühlen-Art. Iß!«

»Was für eine Art von Baum?«

»Blüten-Beeren.«

Wangs vierter Bruder bot mir eine Handvoll an.

Ich zögerte nicht. Das war Medizin nach meinem Geschmack. Ich warf mir die ganze Handvoll auf einmal in den Mund. Die Blüten-Beeren waren breiig, fast ohne Saft, nur schwach süßlich und hatten harte Kerne.

»Stein nicht essen«, sagte Tsung Tsai.

»Ich lutsche sie nur. Macht Spucke.«

Gegen halb eins kamen mir die Jahre, die ich damit verbracht hatte, mich anzutörnen, schließlich doch noch zugute. Mein Geist, empfänglich für veränderte Bewußtseinszustände und geschult im Umgang damit, war wieder einmal high. Ich tanzte. Eine Handvoll Blüten-Beeren, Ibuprofen, Koffein – und ich war der Nurejev der Berge. Tsung Tsai schüttelte seinen Elfenkopf. Seine gelbe Strickmütze wackelte hin und her.

»Lustig«, sagte er.

Das war es in der Tat.

»Wir kommen bald zu Drachenfelsen«, sagte er.

»Was?«

»Da ist richtiger Drache.«

Der Mönchspfad führte am Rand eines steilen Felsengestades entlang und machte dann einen abrupten Schwenk aufwärts, hin zum Ufer eines reißenden Bergbachs, der uns über Felsstufen entgegenbrauste und in eine Schlucht zu unserer Rechten stürzte. Knapp zweihundert Meter nach der Biegung waren Vierter Bruder und Zhao Fo stehengeblieben.

»Drachenfelsen«, sagte Tsung Tsai.

273

An der Felswand keine fünf Meter vor mir sah ich etwas, das wie der versteinerte Schädel eines Drachen aussah. Es hatte die Umrisse eines Velociraptors, riesige Kieferknochen mit Reißzähnen. Ich schloß die Augen für einige Momente, sah dann wieder hin und blinzelte. Er war immer noch da. Ich hatte eine Vision dieses Landes vor langer Zeit, als es hier statt steiniger Berg- und Wüstenlandschaften Seen, Sümpfe, Marschland und Heiden gab mit Riesenfarnen, Ginkgos und Sagobäumen.

»Georgie«, sagte Tsung Tsai. »Dies sind die Himmelsdrachen.«

»Mist!« Einige Kilometer zuvor hatte ich Zhao Fo, der bereits Tsung Tsais Aktentasche übernommen hatte, gebeten, auch meine Kamera zu tragen. Ich hatte sie vorher mit einem Riemen auf die Hüfte geschnallt getragen und war auf dem engen Pfad mehrfach damit gegen die Felswand angeschlagen, so daß sie mich in Richtung Abgrund stieß. Trug ich sie jedoch auf der abschüssigen Seite, dann hatte ich das Gefühl, daß sie mich in die Tiefe zog. Ich hätte sie mir auf die Brust hängen sollen, aber ich war zu durcheinander, um klar denken zu können. Inzwischen hatte Zhao Fo bereits die Schlucht vor uns durchquert und kletterte ein ganzes Stück weiter oben in die Sonne hinauf.

»Zhao Fo! Warte! Meine Kamera! Tsung Tsai, meine Kamera!«

Ich schrie gegen das Rauschen des Bergbachs in der Schlucht an und gegen den Wind – vergeblich.

»Du machst Foto später«, sagte Tsung Tsai.

»Okay, später. Beim Abstieg. Na gut, auf dem Rückweg.«

Halb zwei; der Wind trieb uns Sand wie mit Nadelspitzen ins Gesicht.

»Nicht weit von hier hat Wolf einen meiner älteren Brüder gefressen.«

»Ein Wolf hat einen Mönch gefressen?«

»Ja. Gibt großen hier auf Berg. Aber mich hat er in Ruhe

gelassen. Ich sage ihm: Geh weg – oder friß mich, wenn du willst. Ist mir egal.«

Der Klang seiner Stimme und sein wieder etwas sicherer Schritt sagten mir, daß es ihm besserging – Erschöpfung und Kälte schienen vorerst gebannt, die Beeren wirkten noch.

Um zwei waren wir dem Dach der Mongolei nahe. Die Landschaft war trostlos, felsig, einsam. Ich spürte die Blase am großen Zeh meines linken Fußes aufplatzen. Um Viertel nach zwei gelangten wir auf ein ödes Plateau, auf dem Eisflächen sich mit flechtenbewachsenem Felsgestein abwechselten. Gestaffelte Grate erstreckten sich nordwärts in die Ferne. Vor uns dräute der Gipfel des Wulashan.

»Da ist es!« rief Tsung Tsai.

Er lief voraus. Wir rannten über das Plateau, stolperten, keuchten. Um Atem ringend, rutschend und uns festklammernd, erklommen wir einen beinahe senkrechten Hang mit losem Geröll und zogen uns schließlich auf einen kleinen Felsvorsprung. Am hinteren Ende einer Felsplatte, nur einige Meter vor uns, lag der Eingang zu einer Höhle. Wir waren am Ziel.

Tsung Tsai brach zusammen. Er flüsterte: »Wo sind Erde, Wolken, Himmel? Wo ist mein Lehrer?«

Ich sank neben ihm zu Boden. Unsere Führer knieten wie erschossen am Boden.

Es war Viertel vor drei. Ich legte meinen Arm um Tsung Tsai.

»Du bist zurückgekehrt, Tsung Tsai«, flüsterte ich. Ich hätte ihn gern Lehrer genannt, aber ich brachte es nicht fertig.

»Ich bin zu Hause«, sagte er.

Ich fühlte mich eigenartig, schien mir selbst im Weg zu stehen, als ich mich aufrappelte und zum Eingang der Höhle hinüberging. Sie war größer, als ich sie mir vorgestellt hatte, etwa dreieinhalb Meter breit, einsfünfzig hoch und drei Meter tief. Zu beiden Seiten des Eingangs war eine grobe

Steinmauer aufgeschichtet, um die Öffnung abzurunden und zu verengen.

»Haben Lehrer und ich zusammen gebaut«, sagte Tsung Tsai, der hinter mich getreten war. Ich klemmte einen Stein in eine Lücke dieser Wand der alten Mönche.

Natürlich hätte ich Tsung Tsai den Vortritt lassen sollen, aber ich stürmte voran. Im gedämpften Licht der Höhle konnte ich gerade noch eine Felsplatte am Ende der Höhle erkennen. Dort hatte Xu Deng immer gesessen, Tsung Tsai zu seinen Füßen. Ein dichter Teppich aus Ziegenkötteln, trockenen Blättern und pudrigem, vom Wind hereingewehtem Löß bedeckte den Boden der Höhle, die seit vierzig Jahren nicht mehr ausgekehrt worden war.

Tsung Tsai kam mir nach. Er schien meine Gedanken zu lesen. »Sehr schwer«, sagte er. »Wir leiden viel und schlafen nie. Nur sagen Sūtra. Meditieren.«

Ich setzte mich zusammen mit Tsung Tsai zur Meditation nieder, fühlte jedoch nichts außer Erschöpfung.

»Georgie, du gehst raus. Ich muß Sūtra sagen. Wieder meditieren.«

Tsung Tsai saß im Eingang der Höhle und schloß die Augen. Sein Atem wurde langsamer, schien aufzuhören. Ein weißes Licht strahlte von seinem Kopf aus und erhellte die Höhle. Ich holte mir meine Kamera von Zhao Fo und schoß mit surrendem Motorantrieb zwei Rollen Film hintereinander.

Als Tsung Tsai die Augen wieder öffnete, erzählte ich ihm von dem Licht.

»Ein weißes Licht, wie von einer Taschenlampe, kam aus deinem Kopf.«

»Ahh, das ist Buddha-Licht. In Wirklichkeit hat jeder Mensch solches Licht. Ist natürlich. Nichts Besonderes.«

Wir standen nebeneinander am Rand der Felsplattform und betrachteten das Panorama. Grat hinter Grat verloren sich gestaffelte Bergzüge in die Ferne. Nach Osten hin öffnete sich eine schalenförmige Senke, in deren Grund die winzige Hütte lag, die wir auf dem Hinweg gesehen hatten. Der Wind hatte etwas Arktisches, und die Sonne stand bereits niedrig.

Von oberhalb der Höhle rief Wangs vierter Bruder uns etwas zu. Eilig, fast im Laufschritt kam er zu uns herab und händigte Tsung Tsai ein Stück Bronze aus, das grün war von Patina. Tsung Tsai führte es an seine Lippen und dann an sein Herz.

»Vom Gong meines Lehrers«, sagte er. »Hirtenmädchen hat mir Geschichte erzählt. Hat sie von ihrem Vater. Als Gong zerbrochen war, Wasser ist versiegt. Ist nie mehr wiedergekommen. Ich denke Erde, selbst Stein waren traurig.«

Wir kletterten zehn Meter den Hang oberhalb der Höhle hinauf zu dem Platz, wo einst eine Quelle entsprungen war. Unter einem Riß in der Felswand war der Granit von dem Wasser, das hier einmal geflossen war, zu einem kleinen Bekken ausgewaschen.

»Jedes Jahr zu Silvester wir haben hier mit bißchen Wein und Essen gefeiert«, sagte Tsung Tsai. »Wir treffen viele Weißer-Fuchs-Götter. Sie kommen, meinem Lehrer Verehrung erbieten. Sie kommen in Nebel, in kreisenden Wolken. Wie Tornado.«

»Füchse und Wolken?«

»Ja. Und sie gehen wieder genauso. Nur andere Richtung. Rückwärts. Schwer zu erklären. Leute glauben nicht an solchen Zustand von Erfahrung.«

Tsung Tsai atmete schwer. Er war grau im Gesicht und völlig ausgepumpt. Weiß der Teufel, wovon er da redete.

Zhao Fo und Vierter Bruder drängten uns, den Rückweg anzutreten. Den größten Teil des Abstieg würden wir im Dunkeln bewältigen müssen, wenn wir nicht die Nacht in der Hirtenkate verbringen wollten.

»Wir sitzen ganz schön in der Scheiße.«

»Ja«, antwortete Tsung Tsai. »Wunderbar. In diesem Leben findest du nie mehr Platz wie diesen.« Seine Zähne klapperten, und er nuschelte vor Erschöpfung.

»Tsung Tsai, in diesem Leben finde ich nie mehr einen Mann wie dich.«

»Du auch, Georgie.«

Ich nahm eine weitere Dosis Ibuprofen und Koffein und spülte mit einem Schluck Wasser nach. Dann aß ich den letzten Pfannkuchen. Um meinem Zeh mit der Blase Erleichterung zu verschaffen, lockerte ich den Schnürriemen meines Stiefels. Tsung Tsai wählte sorgfältig eine Medizin aus dem Sortiment in seiner Aktentasche aus und kippte ein ganzes Fläschchen Pillen hinunter. Seine Lippen waren rissig und bluteten.

»Blut macht Schwierigkeiten«, sagte er. »Kein Problem.«

Ich gab ihm die Wasserflasche, und er benetzte sich die Lippen.

»Trink.«

Er schüttelte den Kopf und gab mir die Flasche zurück. »Du«, sagte er.

Um Viertel nach drei machten wir uns auf den Rückweg.

»Müssen schnell gehen.«

Überzeugt, daß ich sterben muß,
Genieße ich den Sonnenschein.
Ich weiß, es gibt keine Hilfe.

Um halb vier hätte ich mich am liebsten selbst in den Hintern getreten. Mir fehlte eine Rolle Film. Ich drehte mich um, wollte zurück zur Höhle.

»Georgie, wo gehst du hin?«

»Ich habe einen Film vergessen. Geht ihr weiter, ich hole euch wieder ein.«

»Du mußt dich konzentrieren. Disziplin. Sei kein Narr«, rief Tsung Tsai mir noch nach, während ich schon wieder über das Geröll bergauf hastete.

Als ich zur Höhle gelangte, war ich außer Atem und mir war schwindlig. Ich kroch auf allen vieren herum und scharrte den Dreck beiseite, auf der Suche nach dem verlorenen

Film. Ich legte eine Scherbe blauen Porzellans frei. Als ich sie in meiner Westentasche verstaute, fiel mir ein, daß der verloren geglaubte Film noch in meiner Kamera war.

»Idiot!« schrie ich mich an. In der Höhle hallte meine Stimme wider wie ein Donnerschlag.

Ich klopfte mir den Staub ab und schoß ins Freie. Ich wußte, ich sollte mich umdrehen, mich der Höhle zuwenden und irgend etwas Bedeutsames sagen. Dann hörte ich Tsung Tsai rufen.

»Georgie, wir warten. Komm schnell!«

»Fuck it«, sagte ich, schwang mich über die Felskante und schlitterte zusammen mit prasselndem Geröll den Abhang hinunter.

23.

Der Rückweg

*A*bwärts kam mir der Weg steiler vor als beim Aufstieg; er schien abzustürzen wie ein Wasserfall. Wir würden den größten Teil des Weges bei Dunkelheit zurücklegen müssen. Zehn Stunden rauf, vielleicht acht runter. Wenn wir uns nicht verirrten. Wenn wir uns nicht verletzten oder nicht mehr konnten. Wenn wir nicht abstürzten.

»Du fällst, und man findet niemals Körper«, sagte Tsung Tsai. »Verschwunden. Einfach verschwunden.«

»Ich setze keine müde Mark auf unsere Chancen.«

»Was bedeutet?«

»Ziemlich hart. Schwer zu schaffen.«

»Zuviel Denken bringt Schwierigkeiten.«

»Zu *wenig* Denken hat uns in diese Schwierigkeiten gebracht.«

»Aiii, Georgie«, schnurrte er besänftigend. »Du mußt weich sein.«

Beinahe hätte ich ihn angebrüllt. Hier waren wir, in höchster Lebensgefahr wegen seines Starrsinns und seiner Dummheit, und er klopfte noch immer philosophische Sprüche.

»Wäre ich nur ein bißchen weicher, würde ich fallen«, stieß ich wütend durch meine Zähne hervor.

Um halb fünf begann Tsung Tsai mit sich zu kämpfen. Seine Beine zitterten. Er stolperte, fiel immer häufiger hin. Er sprach mit sich selbst.

»Geduld. Geduld.«

Ich griff in meine Tasche nach der Gebetskette von Bae Er und sagte das einzige Gebet, das mir einfiel. *Bitte!*

»Georgie, bist du okay?«

»Mir geht's gut. Ich mache mir Sorgen um dich.«

»Beine wie Gummi. Hätte nie gedacht.«

Wir stiegen, so schnell es Tsung Tsai möglich war, über die Serpentinen in die Schluchten ab, wo der Wind nicht so eisig war. Tsung Tsais Lippen waren blau.

Ich schlug ihm vor, seine lange Unterwäsche auszuziehen. »Deine ist feucht, Tsung Tsai. Dadurch wird dir noch kälter. Du kannst meine tragen. Meine Kleidung ist wärmer, mir wird das nichts ausmachen.«

»Ich weiß, was tun muß«, murmelte er. »Ich habe Erfahrung.«

Das war nicht nur sein üblicher Ich-bin-Mönch-also-ich-habe-recht-Starrsinn. Er litt lieber selbst, als mich oder irgend jemand anderen in Gefahr zu bringen. Aber er brachte uns alle in Gefahr, indem er unseren Abstieg verlangsamte, während die Abenddämmerung hereinbrach und die Temperatur sank.

Wir kamen zu einem sausenden Wasserfall, dünn wie ein Schilfrohr.

Ich war high, spürte eine köstliche Intensität. Um sechs zogen die Berge sich zurück, und die Sonne fiel aus dem Himmel. Das Zwielicht wurde abrupt schwärzer. Erst war es noch hell, dann plötzlich dunkel. Der Mond würde erst spät aufgehen, nach Mitternacht. Wir konnten nicht länger warten. Um Viertel nach sechs betrug die Temperatur knapp vier Grad. Die Luft war dünn und hielt keine Wärme. Um halb sieben waren es fünf Grad minus, und das Thermometer fiel weiter.

»Tsung Tsai, ich habe eine Taschenlampe.«

»Nicht benutzen, Taschenlampe bringt nur Verwirrung. Einmal du benutzt, und du siehst nie mehr in dieser Nacht.«

Um sieben wurde der Pfad enger. Kaum mehr als dreißig

Zentimeter breit, knickte er fünfundvierzig Grad nach links ab ins Unsichtbare. Zu unserer Rechten ging es steil hinab in Purpur, in die violette Leere, auf der der Himmel schwamm. Der Pfad bröckelte weg und verlor sich, wurde unpassierbar. Es war eine beängstigende, tückische Stelle. Warum erinnerte ich mich nicht vom Aufstieg her daran? Wahrscheinlich waren wir in die Irre gegangen.

Zhao Fo versuchte es zuerst; Zentimeter für Zentimeter tastete er sich, soweit es eben ging, auf dem kaputten Pfad vorwärts. Sand und kleine Steine rutschten unter seinen Füßen weg, polterten ein Stück und fielen dann ins Leere. Er schob sich bis zur Kante vor, und mit dem Rücken zum Abgrund benutzte er seinen linken Fuß als Anker und Angelpunkt, schwang den rechten um die Ecke und fand Halt auf der anderen Seite. Er machte einen Schritt hinaus in den Himmel und war verschwunden. Vierter Bruder folgte ihm. Von der anderen Seite riefen sie Tsung Tsai etwas zu.

Tsung Tsai zögerte, ging dann runter auf alle viere.

»Beine ganz und gar wie Nudeln.«

Er griff mit dem Arm um die Biegung, tastete nach dem Pfad, suchte nach irgendeinem Halt.

»Georgie, ich sehe nichts mehr.«

»Was?«

»Ich werde blind. Und *whrrr-whrrr* macht mich ganz schwindlig.«

»Seit wann?«

»Schon vor Dunkelheit kommt. Auch zu schwindlig.«

»Du mußt gehen. Das ist die einzige Möglichkeit. Du mußt!«

Er rappelte sich auf und nickte.

»Sehr schwindlig. Ich werde fallen.«

Vierter Bruder kam zurück um die Ecke. Es gab eine hastige Diskussion. Vierter Bruder preßte seine Handflächen zusammen und legte sie an die Stirn. Dann schob er sich wieder um die Ecke; mit einem Fuß auf dieser Seite und mit einem auf der anderen, den Rücken zum Abgrund, streckte er die Arme aus, so daß er einen Bogen Leere umarmte. So stand er, mit den Zehenspitzen auf den Resten des Pfads, die Fersen über dem Abgrund und umfing die Felskante.

»Wenn ich falle, er fällt«, sagte Tsung Tsai. »Beide weg. Tot. Er weiß.«

»Tsung Tsai«, sagte ich, sprach seinen Namen wie ein Gebet.

Ich hielt den Atem an. Tsung Tsai versuchte im Stehen um die Ecke zu kommen. Er drückte seinen Bauch gegen die Felswand und tastete sich innerhalb der Umarmung von Vierter Bruder mit ausgestreckten Armen am Fels entlang. Für einen Moment standen sie still, bewegungslos, atmeten als eins.

»Georgie«, sagte Tsung Tsai und verschwand um die Ecke. Vierter Bruder zeigte auf meine Hände. Sie glänzten eigenartig. Ich hatte mir den ersten Knöchel am Mittelfinger der rechten Hand aufgerissen; das Blut strömte nur so. Er gab mir einen Stoffetzen, den ich um die Wunde wickeln konnte. Mein rechtes Knie, das jetzt halten mußte, war butterweich.

»Dui?« fragte er.

»Dui. Okay. Ich bin in Ordnung. Gut.«

»Amitofo.«

Und damit war er verschwunden. Ich war allein. Sie waren nur einen Schritt entfernt um die Ecke. Aber sie hätten auch auf der anderen Seite der Welt sein können, zusammen mit meiner Tochter, meiner Frau, meinen Freunden und allem, was ich für den Rest meines Lebens noch vorgehabt hatte. Wenn ich noch länger dastünde und wartete, wenn ich innehielt und daran dachte, würde ich fallen.

»Nicht denken«, hörte ich Tsung Tsai sagen. »Einfach tun!« Endlich machten diese Worte ohne jeden Zweifel Sinn. Ich schwang den Fuß hinaus in den Himmel. Einen Herzschlag lang sah ich mich fallen. Dann fand mein rechter Fuß den Grat. Zhao Fo und Vierter Bruder wandten sich um und gingen weiter den Pfad hinab in die Dunkelheit.

Tsung Tsai lächelte mich an.

»Hallo, Georgie«, sagte er.

Um halb acht fiel er böse hin. Wir waren gerade dabei, uns über Serpentinen zwischen großen abgebrochenen Felsblökken vorzuarbeiten. Er fiel auf Hände und Knie, kam wieder auf die Füße und ging gleich wieder zu Boden. Er fiel weniger, als daß er zusammensackte.

»Kann nicht mehr gehen. Tut mir leid, Georgie. Dein Freund Tsung Tsai ist zweihundert Jahre alt.«

Er kauerte gegen einen Felsblock gelehnt. Ich hielt ihn in meinen Armen. Er zitterte unkontrollierbar, sein Atem war flach und schnell.

»Wir müssen ausruhen«, sagte er. »Kleine Weile. Ganzer Körper tut weh.«

»Wir müssen in der Hirtenkate übernachten«, sagte ich.

Tsung Tsai stieß einen tiefen Seufzer aus. »Wir haben sie verloren in Dunkelheit. Verpaßt. Niemand weiß, wo jetzt ist.«

»Wir haben den falschen Weg genommen?«

»Nein. Wir haben anderen Weg genommen.«

Zum ersten Mal kam mir der Gedanke, daß er sterben könnte.

»Kannst du gehen?«

»Kann nicht.«

Ich hatte nicht die geringste Ahnung, wo wir waren. Vierter Bruder und Zhao Fo berieten sich und gaben jedem von uns eine Handvoll Blüten-Beeren. Vierter Bruder, der gut zehn Kilo leichter war als Tsung Tsai, machte den Rücken krumm und hob Tsung Tsai hoch. Und wieder machten wir uns daran, weiter abzusteigen, Tsung Tsai huckepack auf dem Rücken von Vierter Bruder, Zhao Fo als Vorhut, um den trittsicheren Pfad zu finden.

Mein schwaches Knie tat weh. Es knickte ein und trug mich nicht mehr. Dann fand ich auf geradezu wunderbare Weise einen Stock, der wie ein Herrenschirm an einer Felswand lehnte. Er war genau das, was ich jetzt brauchte. Ich benutzte den Stock, den der Berg mir geschenkt hatte, an den steilen Stellen wie eine Krücke, humpelnd, aber sonst noch kraftvoll, den Geschmack von süßen Beeren auf der Zunge.

Um halb neun kamen wir zügig voran auf dem Schotter eines alten Bachbetts. Ich fühlte mich kräftiger als am Mittag.

»Gepriesen seien die Blüten-Beeren.«

»So gut«, sagte Tsung Tsai, der auf dem Rücken von Vierter Bruder auf und ab hüpfte.

Dann fiel mir der Velociraptor ein.

»Der Drache, Tsung Tsai. Ich habe den Drachen verpaßt.«

»Drache, glaube ich, muß verborgen bleiben.«

Um neun tauchte unverhofft ein in zottlige Felle gekleideter Mann auf. Er überholte mich knurrend und lieferte sich, ohne seinen Schritt zu verlangsamen, im Vorbeilaufen ein Wortgefecht mit Vierter Bruder und Zhao Fo, bevor er wieder in der Dunkelheit verschwand.

»Er sagt, du sagst nicht mal guten Tag«, meinte Tsung Tsai.

»Was? Ich habe kein Wort von ihm gehört.«

»Wie auch immer. Wir fragen, ob er uns helfen kann.«

»Und?«

»Nein. Er sagt, wir verdienen Schwierigkeiten. Für Dummheit, alten Mann auf Berg mitzunehmen. Und er sagt, du hast schlechte Manieren. Also Zhao Fo ihn nennt mit Schimpfwort, das ich nicht mag übersetzen.«

»Wo kam der plötzlich her?«

»Niemand weiß. Wüste oder Berg. Mongole.«

Gegen neun Uhr dreißig rang Vierter Bruder, der Tsung Tsai nun seit eineinhalb Stunden getragen hatte, ohne Rast zu machen, keuchend um Atem. Mir schien, daß er nicht mehr konnte. Wir marschierten durch einen steilen Hohlweg, der sich zu einem mit Geröll und abgerutschten Felsblöcken übersäten Abhang hin öffnete. Plötzlich stolperte Vierter Bruder und wäre beinahe hingeschlagen. Zhao Fo fing ihn auf und stützte ihn. Tsung Tsai rutschte von seinem Rücken und kauerte auf dem Boden, völlig in sich zusammengesunken.

»Tsung Tsai!«

»Müde, Georgie. Sehr müde. Laßt mich bißchen ausruhen.« Seine Stimme war kaum noch ein Flüstern.

Vierter Bruder hockte auf den Fersen, den Kopf auf die gekreuzten Arme gelegt.

Ich zog meine Handschuhe aus und hielt Tsung Tsais Hände. Sie fühlten sich an wie totes Fleisch, kalt und starr. Ich massierte sie zwischen meinen Händen. *Er stirbt*, dachte ich, *hier und jetzt.* Ich fühlte keinerlei Trauer oder Verzweiflung. Ich war stocksauer auf ihn, dafür, daß er seine ganze warme Kleidung sowie seine Stiefel und Handschuhe weggeschenkt hatte. Was, wenn er jetzt starb? Was würde ich mit dem Leichnam machen? Ich war hier in verbotenem Land, ohne Passierscheine und Visum, an einem Ort, wo ich keinerlei Rechte hatte. Was würde seine Familie sagen? Was würde ich sagen? Sie würden mir die Schuld an Tsung Tsais Tod geben. Und sie würden recht haben. Wie würde ich mit meiner Schuld leben? Er war mein Freund. Mein Vater. Mein Lehrer.

»Tsung Tsai, nimm meine Jacke. Ich bitte dich!« sagte ich ohne viel Hoffnung. *Zur Hölle mit ihm und seiner Wohltätigkeit.* Es war Ego und Sturheit. Aber dann streckte er mir die Arme entgegen wie ein Kind. Hastig zog ich mir die Jacke aus, damit er es sich nicht noch anders überlegen konnte. Ich zog sie ihm erst über den linken Arm, über die Schulter, und half ihm dann das Loch des rechten Ärmels finden. Dann zog ich den Reißverschluß zu, mit hohem Kragen bis zum Kinn.

»Besser«, sagte er.

Ich rieb ihm Schultern und Arme. Er schloss die Augen und schien einzunicken. Der Wind war bitter kalt, drang selbst durch mehrere Lagen von Kleidung. Er fror, wurde sehr still. Ich schüttelte ihn.

»Tsung Tsai!«

Nach langer Pause, so als sei er sehr weit weg gewesen, öffnete er endlich wieder die Augen.

»Schwindlig. Schwach. Seltsam. Ich sage zu Körper: ›Geduld. Machen. Mußt machen.‹ Ich kann nicht antworten.«

»Stirb nicht.«

»Mach keine Sorgen, Georgie. Ich habe Leben. Tsung Tsai stirbt noch nicht.«

Zhao Fo zeigte voraus. Da! Ich sah sie auch, die dachlose Ruine der Hirtenkate, an der wir beim Aufstieg vorbeigekommen waren. Plötzlich fiel alles wieder an seinen Platz. Ich wußte, wo wir waren; und ich wußte, was zu tun war.

»Tsung Tsai«, sagte ich. »Es ist nicht mehr weit. Ich fühle mich stark. Ich gehe Gungun holen.«

»Sei vorsichtig«, flüsterte er.

Ich ließ sie zurück und rannte über das Feld; irgendwie wichen meine Füße Felsbrocken und Löchern aus und fanden den Punkt, an dem der Pfad weiterging und in den Canyon hinabführte. Der Bach rauschte durch die Schlucht vor mir. Die Nacht wurde heller; auf einmal gab es wieder Schatten. Ich hüpfte und humpelte eine Reihe steiler Steinstufen hinab und um eine Biegung des Pfades herum. Ein Stück des Monds lugte durch eine Bresche in den schartigen Graten. Es war, als habe sich ein Vorhang gehoben. Und ich sah, daß es nicht nur der Mond war, der die Wände des Canyons erhellte, sondern blinkende Scheinwerfer. *Laß es Gungun sein, und nicht die Armee.* So schnell ich nur konnte, schlingerte ich durch ein rutschiges Bachbett hinab. Plötzlich, hinter einem Vorsprung aus Geröll und Felsblöcken, stand ich vor Gungun und unserem Jeep. Er griff nach meiner Hand.

»Tsung Tsai?«

»Okay. Dui. Braucht Hilfe.«

Ich gestikulierte, und schon war er auf und davon.

Ich lehnte mich gegen den Jeep, hob den Stock, den der Berg mir geschenkt hatte, in einer Dankesgeste und schleuderte ihn hinaus in die Schlucht. Dann ließ ich den Motor des Jeeps an, drehte die Heizung voll auf und ließ die Scheinwerfer blinken.

Nicht lange, und Zhao Fo tauchte auf, und dann Tsung Tsai, zwischen Vierter Bruder und Gungun auf ihren überkreuzten Armen reitend.

Wir schlugen uns umschichtig gegenseitig auf die Schultern. Es war elf Uhr. Wir waren achtzehn Stunden auf dem Berg unterwegs gewesen.

Ich drängte Tsung Tsai in den Jeep. Er kam auf den Rücksitz, saß zwischen mir und Zhao Fo. Gungun wendete, und wir waren unterwegs, das letzte Stück des Bergpfades hinab. Ich küßte Tsung Tsai auf den Kopf. Wir hielten uns bei den Händen. Dann fiel er in tiefen Schlaf, sein Kopf auf meiner Schulter.

III. Der Flug des Drachen

Buddha sagt, komm. Komm.
Ich werde dich alles lehren.
TSUNG TSAI

24.

Der hohe Weg

Als wir nach Mei Le Geng Zhao gelangten, war der Mond bereits über die Berge aufgestiegen. Wir setzten Vierter Bruder und Zhao Fo am Bahnübergang ab.

»Georgie«, sagte Tsung Tsai, ohne die Augen zu öffnen, »du mußt ihnen Ehre erweisen. Ich bin zu schwach. Diese Jungs retten unser Leben. Also gib ihnen Respekt.«

Neben dem Jeep stand ich ihnen im Dunkeln am Straßenrand gegenüber. Ich griff ihre Hände, wir nickten schweigend. Zu gern hätte ich ihnen Ehre erwiesen, wie Tsung Tsai mich gebeten hatte, doch ich konnte es nicht. Mir fehlten die Worte. Nicht auf chinesisch. Nicht auf englisch. In der kalten blauen Nacht wehte mir ihr Atem weiß entgegen.

So kletterte ich zurück in den Jeep, Tsung Tsai schlief bereits wieder. Ich wollte ihm nahe sein und setzte mich deshalb auf den Rücksitz zu ihm. Ich hörte den Atem in seinen Lungen rasseln. Gungun ließ die Räder durchdrehen, und Kies prasselte gegen den Unterboden.

»Tsung Tsai«, sagte ich.

Er hustete sich halb wach. »So gut, Georgie. Nur du und Tsung Tsai. Sonst niemand. Kommt in diesem Leben niemals wieder. Niemals.« Er krümmte sich zusammen und hustete rauh. Mit dem Ärmel meines Anoraks wischte ich ihm die Spucke vom Kinn.

»Nur wir.«

Er lächelte, richtete sich wieder auf und schloß die Augen.

Ich war zu überdreht, um schlafen zu können. Alle möglichen Formulierungen schwirrten mir durch den Kopf, mit denen ich unsere Erfahrung auf dem Krähenzug-Berg zu rekapitulieren versuchte. Als wir auf der Ost-West-Fernstraße angekommen waren, jagte Gungun den Jeep auf eine Geschwindigkeit von 100 Stundenkilometer hoch, so daß der Fahrtwind nur so in den Nähten des Verdecks heulte. Tsung Tsai atmete kaum. Schwaches gelbes Licht vom Armaturenbrett lag auf seinem Gesicht, den Knochen seines Schädels.

Um zwölf Uhr achtzehn raste ein Lastwagen in der Gegenrichtung an uns vorbei, ohne Scheinwerfer, ein körperloser schwarzer Schatten. Der Jeep schleuderte leicht in den Luftverwirbelungen, die er hinter sich herzog. Gungun fuhr viel zu schnell und hatte die Hände locker und lässig über das Lenkrad drapiert. Es kümmerte mich nicht. Wie waren dem Tod heute von der Schippe gesprungen, und für den Augenblick hatte ich das Gefühl, wir seien unsterblich.

Mund der Westberge war dunkel bis auf das kleine blaue Licht im Fenster der »Große Östliche Wein-Bar« gegenüber des Lagerraums. Gungun machte eine rasante Kehre; die Scheinwerfer streiften über die Häuserfassaden und blendeten Lins Nachtwächter, der schützend die Hand vor die Augen hob. Er sprang auf und rief etwas in die Tür des Motorradladens.

Der Wind pfiff durch die leere Straße. Gungun und ich stiegen aus dem Jeep. Neffe kam aus dem Laden geschossen, in einen mit Schaffell gefütterten Rote-Armee-Mantel gehüllt. Wir kamen zwölf Stunden zu spät, er hatte auf uns gewartet. Er schaute durch die Fenster des Jeeps nach Tsung Tsai, der hustend im Wagen saß, sprach kurz mit Gungun und wandte sich dann mir zu. Er starrte mich wütend an, murmelte kurz, scharf und unfreundlich etwas vor sich hin – machte mir Vorwürfe wegen seiner Sorgen, dafür, daß ich Tsung Tsai ermutigt hatte, auf den Berg zu steigen, und damit die ganze Familie in Gefahr gebracht hatte.

Ich ignorierte ihn. »Tsung Tsai, wir sind zu Hause. Kannst du gehen?«

»Georgie, tut mir leid. Kann nicht. Beine zittern. Ihr müßt tragen.«

Ich half ihm aus dem Jeep und legte seine Arme über Gunguns und Lins Schultern. Sie trugen ihn die Treppe hinauf. Thermoskannen mit heißem Wasser warteten schon auf uns. Gungun und Neffe drehten sich um und gingen.

»Ich sage ihnen, sie sollen gehen«, sagte Tsung Tsai. »Machen zuviel Sorgen. Zu ärgerlich. Sie verstehen nicht, was meine Absicht.«

Er trank einige Tassen heißes Wasser, nahm eine Handvoll Pillen und sank dann auf dem Bett zusammen.

»Zu müde, Georgie. Kannst du helfen?«

Er hob die Arme und ich zog ihm die Jacke aus, die ich ihm auf dem Berg gegeben hatte, und dann seine Weste. Ich löste die Bänder seiner Robe, zog ihm die braune Baumwolljacke mit den dazu passenden Hosen aus, deren Hosenbeine lose um seine rot aufgeschürften Schienbeine schlackerten. Seine Unterwäsche war durchgeweicht. Er zitterte vor Kälte. Ich legte meine Hand auf seine klamme, fiebrige Stirn. Mit heißem Wasser aus einer Thermoskanne befeuchtete ich ein Handtuch und wischte ihm das Gesicht ab, entfernte den Schmutz aus den Rissen und Schürfwunden an seinen Beinen, von seinen schwärzlich-verklebten Knöcheln und seinen schmutzverkrusteten knochigen Gelenken.

»Freundlichkeit, Georgie«, sagte er. »So Freundlichkeit.«

Ich wollte ihm noch ins Bett helfen. »Genug!« sagte er, und da war plötzlich wieder das alte Feuer in seiner Stimme.

Er zog sich die Decken hoch bis ans Kinn und schloß die Augen. Ich knipste das Licht aus und ließ ihn schlafen mit seiner über die Ohren herabgezogenen Pudelmütze.

Ich ging in mein Zimmer, trank mehrere Liter heißes Wasser und schluckte achthundert Milligramm Ibuprofen. Irgend jemand hatte mir zwei Orangen auf den Schlafsack gelegt. Ich atmete sie ein. Dann zog ich meine Kleider aus, ließ sie in einem großen Haufen auf dem Fußboden liegen und betrachtete mich im Spiegel auf der Tür des Schranks, in dem ich meine Ausrüstung verstaut hatte. Im kalten Licht der nackten Glühbirne, die von der Decke hing, sah mein Körper vom Hals abwärts aus wie der eines gerupften Huhns – weiß, knochig, teigig. Vom Hals aus aufwärts sah ich aus wie ein Mongole, das Gesicht schmutzig, faltig, schartig, von Sonne und Wind gegerbt. Die Kerbe auf meinem Wangenknochen und die Narbe auf meiner Nase leuchteten weiß. Meine Lippen waren aufgesprungen, und Rotze hing mir im Bart. Ich seifte mich mit kaltem Wasser ab und kippte mir dann alles, was von dem heißen Wasser noch übriggeblieben war, über den Kopf. Ich hörte mich singen:

Oh ye'll take the high road
And I'll take the low road
And I'll be a Buddha afore ye
Dee-dee dah-dee-dee
Dah-dee dee dah-dee-dee
And I'll be a Buddha afore ye

(Oh, du wirst den hohen Weg nehmen
Und für mich wird's der niedrige sein
Und ich werde vor dir ein Buddha sein
Di-di daa-di-di
Daa-di di daa-di-di
Und ich werde vor dir ein Buddha sein)

Ich hatte keine Ahnung, woher diese Worte kamen – aber davongekommen zu sein, ließ mich immer albern werden. Was für ein Idiot ich doch war. Nicht etwa ein Zen-Narr. Einfach ein Narr. Es war mir egal. Ich war hingerissen von meiner eigenen Brillanz. All die Hoffnungslosigkeit, Verzweiflung, Ablehnung, Armut, alles Versagen – mit heißem Wasser einfach weggespült, mit einem schmalzigen Gesang in finsterer Nacht in Mund der Westberge.

»Und ich werde vor dir ein Buddha sein ...«

Ich fühlte keinen Schmerz, als ich, immer noch vor mich hin summend, meine Wunden inspizierte. Mein Mittelfinger, rechte Hand, war am Knöchel bis auf den Knochen aufgeschnitten. Ich säuberte die Wunde, schmierte desinfizierende Salbe darauf und klebte ein Heftpflaster darüber. Über die anderen Risse und Abschürfungen und auf die suppenden Blasen an meinen Füßen goß ich Alkohol. Dann kroch ich in meinen Schlafsack und schlief wie ein Buddha, bis Tsung Tsai mich um halb sieben weckte.

Als ich in sein Zimmer humpelte, fand ich ihn in Decken gehüllt im Halblotos auf seinem Bett sitzen.

»Wir gehen zum Platz meines Lehrers. Wir machen einfach. Mein Lehrer gibt uns Kraft. Du mußt hingehen mit Georgie, sagt er mir. Wir haben geschafft, und ich bin glücklich. Ich habe meine Aufgabe.« Er fuhr sich vorsichtig mit der Zunge über die Lippen. »Wie siehst du mein Gesicht?«

Seine Lippen und Zähne waren blutig, und er war totenbleich. »Du siehst fürchterlich aus«, sagte ich. »Dein Mund blutet.«

Er nickte. »Nicht wichtig. Ist nur Körper. Viel älter. Aber du gar nicht schlecht. Du stärker. Ohh-hh, herrlich«, sagte er mit einem blutigen Lächeln. »Dazu Winter. So viel Gefahr. Kaum zu glauben. Einmal ausrutschen, und wir sind tot. So wundabaa! Wang und Zhao Fo viel haben Angst. Wenn wir sterben, dann sie auch. Töten sich selbst.«

»Was, Selbstmord?«

»Ja. Wegen Ehre.«

»Ehre?«

»Mongolisches Denken. Du kannst nicht verstehen.« Er rappelte sich langsam hoch. »Aiii, so tut weh.«

Ich streckte die Hand aus, um ihm zu helfen, aber er wies sie mit einer knappen Geste zurück. »Disziplin, Georgie. Mach dich bereit, Buddhas Name sagen. Übung.« Er strauchelte und setzte sich wieder aufs Bett. »Schwindlig«, sagte er.

»Vielleicht solltest du dich besser ausruhen.«

»Du kannst ausruhen, Georgie. Schlafen. Was du willst. Ich kann nicht. Ich bin Mönch. Übung ist mein Leben.«

Ich zitierte Laozi: »Nur das Dao kann verbessern und vollkommen machen.«

»Übung«, sagte er und überging einfach meine Möchtegern-Weisheit. »Aber nur die Hälfte. Fünfzig von jeder Form. Danach Meditation.«

Ob ich wohl laut gestöhnt habe?

»Du muß nicht«, sagte er. »Aber ich bin Mönch.«

»Ich weiß, ich weiß. Übung ist dein Leben.«

»Keine Wahl.«

»Okay, ich mache mit. Ich mache alles, was du machst.«

»Du kannst nicht. Du machst falsch. Ganz und gar nicht gut. Glaube mir. Meditiere und mach kein Durcheinander. Wenn sich Körper auch nur bißchen bewegt, hör auf. Steh auf. Setz dich wieder hin. Fang neu an.«

Also saß ich, folgte meinem Atem; Worte aus wer weiß welchem Sūtra – ich kriegte das nie auf die Reihe – gingen mir durch den Kopf:

Leere ist die Substanz aller Dharmas.
Übe und erlange Plötzliche Erleuchtung.

Es durchfuhr mich wie ein elektrischer Schlag. Dann fing mein Herz Feuer. *Phantastisch*, dachte ich. *Vielleicht begreife ich endlich doch etwas. Entweder es ist das, oder es ist nur eine weitere Halluzination; die Blüten-Beeren bescheren mir einen LSD-Flashback.*

Während wir auf das Frühstück warteten, erzählte ich Tsung Tsai davon.

»Tsung Tsai, heute, während der Meditation, schlugen meine Haare Feuer. Mein ganzer Körper sprühte vor Energie.«

Er schlürfte seinen Tee, hinterließ einen blutigen Abdruck, wie von Lippenstift, auf dem Rand der Tasse. »Du denkst:

›Gut!‹«, sagte er. »Du denkst, das ist Kraft, die kommt. Falsch. Manche Leute zucken. Andere fühlen windig. Ich denke, bei dir muß Wind sein.«

»Windig hört sich richtig an.«

»Nicht drum kümmern. Vergiß einfach.«

Eine Fehlzündung ließ die Fensterscheiben klirren. Ich stand auf, wollte in mein Zimmer gehen.

»Warte!« Seine Stimme war rauh, sein Atem rasselte. »Setz dich hin. Setz hin. Bin noch nicht fertig. Dies ist sehr wichtig. Ich sage etwas. Du hörst zu. Ist Chan-Gespräch.«

Ich setzte mich.

»Welt-Wesen, das ist alles, ganzes Leben und ganzes Nicht-Leben. Selbst jedes Tier, jeder Baum, Fluß, Stein oder Holz hat dasselbe Zentrum von Meditation wie Menschenwesen, jedes Zitrone-Wesen.«

»Zitrone-Wesen?«

»Zitrone-Wesen. Natürlich Zitrone-Wesen. Ganz genau Zitrone-Wesen. Aiii, Georgie. Georgie. Georgie«, sagte er und schlug sich mit der Handfläche an die Stirn. »Ja, es ist genau Zitrone-Wesen. Wir sprechen viele Male darüber. Verstehst du, was ich sage? Du mußt kennen Zitrone-Wesen.«

Ich riet wild drauf los. »Fühlende Wesen?«

»Genau, Zitrone. Du verstehst. Du fängst an zu lernen. Behältst du das?«

»Ja, ich behalte es.«

»Schreibe einfach sehr schön auf. Das ist genug. Wenn du Zweifel hast und veränderst, dann du machst Probleme.«

»Ich werde kein Wort verändern.«

»Sehr gut. Nur Chan kannst du nicht zwingen, kannst du nicht anfassen, kannst du nicht fühlen, kannst du nicht sehen, kannst du nicht hören, kannst du nicht sagen, kannst du nicht verletzen.«

»Dann ist es aber auch sicher vor Verfälschung.«

»Nein, du mußt vorsichtig sein. Nicht alles aus deinem Mund ist wahres Chan.«

»Okay, ich bin vorsichtig.«

»Ist notwendig. Chan ist ganz und gar Welt. Glücklich und traurig, Ärger und Frieden, Haß und Liebe sind Zweig und Blüte von Meditation. Heute weinen, morgen lachen; bedeutet gar nichts. Wie Phantasie. Aber Chan ist wie Berg, du kannst nicht bewegen. Zweifel. Nicht-Zweifel. Du kannst beides haben. Das ist Chan.«

Tsung Tsai deutete auf einen dünnen Rauchfaden, der sich über dem Küchenhäuschen kräuselte.

»Der Rauch? Wie Chan«, sagte ich, versuchte metaphysisch zu denken.

»Klöße«, sagte er. »Sie machen besonders für uns. Sehr nahrhaft. Ich liebe Klöße. Was meinst du?«

»Klaro. Ich liebe Klöße.«

> *Frage:*
> *Was sind die Lehren der großen Buddhas und ehrwürdigen*
> *Patriarchen?*
> *Antwort:*
> *Klöße!*

»Georgie, Oh-hh Georgie! Jetzt du so gut. Georgie. Hmmm-hmmm.« Er summte vor Vergnügen. »Klaro. Klöße.«

Aber seine Kraft war dahin. Nicht einmal die Klöße halfen. Während des ganzen Frühstücks hustete er, und ich mußte ihm danach wieder ins Bett helfen. Er hatte nur wenig gegessen und fiel in einen fiebrigen Schlaf. Ich saß an dem kleinen Tisch in dem kalten Lagerraum und aß den Rest der Klöße allein auf.

Er verließ das Bett für vier volle Tage nicht, außer natürlich für die Morgenmeditation und seine Taiji-Übungen. Ich hatte irgendwo über die Gefahren der Sand-Pneumonie gehört, gelesen, sie mir vielleicht auch nur zusammenphantasiert. Was immer es war, ich war sicher, daß Tsung Tsai es hatte. »Gelber-Wind-Husten« war seine Diagnose. Es war Zeit, daß wir dem fliegenden Sand und dem eiskalten Wind der Mongolei entgingen, dem Lagerraum, wo wir nur kaltes

Wasser zum Waschen hatten. Mein Therapievorschlag war süße weiche Luft, Palmen, saubere Bettwäsche, tolles Essen und lange heiße Duschbäder. Schicke Hotels. Salzige Südseebrisen.

Wir ließen Buddha und die Relikte von Xu Dengs Leben – das Fragment von seinem Gong und die Scherbe seiner Eßschale – im Lagerraum über Lins Motorradladen zurück. Er mußte vorerst weiter als Schrein des Meisters dienen, bis Tsung Tsai zurückkehren und einen Tempel sowie einen Stūpa für Xu Dengs Gebeine bauen konnte.

Neffe besorgte Flugzeugtickets für uns. Tsung Tsai war zu schwach für die Zugreise, die wir eigentlich geplant hatten und auf der wir die Route seiner sechzehnmonatigen Flucht aus dem Pu Ji nachverfolgen wollten. Dieses Mal würde er fliegen – von Baotou nach Hongkong in sieben Stunden.

25.

Zuviel Herz

*D*er tief indigofarbene Himmel hellte sich im Osten über der märchenlandartigen Stadt mit ihrem tintenfarbenen Hafen auf. Aus allen Richtungen kam das Geräusch von Holzklappern. Dazu der Weckgong.
Bop. Bop. Bop. Bop-bop.
Pause.
Bop. Bop. Bop. Bop-bop.
Pause.
Es gibt eine Wahrheit. Was ist sie?
Leere.
Es gibt nicht eine Wahrheit. Was ist sie?
Pause.
Bop. Bop. Bop-bop.
Wir waren am Spätnachmittag des Vortages in Hongkong angekommen. Ich hatte davon geträumt, daß wir in ein Luxushotel einchecken würden – Zimmerservice, endlose heiße Duschen, dicke Handtücher, Perkal-Bettücher, dicke weiche Federkissen, tolles Essen. Aber Tsung Tsai hatte andere Pläne.

»Wir gehen zu meinem alten Zuhause«, sagte er. »Mönche müssen sich um uns kümmern.«

Am Flughafen winkten wir ein Taxi herbei. Tsung Tsai

war entschlossen, auf direktem Wege zum »Östliche Sonne«, einem der ältesten Chan-Tempel der Stadt, zu fahren. Ich kurbelte ein Fenster herunter und lehnte mich in den plüschigen, leise laufenden Mercedes zurück. Es war ein schöner Dezemberabend, die Luft war lau und feucht – ein willkommener Kontrast zum eiskalten Gelben Wind der Inneren Mongolei. Wolkenkratzer stiegen in den Himmel, dazwischen enge gepflasterte Gassen mit einem Laden am anderen. Der Geruch von Essen, Blumen und des Südchinesischen Meeres war betörend. Hier gab es mehr Handys als Straßenhändler. Es zog mich ins Gewühl dieses Ost-West-Schmelztiegels, in die Welt der glitzernden Lichter und der Sinnlichkeit. Tsung Tsai starrte schweigend aus dem Fenster. Wer weiß, was er dachte? Ich fragte lieber nicht. An einer Verkehrsampel überquerte eine seidig aussehende Frau die Straße, glitt durch eine Gruppe katholischer Schulmädchen in Plaidröcken und mit Kniestrümpfen. Als ich sie aus den Augen verlor, beobachtete ich die nächste.

Über eine kurvenreiche Straße fuhren wir in die Hügel. Das Taxi hielt an einem Eisentor am Ende einer schmalen Gasse, und wir stiegen aus. Wir brauchten die Bronzeglocke gar nicht erst zu läuten. Ein gnomenhafter Mönch, kaum mehr als einszwanzig groß und mit vom Alter gekrümmtem Rücken, wartete schon auf uns. Er trug eine randlose Filzkappe und eine graue Robe. In seinen zitternden Händen hielt er einen großen Ring mit Schlüsseln. Das Schloß klickte, und das Tor schwang auf.

»Tsung Tsai«, flüsterte der Mönch. »Tsung Tsai, Tsung Tsai.«

»Mo-wun.«

Der Mönch Mo-wun klappte zu einer arthritischen Niederwerfung zusammen.

»Bitte«, sagte Tsung Tsai, hielt seinen Ellbogen und half ihm wieder auf die Füße.

»Dieser Mönch wartet auf mich. Er weiß, daß wir kommen.«

»Woher?«

»Er ist Dao-Meister.«

»Er kann die Zukunft sehen?«

»Niemand kann sehen. Er fühlt.«

Wir folgten Mo-wuns schlurfenden Füßen breite geschwungene Steintreppen hinab, die von grünem Moos flan-
kiert waren, unter dunkelnden Bäumen. Die Dämmerung
war hereingebrochen. Hongkongs Lichter gingen an. Insek-
ten summten durch die üppig grünen Hügel, die sich zum
Hafen hinabzogen. Der Östliche-Sonne-Tempel war auf
mehrere gestufte Terrassen an den Hang eines Hügels gebaut. Die Stadt war um ihn herumgewachsen.

»Er ist der alte Torwächter«, sagte Tsung Tsai. »Als ich
erstes Mal herkam, hatte dieser Tempel zweihundert Mönche. Jetzt nur noch Mo-wun und sieben junge.«

Wir passierten einen von einer einzigen gelben Lampe er-
hellten Bogengang.

Der Tempel und die Mönchsquartiere waren um einen mit
Steinen gepflasterten Hof herum gebaut. Auf dem Hof standen Bambus in großen irdenen Töpfen und schwarze Bäume, von denen Wasser tropfte. Aus einem großen dreibeinigen Räuchergefäß stieg Rauch auf. Ein Balkon, der sich am
zweiten Geschoß der Mönchsquartiere entlangzog, wurde
von purpurrot gestrichenen Säulen getragen. Niemand war
zu sehen, außer einer jagenden Katze, in sprungbereiter Stellung zusammengekauert. Kaum hörbare Sūtra-Rezitationen
und der Geruch von Sandelholz hingen in der Luft. Wir folgten Mo-wun ins Haus und eine dunkle Stiege hinauf.

»Mönchshaus«, sagte Tsung Tsai.

Der große Raum, den wir betraten, wurde von einer sum-
menden, flackernden Neonröhre erhellt. Die Farbe auf den
Stuckwänden war gelb, brüchig und schmutzverschmiert.
Französische Türen gingen auf den Balkon hinaus. Acht mit
geschnitzten Ornamenten verzierte Stühle standen um einen
langen Holztisch, der mit Büchern und Papieren bedeckt war.
Mo-wun schob sie zur Seite, um Platz für uns zu machen.

»Mönche haben schon gegessen«, sagte Tsung Tsai. »Mo-wun tut leid. Er kann uns kein frisches Essen geben.«

Er servierte uns Suppennudeln mit Sesamöl und Gemüse in Styroportassen – ein mit heißem Wasser übergossenes Instant-Fertiggericht.

»Mönchsessen«, murrte ich.

»So gut!« sagte Tsung Tsai. »Iß.«

Ich blickte über den Balkon in die Dunkelheit hinaus. Ich konnte die am Hafen glitzernden Restaurants geradezu riechen. Auf dem Tisch vor mir saß ein fetter Plastikbuddha mit einem verrückten zähnebleckenden Grinsen und rundem Hintern. Ich stupste ihn vorsichtig an. Ein quäkendes elektronisches Lachen schallte aus seinem Inneren hervor und hallte durch den stillen Östliche-Sonne-Tempel.

»Sorry«, sagte ich.

»Kinderspielzeug«, sagte Tsung Tsai. »Nimm mit und schenke Siri.«

Ich schaute mich um in der Hoffnung, hier irgend etwas Bestaunenswertes zu finden. Schließlich rührte ich enttäuscht meine Nudeln um und schlürfte sie hinunter – in der Not frißt der Teufel Fliegen.

Tsung Tsai und Mo-wun plapperten ununterbrochen, so viele Jahre waren aufzuholen, alle möglichen Gebrechen zu vergleichen. Tsung Tsai stand auf und ging mit wackligen Beinen durch den Raum, auf einen imaginären Stock gestützt. Mo-wun legte seine Hand hinters Ohr, als höre er schlecht. Sie lachten.

»Zwei alte Mönche«, sagte Tsung Tsai.

Mo-wun nickte und schlug sich mehrfach mit der Hand auf die Brust. »Wir, wir, wir«, sagte er. »Alt.«

Ich ging hinaus auf den Balkon und überließ sie ihrem Gespräch. Die tropische Glocke der Nacht senkte sich über Hongkong. Von Süden her kam eine Brise auf, die Regentropfen vor sich her trieb, Blätter rascheln und Schatten tanzen ließ. Goldene Schnellstraßen und lange Bänder von roten und gelblichen Lichtern wanden sich um die hell erleuchteten Wolkenkratzer. Zu gern wäre ich jetzt dort unten gewesen, in jenen anonymen Straßen und Gassen, und hätte den Unterleib dieser Stadt erkundet, ihre unteren Chakras, ihre Bars, Frauen und Opiumhöhlen. Ich biß die Zähne zusammen und ging wieder hinein. Mo-wun war verschwunden.

»Ich kann dir zeigen, wo wir schlafen«, sagte Tsung Tsai. »Ich kenne hier gut aus.«

Zelle Nr. 8 war von einer nackten Glühbirne beleuchtet. Ihre Einrichtung bestand aus einem schmalen eisernen Bettgestell, einer rauhen grauen Wolldecke und einem wackligen Schreibtisch. Der Raum stank nach Desinfektionsmittel und Verfall. Ich stieß das einzige Fenster des Raums auf; wie auf ein Stichwort hin steckte Tsung Tsai seinen Kopf durch die Tür.

»Mach Fenster zu«, sagte er. »Wind kann dir machen Rheumatismus.«

»Das Risiko gehe ich ein. Besser als dieser Gestank.«

»Was für Gestank? Mach Fenster zu.«

Ich seufzte und schloß das Fenster.

Er muß meine Ungeduld gespürt habe. »Lebe nicht in Trübsal«, sagte er.

Meine Stimmung schlug um, die muffige Zelle und die Instantnudeln waren vergessen. Was uns den ganzen Tag getrennt hatte, war plötzlich verpufft.

»Beste Idee«, sagte ich.

»Beste Idee«, stimmte Tsung Tsai zu.

»Wo schläfst du?« fragte ich.

»Ich schlafe nicht. Nur sitzen. Zuviel Herz.«

Er schloß die Tür, und ich öffnete wieder das Fenster. Die Luft war süß. Ich setzte mich auf den Rand des steinharten Bettgestells, zog meine Stiefel und die dicken Socken aus und, zum ersten Mal seit fast drei Monaten, meine lange Unterwäsche. Vielleicht würde ich, wie ich es meiner Familie versprochen hatte, zu Weihnachten zu Hause sein. Ich hatte sie vom Flughafen aus angerufen. Meine Mutter lebte noch; es ging ihr schlechter, aber sie lebte. Ich zog mir frische Jeans und ein T-Shirt an, legte mich hin und schlief. Um halb fünf fühlte ich etwas über mein Gesicht krabbeln. Ich wischte es beiseite und zog an der Strippe des Lichtschalters. Ein neun Zentimeter langer Tausendfüßler verschwand unter dem Bett. Damit war es aus mit dem Schlafen. Ich ging hinaus auf den Balkon und sah zu, wie die Sterne verblaßten. Im Hof saß Tsung Tsai mit verschränkten Beinen auf einer Bank aus Stein. Er hustete, und ein Hund bellte. Ein laues Lüftchen wehte.

Zuviel Herz.

Er hatte wohl die ganze Nacht auf dieser Steinbank gesessen, sich an seine Jugend erinnert und an alles, was gestorben war und sich verändert hatte. Tsung Tsais Chan war mitfühlend, emotional – weit entfernt von dem philosophisch kühlen Nicht-Geist des Zen mit seiner Betonung der nichtigen Phantastik von Gefühlen.

In einem plötzlichen Aufblitzen verstand ich, was er mir gesagt hatte. »In Meditation sind Geist und Gefühl vermischt«, hatte er gesagt. »Gefühl ist die Wurzel des Seins von jedem Menschen. Schwer zu kontrollieren. Sehr guter Mönch hat tiefstes Herz. Darum sehr viel Trauer um Welt. Höchstes Mitgefühl. Buddha-Natur so viel Güte.«

Bop. Bop. Bop. Bop-bop.

Der Weckgong. Der dunkel indigofarbene Himmel.

Es gibt nicht eine Wahrheit. Was ist sie?

Bop. Bop. Bop. Bop-bop.

Sieben Mönche, Gebetsketten in der Hand, überquerten im Gänsemarsch den Hof und betraten den Tempel. Tsung Tsai stand auf und schloß sich ihnen an, der letzte in der Schlange. Ich folgte ihnen nicht. Daß ich mich nicht würdig genug fühlte, ärgerte mich. *Ich brauche diese Schuldgefühle nicht,* dachte ich. *Oder diese Frömmigkeit. Ich verweigere mich dem.* Dann begann die Sūtra-Rezitation, und der große Klang des Lebens schlug über mir zusammen.

»Nicht wichtig«, sagte Tsung Tsai, als ich ihm erzählte,

warum ich mich der Morgenübung nicht angeschlossen hatte. »Buddhismus, der wahre Buddhismus, ist Übung. Jeder Augenblick muß Übung sein. Jeder Augenblick muß wahr sein.«

Schweigend frühstückten wir mit den versammelten Mönchen des Östliche-Sonne-Tempels; wäßriger Reisbrei, ein kleines Schälchen eingelegtes Gemüse, eins mit roten Bohnen. Die Mönche ignorierten mich.

Um acht war Tsung Tsai bereit aufzubrechen. Er hatte es eilig, seinen alten Freund, den Chan-Meister Daoan, »Wahrheits-Weg«, aufzusuchen, der immer allein in den Hügeln, in einer Höhle am Hang gelebt hatte und den Traditionen treu blieb.

»Er ist besonders. Sehr schöner Mönch. Wir leben zusammen viele Jahre. Immer Meditation. Immer Dharma-Gespräch.«

Mo-wun eskortierte uns zurück zum Eingangstor. Eine alte Frau, die die während der Nacht gefallenen Blüten von den Steinstufen kehrte, legte ihren Besen zur Seite, um Tsung Tsais Ärmel küssen zu können. Sie verbeugte sich tief und schenkte jedem von uns eine Orange.

26.

Eine Chan-Katze

Da Erinnerungen trügerisch sein können, sollte es Stunden dauern, bis wir Daoans Hütte gefunden hatten.

Wir wanderten den Hügel hinter dem Östliche-Sonne-Tempel hinauf. Die asphaltierten Straßen der Wohngegenden gingen in Feldwege zwischen terrassierten Bauernhöfen über. Gegen zehn kamen wir zu einem Zelt mit Persenning-Dach, neben dem ein Mann in einer schlammbespritzten Mönchsrobe unter einem kaputten Sonnenschirm mit gekreuzten Beinen auf einem metallenen Klappstuhl saß. Seine Gesichtshaut war wie aus geöltem Leder. Er hatte einen schütteren Kinnbart und bloße Füße, die wie Pfoten aussahen, schwarz und schwielig. Ein dicker Joint hing ihm zwischen den Lippen. Als er uns sah, öffnete er die Arme. Seine Augen waren Schlitze. Ein vollgedröhnter Heiliger, ein verrückter Prophet, eine verwandte Seele.

»Marihuana«, sagte Tsung Tsai.

»Jahh.« Ich hatte mich schon in Bewegung gesetzt, angezogen von dem würzigen Geruch von Gras.

»Sei vorsichtig, Georgie.«

»Nur Freundlichkeit. Tsung Tsai. Mitgefühl. Eine Spende.«

Ich warf eine Handvoll Münzen in seine Schale, in der stillen Hoffnung, er würde mir einen Zug anbieten. Statt dessen sprang er auf die Füße, johlte, begann vor sich hin zu brabbeln und dann mit rudernden Armen zu tanzen. Ich machte mit, tanzte und redete in Zungen. Tsung Tsai packte mich bei den Schultern, schüttelte mich.

»Sei nicht verrückt, Georgie. Wir gehen. Jetzt!«

Er führte mich davon. An der nächsten Wegbiegung drehte ich mich noch einmal zu einem letzten Blick auf den verrückten Mönch um. Er tanzte noch immer. Kein schlechtes Leben. Ein bißchen Gras. Ein Stuhl in der Sonne. Keine Arbeit. Keine Verantwortung. Hier war mein Schutzheiliger. Mein barfüßiger Meister. Nicht Xu Deng. Nicht Rotfuß Wahrheit. Vielmehr Schwarzfuß Gammler.

Der Pfad wand sich über Durchbrüche und in die weißen Kalksteinfelsen gehauene Stufen den Hang hinauf. Aus der im Dunst unter uns liegenden Stadt drang ein fernes Murmeln herauf. Grüne Hügel hoben und senkten sich. Es war ein heißer Tag, aber Tsung Tsai marschierte stramm, erprobte die Kraft seiner Beine.

»Tut noch weh«, sagte er. »Hätte nicht gedacht.«

Ich war beeindruckt. Noch vor einer Woche hatte er so krank mit seiner Sand-Pneumonie und dem blutenden Gaumen daniedergelegen, daß er kaum aus dem Bett hochkam.

Wir sprangen über Bewässerungsgräben und kamen an Gemüsegärten und Hütten vorbei, die von Zäunen aus Bambus und Dornengestrüpp umgeben waren. Hühner pickten, Enten quakten. Wachhunde knurrten uns zähnefletschend an. Die Frauen, die in den Gärten arbeiteten, wichen unserem Blick aus. Später hörten wir, daß eine Triade aus der Volksrepublik, die Drachenbande, die Leute hier in den Hügeln terrorisierte. Es gab Geschichten von nächtlichen Überfällen, Mißhandlungen, Erpressungen, Entführungen und Mord.

Gegen Mittag erklommen wir ein Bachufer und überquerten eine Brücke über einen schmutzigen Wasserlauf.

»Jetzt erkenne ich wieder. Ich bin so guter Führer. Viele Male ich sage dir.«

»Viele Male.«

»Dies ist mein geheimer Platz, Georgie. Sehr wenige kennen.«

»Wo?«

Schwitzend wies Tsung Tsai auf ein unter tropischer Vegetation kaum sichtbares rostiges Eisentor, das in eine Bresche im Fels eingelassen war. Es war mit einer Kette verschlossen. Neben dem Tor war ein zu Braille erodiertes Relief eines Buddha in den Fels gehauen.

»Hallo! Hallo Buddha. Ich habe Orange für dich!« Tsung Tsai legte seine Orange an den Fuß des Felsens. »Ich war lange weg. Jetzt ich komme zurück.«

Hinter dem Tor wand sich ein Pfad den Hang hinauf; er war von wildem Kudzu, dicken sich windenden Schlingpflanzen, überwuchert. Tsung Tsai schüttelte das Tor mit beiden Händen und rief so laut, daß er gleich wieder von einem Hustenanfall geschüttelt wurde.

»Daoan! Daoan!«

Keine Antwort. Nichts.

»Daoan! Daoan!«

»Vielleicht ist er nicht da.«

»Nein. Er ist da. Wirklich. Seine Welt ist da. Nur Übung. Vielleicht er ist in Meditation. Vielleicht mein Freund Daoan ist taub. Wir warten einfach.«

Die Haut auf Tsung Tsais Stirn und Wangen war käsig und fleckig. Sein Atem rasselte in seiner Brust. Er setzte sich neben den Buddha, die Sonne auf seinem Gesicht.

»Bist du okay?«

Er ignorierte meine Frage. »Wir müssen haben Geduld. Warten. Mach keine Sorgen. Setz dich.«

Ich nahm mein Messer heraus, schälte die Orange und bot Tsung Tsai die Hälfte an.

Er winkte ab. »Nein. Du ißt. Gut für dich.«

»Du mußt doch Hunger haben.«

»Ich will nicht. Ich brauche nicht.«

»Du bist ein besserer Mensch als ich, Gunga Din.«

»Gunga wer?«

»Din. Ein Wasserträger. Er bringt den Menschen Wasser, trinkt selbst aber nicht. Wie du.«

Tsung Tsai grunzte und zwinkerte in meine Richtung. Ich aß die Orange langsam, Scheibe für Scheibe. Der Bach wirbelte und lief über von weißem Kies. Ich wischte mir die Hände an den Jeans ab, zog meine Baseballmütze über die Augen, lehnte mich zurück und döste.

Tsung Tsai schüttelte mich am Arm. »Jemand kommt.«

Ich rappelte mich auf. »Ich sehe niemanden.«

»Sie ist noch nicht hier.«

»Sie?«

»Ja. Frau.«

Ich stand da und wartete. Eine Nonne kletterte das Bachufer zur Brücke herauf. Sie trug einen breitkrempigen Hut und einen Korb. Als sie uns bemerkte, blieb sie einen Moment stehen und setzte ihren Weg dann fort. Bald stand sie vor uns, eine pummelige Frau mit Kindergesicht, nicht älter als dreißig. Ich hatte das Gefühl, daß sie wußte, wer Tsung Tsai war.

»Fashi«, redete sie ihn an. »Ehrwürdiger Mönch.«

Sie nahm ihren Hut ab und warf sich nieder. Ich knurrte verhalten in mich hinein. All diese Verbeugungen, Kratzfüße, diese Frömmigkeit gingen mir auf die Nerven. Sie hatte einen kahlgeschorenen Kopf und eine unschuldige Frische. Ihre an den Seiten zugebundenen Roben schimmerten seidig. Ihre kindlichen Augen waren entwaffnend offen, feucht und rund. Sie roch nach Ingwer.

»Ihr Name ist Ho Mei«, sagte Tsung Tsai, nachdem sie sich vorgestellt hatte. »Sie ist Daoans einzige Schülerin. Sie macht jeden Tag Weg hierher, für ihn sorgen.«

Er klopfte mir auf die Schulter und stellte mich vor: »Mein Freund Georgie.«

Sie senkte die Augen und legte die Hände zusammen, so daß die Zeigefinger ihre Lippen berührten.

Mit kaum hörbarer Stimme wisperte sie: »Sehr glücklich, Sie zu treffen.«

»Ganz meinerseits.«

Tsung Tsai strich sich mit der Hand über den Kopf. Sie bemerkte die Verletzungen an seinen Fingern, stöhnte ent-

310

setzt, fiel auf die Knie und küßte jeden Riß. Ich war schokkiert: Sie war leidenschaftlich, sinnlich; und er akzeptierte ihre Berührung, schloß die Augen, wippte fast unmerklich auf den Fersen vor und zurück.

Sie hob ihren Mund von seinen Fingern, stand auf und öffnete das Tor mit einem Schlüssel, der an einem Bindfaden um ihren Hals hing. Hinter uns verschloß sie das Tor wieder, und wir folgten ihr den Pfad hinauf. Die Schlingpflanzen streiften uns an Kopf und Waden. Ich konnte den kreidigen nassen Fels riechen. Der Pfad lief auf einen breiten ebenen Felsvorsprung hinaus, der von einem Urwald aus Palmen, Zwergpalmen, Bambus und Büschen mit rosafarbenen und tiefroten Blüten gesäumt war.

Daoans Hütte war an der Rückseite des Felsvorsprungs in eine überhängende Felswand hineingebaut. Wie um Tsung Tsais Haus in Woodstock herum herrschte auch hier eine anheimelnde chinesische Unordnung – Gerümpel aus der reichen Stadt unter uns, gerettet, aufbewahrt und zu gelegentlichem Gebrauch bereit. An einer Wäscheleine hingen drei Unterhemden, ein paar gestreifte Boxershorts und ein Socken ohne Zehen. Einige orangefarbene Plastikeimer und ein Durcheinander von verrosteten Werkzeugen lagen verstreut um einen Kühlschrank ohne Tür voller Gläser mit Nägeln. Was ich zuerst für einen Infanteriestahlhelm gehalten hatte, erwies sich später als Daoans Wok.

Ein alter Mönch hockte am Boden und streichelte den Kopf einer fetten, gelbgescheckten Katze, die ausgestreckt auf einem Komposthaufen lag.

»Daoan. Mein Freund. Mein alter Freund.«

Als er Tsung Tsai sah, sprang Daoan auf und lächelte. Sonst nichts. Das waren alle Emotionen, die er zeigte. Diese beiläufigen mönchischen Begrüßungen blieben mir unverständlich. Oder die Abschiede. Daoan und Tsung Tsai hätten sich auch erst vor einer Stunde getrennt haben können. Es schien, als hätten die Jahre, die inzwischen vergangen waren, für sie keinerlei Wirklichkeit.

311

Daoan sah ein gutes Jahrzehnt älter aus als Tsung Tsai. Verschrumpelter, knochiger, dem Grabe näher. Wie Tsung Tsai war er in geflickte Lumpen gekleidet. Einer seiner Sokken war rot, der andere braun. Ein halbes Dutzend langer weißer Haare hing von beiden Seiten seiner Oberlippe herab. Sein rechtes Auge war blutunterlaufen und seine buschigen Ming-der-Schreckliche-Augenbrauen waren prächtig geschwungen.

Ich war überrascht, daß Daoan seine ganze Aufmerksamkeit mir und nicht Tsung Tsai zuwandte. Er starrte mich lange prüfend an, bevor er zögernd zu sprechen begann, so als müsse er die Worte aus weit zurückliegender Erinnerung herholen.

»Du bist willkommen, Freund meines Freundes.«

Ich erwiderte seinen Gruß. »Sei bedankt, Freund meines Freundes.«

Tsung Tsai gefielen meine guten Manieren. »Georgie, sehr schön wie du sprichst. Ich sage ihm, du bist Herzensfreund.«

»Ihr beiden könntet Brüder sein.«

»Nicht zu ähnlich. Daoan sieht aus wie Tsung Tsai, aber gleicht nicht Tsung Tsai. Möchtest du sehen, wo ich damals gelebt habe?«

Ich folgte Tsung Tsai in Daoans dämmrige, muffige Hütte. Sie war übersät mit Büchern, Stapeln von Büchern. Tsung Tsai nahm ein Buch auf und öffnete es. »Meine Bücher, Georgie. Du kennst mich. Ich bin Leser.«

Ein zweieinhalb Meter hoher Buddha mit abblätternder Goldfarbe nahm ein Drittel des Raumes ein und stieß mit dem Kopf an die Decke. Links vom Buddha standen Daoans Schreibtisch und Bett. Seine Roben hingen an einem Nagel. Tsung Tsai ging zur anderen Seite des Raums und ließ sich auf eine enge Pritsche fallen, die gegen die Wand geschoben war.

»Dies ist mein Platz. Ohhh!« Er legte die Hand in eine Einbuchtung des vergilbten Kissens.

»Aii-yii-yi-yi. Hier bin ich. Hier ist mein Kopf.«

»Dein Kissen? Wirklich dein Kopf?«

»Natürlich, mein Kopf. Wer soll sonst sein?«

»Niemand. Ich schätze, die Zeit vergeht wie im Flug, wenn man Spaß hat.«

»Ja«, sagte er. »Zeit wie nichts. Gleich wie Phantasie.«

»Dreißig Jahre oder dreißig Sekunden, wenig Unterschied.«

»Kein Unterschied«, sagte er. »Gib mir nicht falsche Worte.«

Wir gingen hinaus. Daoan saß in einem weißen Plastikgartenstuhl unter einem Sonnendach aus grüner, verwitterter Plastikplane, das sich an einer Seite der Hütte entlangzog; die Katze lag zusammengerollt zu seinen Füßen. Als die Katze uns sah, rollte sie sich auf den Rücken und öffnete ihren Rachen zu einem trägen Gähnen.

»Chan-Katze«, sagte Tsung Tsai. »Sehr intelligent.«

Wir saßen um einen Tisch mit einer grünen Tischdecke aus Öltuch, auf dem gelbe Blumen standen. Ho Mei servierte uns Tee.

»Bitte nimm deinen Tee«, sagte Daoan und gestikulierte mit sacht schwebenden Händen.

Ich kippte meinen Stuhl zurück und trank Tee. Ich hätte genausogut allein sein können. Daoan und Tsung Tsai waren ganz woanders, an einem privaten Ort jenseits meiner Reichweite, jenseits von Worten. Ho Mei war verschwunden. Dann tauchte sie mit einer Flasche Desinfektionsmittel und Bandagen auf, um sich um Tsung Tsais Finger zu kümmern. Ein Windglöckchen läutete.

»Sie verarztet mich sehr nett.«

»Sehr nett.«

Die Nachmittagssonne legte einen buttriges Vermeer-Gelb über die Mönche und die Felswand, an der sie, Schulter an Schulter, lehnten.

»Georgie, du mußt verstehen. Wenn Geschichte und Gefühl zusammenkommen, Inneres ist beseelt. Ahhh!« Er seufzte; die Hände auf seinen Knien zitterten. »Seele ist

Dichterwort. Ja. Gutes Gedicht muß haben Gesang und Tanz und Bild; all das zusammen. Zum Beispiel heute vor vielen Jahren haben Daoan und Tsung Tsai genau wie jetzt gesprochen. Aber jetzt wir sind alt.

Zwei alte Männer, dachte ich. *Schlicht wie unbearbeitetes Holz.* Sie hatten nichts von meinen Schuldgefühlen und meiner Wut, nichts von meiner Arroganz und meinem Sarkasmus. Eine Ruhe umgab sie, ein beeindruckendes Gefühl des Ganzseins. Sie schienen ohne Wünsche, Hoffnungen und Verlangen zu sein, etwas, das für Menschen üblicherweise kaum vorstellbar ist. Sie verkörperten das Zen: *Sei glücklich zu leben. Sei glücklich zu sterben. Tu deine Arbeit und geh weiter.* Sie waren jenseits meiner Befürchtungen, das Universum könnte ohne Sinn sein, jenseits meines Tastens nach Verstehen, nach dem Buddha, der immer gerade außerhalb meiner Reichweite zu sein schien. Ich hatte das Bedürfnis, ihnen zu beichten, ihnen all die fürchterlichen Dinge zu gestehen, die ich getan hatte. Meine Täuschungen oder Schummeleien, wie Tsung Tsai sie nannte. *Wen betrügst du?* Hätte Tsung Tsai gefragt. *Jedermann, Tsung Tsai. Jeden.* Ich sah auf und merkte, daß mich beide mit dunklen feuchten Augen anstarrten.

»Georgie. Georgie.« Tsung Tsai seufzte. »Du so traurig. Manchmal so dumm. So viel Sorgen. Dein Fuchsgeist.«

Eine Libelle landete auf Tsung Tsais Schulter; vier hauchdünne Flügel pumpten.

»Ja«, sagte ich.

Ich sah zu, wie Ho Mei den Tisch abräumte, Kerzen anzündete, den Teetopf neu auffüllte. Sie zog eine Schürze über, rollte die Ärmel ihrer Roben über ihre pummeligen Unterarme hoch und begann das Abendessen zu bereiten. Gemüse und Tofu wurden in einem orangefarbenen Plastikeimer zum Ziehen in den Garten gestellt, das Feuer in der geziegelten Feuerstelle im dunkelnden Hof zu prasselnden Flammen geschürt. Flackernder Feuerschein lag auf ihrem Gesicht und ihren Händen. Mit blitzschnellen Streichen zerhackte sie Ingwer mit einem Gemüsemesser mit kupfergefaßtem Griff und goß Öl in den Helm-Wok. Der Duft röstender Erdnüsse stieg mir in die Nase.

»Yin-Yang, Georgie.« Tsung Tsais Aufmerksamkeit war offenbar weiter auf mich gerichtet. »Ursache und Wirkung. Nur Ursache und Wirkung. Leere kommt von Materie; Materie kommt von Leere. Yin-Yang. Ursache und Wirkung. Georgie gefangen in Materie. In Verlangen. Leere ist wie Wind, du kannst nicht fangen.«

In jener Nacht schlief ich auf einem Segeltuchfeldbett, draußen unter dem grünen Sonnendach. Ich schlief traumlos, der Welt entrückt. Als ich aufwachte, sah ich am Sonnenstand, daß die Morgenübung längst vorbei war und Ho Mei und die beiden alten Männer schon seit Stunden auf den Beinen waren.

»Aiii, Georgie, dir geht besser«, begrüßte mich Tsung Tsai. »Schlaf so gut. Gesicht so gut. Willst du in Spiegel sehen?«

Ich versuchte es mit dem Spiegel: geplatzte und blutige Lippen, kurzgeschorenes Haar, stachliger grauer Bart, Falten, Narben, die Krümmung meiner gebrochenen Nase. Mein Gesicht, »so gut«, sah ziemlich mitgenommen aus.

Der schwarze gußeiserne Teekessel hing über der Asche des Morgenfeuers, und der Tee wartete schon auf mich. Auch Tsung Tsai wartete; er war bereit zum Gehen.

»Mach dich fertig. Wir müssen gehen. Ho Mei wird uns führen.«

»Wohin?«

»Daoan erzählt mir gerade, daß Herr Lei, alter Schüler von mir, Schwierigkeiten hat. Ich muß helfen. Sehr wichtig.«

»Was für Schwierigkeiten.«

»Er verrückt geworden.«

»In welcher Hinsicht verrückt.«

»Verrückt sehr schwer für mich. Ich mag nicht aussprechen.« Er machte eine Pause. »Herr Lei wird sehr schlimm schwarz. Sex. Magie.«

Ich trank meinen Tee aus und machte mich fertig. Tsung

Tsai hatte sich wohl schon verabschiedet, denn sobald ich meinen Rucksack gepackt hatte, ging er los. Er folgte Ho Mei den Pfad hinunter ohne ein weiteres Wort, ohne auch nur einmal zurückzuschauen.

Ich blieb noch für einen Moment zurück. Ich hätte Daoan am liebsten umarmt, und es tat mir leid, daß das nicht ging.

»Sie waren sehr freundlich«, sagte ich. »Vielen Dank.«

Daoan neigte dem Kopf vor zu mir, pustete sich in die Hände und hielt dann meine Hände. Das war die Umarmung, die ich mir gewünscht hatte.

»Wenn Sie nach Hongkong zurückkommen, wohnen Sie hier«, sagte er. »Ich gebe Ihnen zu essen.«

r

27.

Der Schwarzmagier

*H*ier ist der Tempel von Lei Shu Bao«, sagte Ho Mei und ließ uns stehen.

Ein schwarzer Mercedes parkte vor einer weißen, dreigeschossigen Villa, die auf einem Vorsprung mit Südblick erbaut war. Von hier aus hatte man einen spektakulären Blick auf die Stadt und den Hafen. Die Fenster waren vergittert.

Wir gingen durch einen gemeißelten Torbogen und stiegen dann eine steile Flucht von sonnenbetupften Treppen hinauf; der Wind säuselte in Bambusvorhängen. Auf halbem Weg trafen wir purpurrote Lippen und einen über geschwungene Hüften gleitenden Rock. Ich lächelte ihr verstohlen zu, als sie an uns vorbeiging, und wandte den Kopf, um zu sehen, wie sie sich bewegte.

»Tu das nicht«, sagte Tsung Tsai.

»Ich bewundere nur die Aussicht.«

Er grunzte. »Reich. Zu reich für dich, Georgie.«

»Da hast du wahrscheinlich recht«, sagte ich.

Wir überquerten einen von einer niedrigen Mauer umgebenen Patio, auf dem es nach Blumen und Kräutern duftete. Auf der anderen Seite war eine schwere blaue Tür. Tsung Tsai läutete die Glocke, die von einem Granatapfelbaum herabhing. Nichts geschah; also klopfte ich. Eine Frau mittleren Alters öffnete die Tür; sie trug einen Seidenanzug, der die Farbe und Konsistenz von Sahne hatte. Ihr rabenschwarzes Haar war zu einem geflochtenen Dutt aufgesteckt. In der

Eleganz ihrer Hände, in ihrem Knochenbau, in den Höhlen ihrer Wangen und der dünnen Haut ihres Nackens lagen die Zerbrechlichkeit und Schönheit des Alters.

»Ich bin Tsung Tsai.«

Das war offenbar alles, was es an Vorstellung bedurfte. Sie drehte sich um und wir folgten ihr in einen Raum mit gedämpfter Akustik. In der Nähe der Tür stand ein dunkler hölzerner Empfangstisch. Er war leer. An der Wand dahinter hingen Schnappschüsse in filigranen Goldrahmen – die Galerie eines Gauners, lauter elegant aussehende Männer und Frauen, vor allem Frauen, die alle einem ebenso eleganten Mönch zu Füßen lagen.

»Schüler«, sagte Tsung Tsai.

Die Frau bedeutete uns, auf einem kastanienbraunen, mit Chiffonstoff bezogenen Sofa Platz zu nehmen. Vor uns standen ein niedriger Glastisch, auf dem Managementzeitschriften ausgebreitet lagen, und ein Sessel mit gleichem Bezug wie das Sofa. In Regalen, die vom Boden bis zur Decke reichten, standen Hunderte offenbar alte Buddha-Statuen – aus Holz, Bronze, Porzellan, Elfenbein und Jade. Herr Lei war ein Sammler.

Tsung Tsai saß unbehaglich auf der Kante des Sofas und schaute sich um. »Herr Lei. Aiii, Herr Lei«, wiederholte er. »So großes Leiden.«

»Herr Lei ist kein Chan-Mönch?«

»Er ist nicht einmal Mönch. Nein, Herr Lei ist andere Sorte.«

»Was für eine Sorte?«

Tsung Tsai sank zurück in die Couch und vergrub sein Gesicht, Ellbogen auf den Knien, in seinen Händen.

»Tsung Tsai?«

»Georgie, gut oder schlecht ist schwer zu erkennen«, sagte er nach einer langen Pause. »Also du mußt nichts Schlechtes sagen. Schreibe nur, daß alle Menschenwesen, alle Dinge, selbst jede Art von Tier, Pflanze oder Stein, dasselbe Zentrum hat.«

Ein Mädchen, das nicht älter war als meine Tochter, schwebte aus dem Schatten im hinteren Teil des Raumes hervor. Sie kniete nieder und stellte ein schwarzes Lacktablett mit einer blaßgrünen Teekanne und zwei Bechern auf den Glastisch vor uns. Der Tee, den sie eingoß, duftete nach Herbst, geröstetem Reis und schwelenden Blättern. Ohne ein Wort stand sie wieder auf, trat rückwärts in den Schatten und huschte davon.

»Wo ist Herr Lei?«

»Er kommt, Georgie. Trink deinen Tee. Geduld.«

Der Tee gab mir ein Gefühl von Klarheit und Schnelligkeit. Ich wollte mir gerade die Regale mit den Statuen ansehen, als ein Mann mit langen schwarzen Gewändern in den Raum trat. Er war Anfang Sechzig, schlank und gutaussehend, mit einem harten kleinen Bauch und kurzem Bürstenhaarschnitt. Zwei gertenschlanke junge Frauen schwebten hinter ihm herein. Sie waren barfuß und trugen gelbe Seidenjacken und orangenfarbene Röcke. Tsung Tsai erhob sich von der Couch, ging um den Tisch und blieb vor Lei stehen, mit niedergeschlagenen Augenlidern, ausdruckslosem Gesicht, die Hände lose an den Seiten baumelnd. Nach einem kurzen Zögern würdigte Lei seinen alten Lehrer mit der Andeutung einer Verbeugung.

Tsung Tsai stellte mich vor: »Georgie Crane. Berühmter Schriftsteller.«

»Weltberühmt«, sagte ich und streckte meine Hand aus.

Leis Händedruck war hart und direkt. Ein Grat von weißem Narbengewebe zog sich diagonal über sein Kinn. Er reichte mir seine Visitenkarte: Huayan Buddhist Retreat and Endowment Association, Limited; Venerable Tuten Dhargay, Abbot, Managing Director.

Ich gab die Karte an Tsung Tsai weiter und deutete auf Leis Titel. »Was bedeutet das?«

Tsung Tsai schob seine Brille auf die Stirn hoch, schloß ein Auge und inspizierte mit dem anderen blinzelnd Leis Karte. »Geld«, sagte er. »Big Business.«

Lei sagte etwas zu einer der Frauen, und sie zog den Sessel von dem Glastisch zurück in das Band von Sonnenlicht, das durch eines der Fenster hereinfiel. Lei setzte sich mit wehenden Roben; die beiden Frauen flankierten ihn. Sein Kopf war von Lichtkoronas umgeben, so daß sein Schädel stärker hervorstach als seine Augen.

Tsung Tsai sagte etwas zu ihm, das mit meinem Namen begann.

»Ich möchte, daß du ihm Respekt erweist.«

Ich wußte, was er wollte, und ignorierte seine Aufforderung.

»Hörst du. Was ich sage?«

»Ja, aber ich weiß nicht, wozu.«

Ich sollte mich vor diesem Mann niederwerfen, dem brillantesten seiner Schüler. Aber warum vor diesem Mann und nicht vor Daoan? War dies eine Art Wettbewerb im Weitpinkeln zwischen Tsung Tsai und Lei? Mein Schüler ist besser als dein Schüler? Was immer es war, es war Bockmist, und ich wollte nichts damit zu tun haben.

»Zuviel Respekt ist nicht gut. Deine eigenen Worte, Tsung Tsai. Deine, nicht meine.«

»Richtig.«

»Also warum?«

»Du mußt verstehen.«

»Ich bin mir nicht sicher, daß ich das tue.«

Er schüttelte den Staub vom Saum seiner Robe.

Er wußte, wie ich mich fühlte. Ich beuge mich nicht. Ich knie nicht nieder. Ich trete nicht ins Glied. Bestimmte Scheiße fresse ich nicht. Ich suchte fieberhaft nach einer Möglichkeit, mich seiner Aufforderung zu verweigern. Aber ich brachte es nicht übers Herz. *Lieber beuge ich mich*, dachte ich, *als ihn zu verletzen oder ihn das Gesicht verlieren zu lassen.*

Ich kannte den Drill, hatte ihn oft genug beobachtet. Vielleicht würde diese groteske Demonstration der Demut meiner Seele ja gut tun. Die Zeit schien langsamer zu laufen. Ich breitete die Arme aus, führte die zusammengelegten

Handflächen an meine Stirn, meine Lippen und meine Brust. Dann verbeugte ich mich, ging auf die Knie und legte die Hände, die Ellbogen und schließlich meine Stirn auf den Boden zu Leis Füßen.

Als ich wieder auf die Füße kam, sah ich wie Lei mich ausdruckslos beobachtete. Das einzige Geräusch, das ich hörte, war sein Atem. Erneut führte ich meine Handflächen zusammen und fand meinen Kopf, durchzuckt von blendenden Stroboskop-Blitzen, vor seinen slipperbekleideten Füßen. Ich erhob mich und sah, daß eines der Mädchen Fotos davon machte, wie der »berühmte Schriftsteller« seine Verehrung darbrachte. Ich hätte Lei am liebsten die Faust zwischen die Augen geschlagen, aber das Zeremoniell verlangte eine dritte Niederwerfung. Tsung Tsai starrte mich an, und irgendwie brachte ich es fertig, mich noch einmal zu beugen, auch wenn jeder Nerv in mir rebellierte. Zu Leis Füßen schluckte ich, mußte gegen einen Brechreiz ankämpfen. Dann stand ich auf, drehte mich und starrte Tsung Tsai an. Ich hatte die Nase voll von ihm, dem Zen und schwarzen Mönchen.

»Nun, bist du zufrieden?«

»Jetzt du fängst an zu lernen, Georgie. Jetzt du weißt aus eigener Erfahrung.«

»Alles, was ich weiß, ist ›nie wieder‹.«

»Nur weil du Mund hast, du mußt nicht unbedingt reden.«

»Nie wieder«, wiederholte ich. »Nie.«

Ich zog meine Kamera aus dem Holster an meiner Hüfte und richtete sie auf Lei. Bevor ich noch auf den Auslöser drücken konnte, streckte er den Arm vor und deckte das Objektiv mit der Hand zu. »Wieviel zahlen Sie? Die Leute geben viel Geld für mein Bild.«

»Da alles Leere ist, sind Sie gewiß auch mit nichts zufrieden?«

Tsung Tsai lächelte verhalten. Lei zeigte mit einem Finger auf meine Brust. »Ein guter Zug; Sie spielen nicht schlecht«, sagte er und überraschte mich mit makellosem, geschliffenem Englisch. »Sie kennen die richtigen Vokabeln. Vielleicht wäre es an der Zeit, daß sie den Mund halten oder sich den Kopf rasieren lassen.«

Ich grinste. Das war ein Spiel, das ich kannte. Auf diesem Rasen fühlte ich mich wohl. »Noch nicht«, sagte ich und fuhr mir mit den Fingern durchs Haar. »Meine Ladies spielen allzugern damit.«

»Natürlich, da haben Sie recht«, sagte Herr Lei.

»Georgie«, sagte Tsung Tsai. »Zeig ihm Foto von Sigrid und Siri.«

Ich zog ein Foto aus meiner Brieftasche, das meine Frau und meine Tochter zusammen zeigte, die Halos ihrer blonden Haare ineinanderfließend.

Lei betrachtete es eine ganze Weile. Dann sagte er etwas zu Tsung Tsai und lachte.

»Was hat er gesagt?«

»Ich möchte Worte nicht aussprechen«, sagte Tsung Tsai.

»Was haben Sie gesagt?« fragte ich Lei. »Reden Sie mit mir. Sie sprechen Englisch.«

»Nein.«

Er drehte sich um und wies auf ein Regal. Eines der Mädchen nahm einen bronzenen Bodhisattva von einem Bord und brachte ihn Lei.

»Für Ihre Tochter«, sagte er.

Während mehr Tee serviert wurde, unterhielten Tsung Tsai und Lei sich angeregt. Ich blieb für mich. Der Ehrenwerte Tuten Dhargay war ein rechtes Früchtchen. Wenn er meine Tochter anfaßte, würde ich ihn eigenhändig umbringen. Doch nur, wenn ich gerade guter Laune wäre. Wenn nicht, würde ich ihn meiner Frau überlassen. Aber das wäre vielleicht zu grausam.

Eines von Leis Mädchen tippte mir auf die Schulter.

»Mein Meister kann sich unsichtbar machen. Er kann durch Glas gehen«, flüsterte sie.

»Wirklich? Haben Sie das selbst gesehen?«

»Ja. Jedermann weiß, daß er es kann.«

»Um das zu sehen, würde ich gern Geld zahlen. Sagen Sie ihm das!«

Sie errötete und sagte nichts. Ich hörte einen harten Unterton in Tsung Tsais Stimme, hob den Kopf und sah gerade noch, wie Lei abrupt aufstand und den Raum verließ.

»Was sollte das alles?« fragte ich Tsung Tsai.

»Herr Lei befiehlt uns. Wir sollen Abend mit ihm essen. Eine Nacht hierbleiben.«

»Seine Schülerin sagte mir, daß Lei unsichtbar werden kann«, sagte ich. »Sie sagt, er kann auch durch Glas gehen.«

Tsung Tsai stieß Luft durch seine Zähne aus. »Ist mir egal. Er kann hindurchgehen, durch was er will. Blödsinn. Bloß Magie.«

»Abrakadabra.«

»Ich kenne nicht dieses Abra-Wort.«

»Zauberspruch.«

Tsung Tsai schnaubte verächtlich. »Magie funktioniert nicht.« Er goß sich eine weitere Tasse Tee ein und stürzte sie mit einem Zug hinunter. »Blödsinn. Aberglauben-Geist.«

Ich trat ans Fenster. Das Wetter war umgeschlagen. Über dem Hafen zogen Wolken auf. Es nieselte, und Nebel hing zwischen den Obergeschossen der höchsten Gebäude Hongkongs. Es war fast dunkel im Zimmer der tausend Buddhas.

»Komm«, sagte Tsung Tsai. »Leis Schülerin zeigt uns, wo wir ausruhen können.«

Wir folgten einer der beiden orangeberockten Adeptinnen, die mit schwingenden Hüften die Treppe hinauf vorausging. Vom Treppenabsatz des ersten Stocks ging ein eisernes Gitter ab; dahinter eine Eisentür.

»Das ist, wo Herr Lei wohnt«, sagte Tsung Tsai.

»Wovor hat er Angst?«

»Hungrige Geister.«

Wir wurden in einen Raum im zweiten Stock geführt; die Fensterläden waren geschlossen, der Raum vollgepackt mit

Kisten und Kartons, Stapeln von Bildrollen und gläsernen Schaukästen mit Kräutern und Tränken. Im Halbdunkel machte ich Dutzende von erotischen Statuen aus. Hevajra, auf dessen Schoß seine weibliche Gefährtin Nauratnya saß, ihn mit den Beinen umklammerte, ihn umarmte und küßte. Die Yab-yum-Stellung der sexuellen Vereinigung. Männliche Methode, vereint mit weiblicher Weisheit, eingefroren in Glückseligkeit, erstarrt im Augenblick vor dem Orgasmus, die Ejakulation zurückhaltend.

Was hatte es mit Lei auf sich? Suchte er nach Erleuchtung, indem er alle Tabus brach und sich der Lust hingab, der unheiligen Dreieinigkeit: Macht, Geld und Sex? Er war ein Fuchs, keine Frage. Ich roch es an ihm, den Moschusduft der Sinnlichkeit. Dirigierte er Orgien? Knieten Frauen nackt vor seinem Thron? Und was war mit den Mädchen? Trank er das Menstruationsblut oder den Urin von Jungfrauen? Oder stand er auf Peitschen und Bondage? In seinem selbstsicheren Auftreten, dem dünnen Lächeln, der Narbe auf seinem Kinn lag ein Hauch von Sadismus. Vermischte er Sex und Tod? Ich war fasziniert, fühlte mich von dieser Atmosphäre und von ihm angezogen. In Lei sah ich meinen Fuchs, meine niedrigsten Begierden, mein übermächtiges Ego: den Ehrenwerten Tuten Crane.

»Was ist das hier?« fragte ich und zeigte auf die sinnliche Sammlung von Statuen.

»Buddhas«, sagte Tsung Tsai. »Tibet.«

»Hast du mir nicht einmal erzählt, daß Lei verheiratet ist?«

»O ja, Lei hat Ehefrau.«

»Wo ist sie?«

»Sie ist gerade gegangen. Sie kennt seine Gewohnheiten.«

Zwei Segeltuchfeldbetten waren an den letzten freien Stellen im Zimmer aufgestellt. Tsung Tsai legte sich hin, schloß die Augen und war, wie immer, sofort eingeschlafen. Ich fand keine Ruhe. Die am Abend bevorstehende Konfrontation war voller ominöser Versprechungen – Erotika, Magie, die dunkle Seite. Ich betastete die Statuen und erwog die Möglichkeit, in den herumstehenden Kisten nach Geheimnissen zu stöbern. Doch ich hielt mich zurück und kramte in meinem Rucksack statt dessen nach der Ausgabe von *Der englische Patient*, die ich zurückgelassen auf einem Wartesitz des Flughafens von Hongkong gefunden hatte. Ich schob meine Pritsche unter eine kleine Lampe und las, ergab mich dem Zauber von Ondaatjes üppiger Prosa.

Um sieben holte uns eine weitere von Leis Frauen zum Abendessen. Sie trug ein knappes schwarzes Kleid und Perlen. Ihr Haar war geschnitten wie das eines Knaben. Sie eskortierte uns durch das eiserne Gitter und die Eisentür in Leis inneres Heiligtum, einen spartanischen fensterlosen Raum, an dessen einer Wand sich eine niedrige Holzbank entlangzog, davor ein Teetisch, auf dem Schalen mit Erdnüssen, gezuckerten Früchten und eine Schachtel mit in Goldfolie eingewickelten Pralinen stand.

Lächelnd und gut gelaunt kam Lei hinter einem Vorhang an der Rückseite des Raums hervor und setzte sich vor uns in einen Sessel mit hoher Lehne, der wie ein Thron auf einem fünfzig Zentimeter hohen Podest vor uns stand, so daß wir zu ihm aufsehen mußten. Statt der schwarzen Roben trug er nun einen locker sitzenden seidenen Pyjama.

Tsung Tsai trug seine geflickten und von Sicherheitsnadeln zusammengehaltenen Kulihosen mit der dazugehörenden Jacke. Er winkte nonchalant, als Lei den Raum betrat, würdigte ihn jedoch keines Blickes, sondern konzentrierte sich statt dessen darauf, Erdnüsse zu essen, eine nach der anderen. Frisch und ausgeruht von seinem Nickerchen, saß er mit dem Rücken an die Wand gelehnt. Ich hatte mich so weit von Leis Thron entfernt wie möglich auf die Bank gelümmelt, die Beine vor mir auf der Bank ausgestreckt, und lutschte Pralinen. Lei schnipste mit den Fingern. Eines seiner Mädchen kam hinter dem Vorhang hervor und übergab mir ein braunes Jadearmband; auf seiner äußeren Rundung waren Füchse eingraviert, die Kaninchen jagten.

»Mein Meister möchte Ihnen dies zukommen lassen.«

325

»Ihr Meister ist zu großzügig.«

Ich reichte Tsung Tsai das Armband. »Was hat das zu bedeuten?« fragte ich.

»Herr Lei sagt, er kennt deinen Geist.«

Hatte Lei mich als Fuchs eingestuft, einen anderen Jäger auf kleine Hasen?

»Verstehe ich nicht«, sagte ich, obwohl ich sehr wohl verstand. *Fuchs kennt Fuchs.*

»Buddha sagt, es gibt keine Weisheit. Verstehst du, Georgie?« sagte Tsung Tsai, während Lei uns beobachtete.

»Nix da. Ich habe keine Weisheit.«

»Gut.«

Lei nickte.

Ich dachte einen Augenblick nach. »Nun, vielleicht muß ich gar nicht studieren, muß keine Sūtras lesen oder Buddhas Namen rezitieren. Vielleicht muß ich auch gar nicht meditieren.«

»Vielleicht mußt du nicht Sūtra lesen. Vielleicht mußt du auch nicht Buddha-Namen sprechen. Vielleicht kann Georgie einfach so Buddha werden.«

»Vielleicht bin ich schon Buddha.«

Lei klatschte einmal in die Hände; es war wie ein Schlag ins Gesicht. Tsung Tsai schaukelte in der Hüfte vor und zurück, ein breites Grinsen auf dem Gesicht.

»Vielleicht ist Georgie Buddha«, sagte er. »Vielleicht nicht. Wer weiß? Ich sage nicht alles.« Dann langte er zu mir herüber und tätschelte mir, welche Überraschung, den Kopf.

»Ich kenne Georgie-Eigenschaften. Denkt zuviel.« Er rubbelte mir durchs Haar. »Aber süß.«

Er hatte recht. Ich war schon viel zu sehr damit beschäftigt, darüber nachzudenken, was er mit *süß* gemeint haben könnte.

Um acht wurde uns ein sensationelles Essen mit vielen Gängen von Leis weiblichem Hofstaat serviert. Tsung Tsai stopfte sich schweigend voll. Wir alle taten es. Das Essen war einfach überwältigend, wahrscheinlich die beste Mahlzeit, die ich je genossen habe. Aber als die letzten Teller abgeräumt waren, konnte ich mich nicht mehr erinnern, was ich gerade eben gegessen hatte. Ich fragte mich, ob Lei Drogen ins Essen getan hatte. Es schien mir durchaus möglich.

Nachdem der Tisch abgewischt worden war, wurde ein schwacher Tee, blaß wie Regenwasser, in vorgewärmten Tassen serviert. Dann wurde Räucherwerk entzündet und das Licht gedämpft; im Halbdunkel wurde ihr Gespräch lebhafter.

Ich wollte, daß Tsung Tsai mir übersetzte, und legte ihm deshalb die Hand auf die Schulter. Aber noch bevor ich etwas sagen konnte, gebot er mir Schweigen.

»Nicht reden. Nicht fragen. Sei einfach still.«

Das Gespräch wogte hin und her, nahm manchmal an Intensität zu; zeitweilig klang es wie ein Streit, dann war es herausfordernd, prüfend; und manchmal vermeinte ich auf Leis Seite so etwas wie Sarkasmus herauszuhören. Tsung Tsai saß einfach da, schien sich der Enttäuschung zu ergeben; er gestikulierte graziös, schwang manchmal in den Hüften hin und her, fuhr sich dann und wann mit der Hand über den Kopf.

Um elf, wie auf ein Stichwort, brachte eine Frau eine polierte Holzkiste herein mit fein ziselierten bronzenen Scharnieren.

»Jetzt du kannst sehen.« Tsung Tsai sprach mich zum ersten Mal wieder an, seitdem er mir geboten hatte, den Mund zu halten.

Lei öffnete die Kiste und nahm drei bronzene Glocken heraus; ihre hölzernen Griffe waren ölig schwarz. Er läutete eine nach der anderen mit einer feinen Drehung des Handgelenks.

»Wunderschön«, sagte ich.

»Still«, fuhr Tsung Tsai mich an.

Lei schloß die Augen und lächelte. Sein Körper wurde ganz ruhig, und er begann, langsam zuerst und dann mit zunehmender Geschwindigkeit, die Glocken zu läuten, eine nach der anderen, dann zwei auf einmal, in ständig wechselnden Kombinationen und Rhythmen. Der Klang riß niemals ab, baute sich zu immer volleren Harmonien auf, Obertönen von Obertönen, ein Dickicht von klingenden Echos und Schwingungen, ein Strudel von Klängen, der meinen Geist ertränkte, Gedanken für Gedanken.

Die Glocken klangen weiter und weiter. Tsung Tsai saß gespannt da, sein Rücken lehnte nicht mehr an der Wand, sondern war straff aufgerichtet, sein Kinn nach innen gezogen, die Augen auf Lei gerichtet. Ich wurde in eine totale Einsamkeit gestoßen, an jenen Ort, wo das Selbst verschwindet und mit dem Raum verschmilzt, wo alles halluzinatorisch wird und Ursache und Wirkung sich vermischen. Es entgleitet mir: mein komfortables westliches Paradigma, die ganze Sicherheit des Verstandes, jeder Sinn für das, was ist und was nicht ist. Es gibt keine Antworten und keine Fragen. Es gibt keine Fragen und keine Antworten auf Nichtfragen. Es gibt nichts zu wissen. Nichts. Nichts. Nichts zu wissen. Ich war euphorisch, wie in jenem Moment, als meine Tochter geboren wurde und ich mich augenblicklich in sie verliebte.

Vielleicht bin ich dann eingeschlafen. Alles, was ich weiß, ist, daß die Zeit verschwand.

Es war zwei Uhr morgens, als das Läuten abrupt aufhörte. Eine Stille wie Leere. Sie weckte mich. Lei ließ die Glocken fallen und sank in seinen Sessel zurück. Sein Gesicht war rot und schweißnaß. Rote Säcke hatten sich unter seinen Augen gebildet. Seine Jacke war durchgeschwitzt; unter seinen Armen zeigten sich dunkle, braungelbe Halbmonde. Ich hörte Tsung Tsais sanftes Ausatmen.

»Schläfst du?«

Mein Kopf wurde klar. »Ich bin wach. Was ist geschehen?«

»Herr Lei ist fertig. Er versucht mich zu verhexen. Meine Kraft zu rauben.«

»Er hat versucht dich zu bannen?«

»Ich bin zu stark für ihn. Einfacher Mönch hat Freiheit. Freiheit ist Macht.«

Tsung Tsai ließ seinen Blick unverwandt auf dem Ehrwürdigen Tuten Dhargay, dem Abt von Huayan, Lei Shu Bao, ruhen. Er sprach ruhig, seine Stimme heiser, leise, nicht viel mehr als ein Flüstern. Lei sagte nichts. Er legte die Glocken zurück in die Kiste, eine nach der anderen, schloß den Deckel, stand auf und verließ den Raum. Ich hörte seine Kniegelenke knacken.

Tsung Tsai schüttelte den Kopf. »Menschenwesen sehr kompliziert. Elend.«

»Was hast du zu ihm gesagt?«

»›Jungchen‹, sage ich ihm, ›wenn du hundert Meister hast, die jeder drei Glocken läuten, kannst du mich nicht antasten. Wenn du tausend Meister hast, die jeder drei Glocken läuten, kannst du mich nicht antasten. Und ja, selbst wenn du zehntausend Meister hast, die jeder drei Glocken läuten, kannst du mich nicht antasten. Du kannst nicht, denn ich bin Mönch, und ich bin Leere.‹«

Epilog

Wir kamen kurz vor Neujahr 1997 wieder in New York an. Tsung Tsai fuhr in die Bronx zu seinem Freund, dem Dharma-Meister Lok To, um sich bei ihm auszuruhen und wieder zu Kräften zu kommen.

»Sieh mich an, Georgie«, sagte er im frühen Frühjahr am Telefon. »Ich bin wieder jung geworden. Wie Jahreszeit. Wunderbar. Morgen du kannst abholen.«

Ich traf ihn an der Bushaltestelle auf dem Dorfplatz. Er trug seine alten Reiseklamotten und hatte kein Gepäck außer seiner Aktentasche und seinem Rezeptbuch. Wie immer hatte er alles weggeschenkt, was er besaß. Auf seinem Berg wurde es milder. Erstes junges Grün ließ sich sehen; in der Luft hing der Geruch von verrotteten Blättern, der saftigen nassen Erde, den alten Felsen.

»Hallo, Buddha«, sprudelte es aus Tsung Tsai hervor, als er die Tür öffnete. »Ich bin zurück. Hi-hi-hi. Hallo. Hallo. Oh, ich sehe meinen Buddha, so süß.«

Ich machte Feuer im Holzofen. Tsung Tsai setzte Teewasser auf und kramte in seiner Speisekammer nach dem perfekten Tee für diese Gelegenheit.

»Hast du irgend etwas aus der Mongolei gehört?«

»Frau von Neffe ist wirklich gestorben.«

»Tut mir leid.«

»Sie mußte gehen. Leben«, sagte er und hauchte die Worte aus wie sie ihren letzten Atemzug.

»Schreib deinem Neffen, daß ich an ihn denke.«

»Ja. Sehr freundlich. Ich sage ihm.«

»Was ist mit den Gebeinen deines Meisters. Was meint die Familie?«

»Im Augenblick sehr schwer für mich zu sagen, ob ja, ob nein. Sie geben mir Knochen noch nicht. Vielleicht nächstes Jahr sie geben mir. Dann wir können wieder hinfahren. Tempel bauen und einen Stūpa für meinen Lehrer und einen für mich.«

»Möchtest du in der Mongolei begraben werden? Neben deinem Lehrer?«

Tsung Tsai schlug sich mit der rechten Faust auf die Brust über seinem Herzen. »Nicht alles von Tsung Tsai. Nur ein bißchen. Wie ich für meinen Lehrer mache, Georgie, kannst du so für mich machen? Das ist deine Aufgabe. Kannst du machen?«

»Betrachte es als erledigt.«

»Gut. Danke, Georgie. Jetzt ich fühle zufrieden. Aber bevor ich in Reines Land gehen kann, wir müssen zu meinem Platz zurückkehren. Auch zu Höhle. Ich muß kleines Stück von Knochen meines Lehrers dort hinbringen und meine Gedichte lesen. Sprechen mit Luft, mit Baum, mit Stein.«

»Tsung Tsai …«

»Ich weiß, Georgie. Ich kann nicht klettern. Zu alt. Zu schwindlig. Aber ich denke, ich träume.«

Er ließ eine Hand über seinem Kopf kreisen und machte ein brummendes Geräusch. »Ich muß Hubschrauber nehmen. Du und ich, Georgie, wir können Hubschrauber nehmen auf Berggipfel meines Lehrers. *Whrrr-rrr, whrrr-rrr.* Kreisen. Kreisen. Dann wir springen raus. Nicht zu weit. Wir können schaffen.«

Ich lachte. »Du willst, daß wir aus einem Hubschrauber springen?«

»Genau. Das ist mein Traum. Was meinst du?«

Ich lachte immer noch, als ich einwilligte, mit ihm aus Hubschraubern zu springen.

Was auch immer.

»Warum nicht?«

Dank

Dieses Buch kam aufgrund der außerordentlichen Großzügigkeit einer Reihe von Menschen zustande. Ihnen allen
möchte ich meinen Dank aussprechen, ob ich hier nun an
alle von ihnen gedacht habe oder nicht. Mein Dank gilt vor
allem:

Tsung Tsai, der mich aufgefordert hat, ihn bei seiner Reise, seiner inneren Suche, zu begleiten, und der durch sein
Beispiel unablässig den Weg weist.

Sigrid Heath, meiner Frau, und Siri, meiner Tochter, für
ihre Leidenschaft für die Dichtung; ohne ihre Liebe und ihre unerschütterliche geistige Gesundheit auch in den schweren Zeiten gäbe es kein Buch.

Tony Burbank, meiner Lektorin bei Bantam Books, für ihren Mut, an dieses unwahrscheinliche Projekt zu glauben,
und für ihren geduldigen Beistand und die Klarheit ihres
Blicks. Wer sagt, es gäbe im Verlagswesen keine großartigen
Lektoren mehr?

Kenneth Wapner, meinem Freund, der unschätzbare Bei-
träge zum Manuskript geliefert hat. Ohne ihn wäre das Buch
nicht, was es ist.

Peter Matthiessen, der sich trotz seines engen Terminplans
für Reisen und Schreiben die Zeit nahm, einen Teil eines
Buches eines unbekannten Autors zu lesen, und der in einer schwierigen Phase sehr willkommene Ermutigung gab.

Brian Hollander, dessen Vorschläge in einer sehr frühen

Phase des Schreibens halfen, den Faden der Geschichte aus-
zurichten.

Gungun und unseren Führern, Wangs »Vierter Bruder«
und Zhao Fo, denen Tsung Tsai und ich unser Leben ver-
danken. Ich kann nur hoffen, daß dieses Buch meiner Dankbarkeit Ausdruck zu geben vermag.

Den wundervollen Menschen Chinas, die wir auf unserer
Reise trafen; vor allem den Einwohnern von Lanhu. Sie haben ihr Zuhause, ihr Essen, ihre Geschichten, ihre Musik,
ihren Mut, ihre Sorgen und ihren immer herzlichen Humor
mit uns geteilt. Es war eine Ehre, ihnen zu begegnen.

Meinen Freunden, die viele Jahre lang meinen Außensei-
terlebensstil ertragen haben und mir mehr Unterstützung
zukommen ließen, als ich verdient hätte. Robert Crane, Shir-
ley Munoz, Jeanne Hunter, Michael Bronfenbrenner, Richard
Newton, John Kerkham, Jeff Moran, Kevin Gormley, Andrea
Sherman, Tad Wise, Lisa Schwartz, Julie Kaatz, Paul Bloom,
Linda Pippitone, Michael Stewart, Alan Drake von *Archae*,
John Massey, Marsha Fleisher (die ihr Studio zur Verfügung
stellte, als ich meines verlor), und meinem guten Kumpel
und Abenteuergefährten Bananas.

Gerard McGarvey, dem Vizepräsidenten von Capital Bank
and Trust, einem Iren, der Bücher so sehr liebt, daß er Träume als Sicherheiten nahm. Und John Lavelle, meinem
Rechtsanwalt, der mich aus so vielen Schwierigkeiten her-
aushält wie möglich – vielen Dank, Mann, du bist ein Felsen in der Brandung.

Meiner Mutter, die nicht lange genug überlebte, um dieses Buch zu sehen, und meinem Vater, der es immer noch
versucht.

Schließlich gilt meine tiefe Dankbarkeit noch den Männern und Frauen der Operation Smile, die von Dr. Bill Ma-
gee und seiner Frau Kathy gegründet wurde. Op-Smile, mit
dem Hauptquartier in Norfolk, Virginia, ist eine wohltätige
Organisation, die Delegationen in Länder der Dritten Welt
sendet, um dort plastische Chirurgie bei Kindern durchzu-

führen. Am 2. April 1999 führte Dr. Bala Chandrasekhar aus Pasadena, Kalifornien, in Lanhu in China eine achtstündige Operation an Li Roro durch (dem Mädchen, dessen Gesicht verbrannt wurde) und rettete ihr damit das Augenlicht. Dr. Han Kai aus Hangzhou assistierte ihm. Die Mission wurde arrangiert von Erik Porcaro, dessen Einfühlungsvermögen in die Bedürfnisse und Ängste mongolischer Dorfbewohner das Ganze sehr erleichterte. Li Roro braucht noch sechs oder sieben Operationen, um ihr Gesicht wiederherzustellen, und wir hoffen, sie und ihre Eltern im Frühjahr 2000 dazu in die Vereinigten Staaten holen zu können. Op-Smile tut Bodhi-sattva-Werke und braucht immer Geld dafür.

George Crane
Kripplebush, New York
Juni 1999

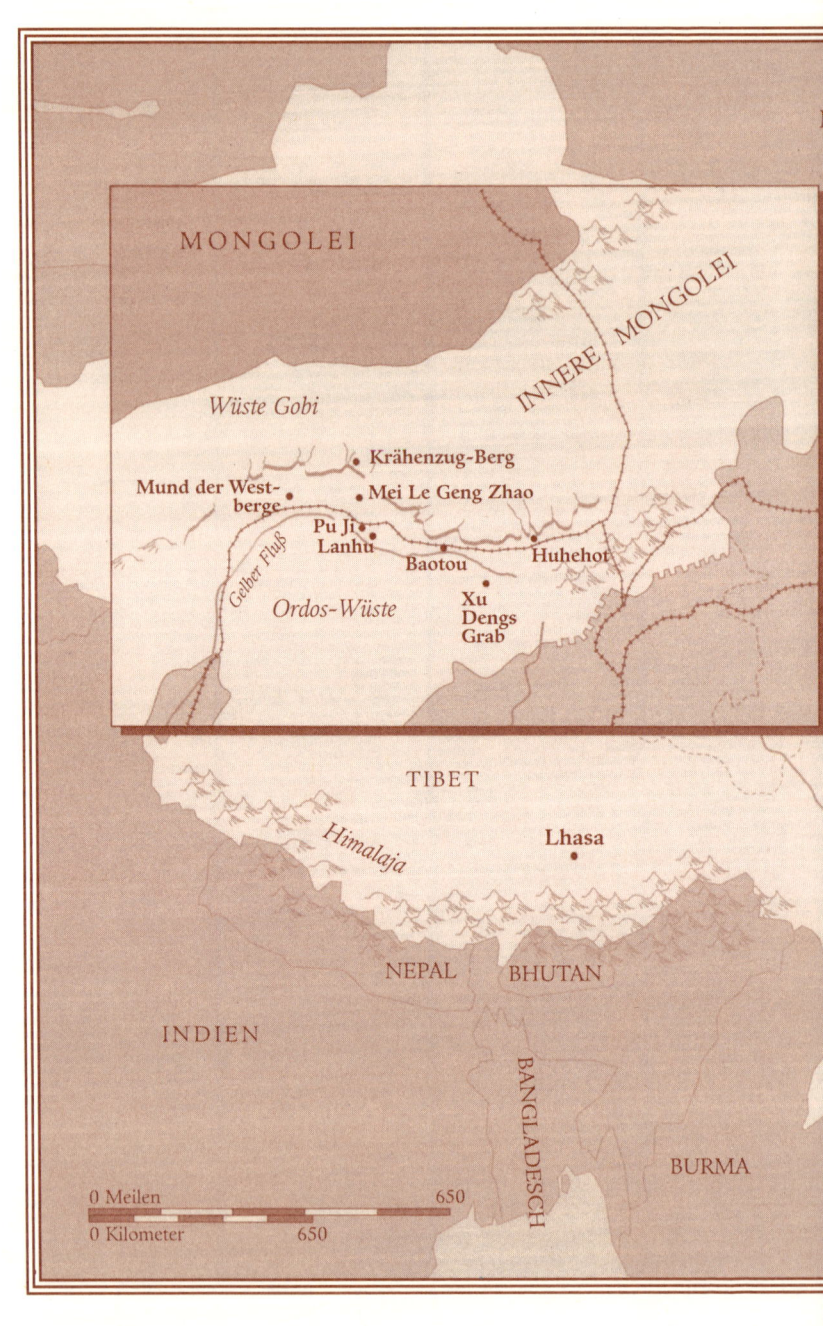

MONGOLEI

INNERE MONGOLEI

Wüste Gobi

Krähenzug-Berg

Mund der West-
berge

Mei Le Geng Zhao

Gelber Fluß

Pu Ji
Lanhu

Baotou

Huhehot

Ordos-Wüste

Xu
Dengs
Grab

TIBET

Himalaja

Lhasa

NEPAL

BHUTAN

INDIEN

BANGLADESCH

BURMA

0 Meilen   650

0 Kilometer   650